教育部人文社会科学重点研究基地
兰 州 大 学 敦 煌 学 研 究 所

兰州大学“敦煌丝路文明与西北民族社会”双一流学科群建设项目
教育部人文社会科学重点研究基地兰州大学敦煌学研究所项目

国际敦煌学研究文库

敦煌

日本卷 10

郑炳林　高田时雄……主编

甘肃教育出版社

图书在版编目（CIP）数据

国际敦煌学研究文库．日本卷．10：日文 / 郑炳林，（日）高田时雄主编．-- 兰州：甘肃教育出版社，2018.11

ISBN 978-7-5423-4538-7

Ⅰ．①国… Ⅱ．①郑… ②高… Ⅲ．①敦煌学—文集—日文 Ⅳ．①K870.6-53

中国版本图书馆CIP数据核字（2018）第265402号

国际敦煌学研究文库·日本卷10

郑炳林　高田时雄　主编

出 版 人　马建东
项目策划　王光辉　薛英昭
项目负责　孙宝岩　董宏强
责任编辑　何佩佩
特约编审　范亚秋
书籍设计　张小乐

出　版　甘肃教育出版社
社　址　兰州市读者大道568号　730030
网　址　www.gseph.cn　E-mail　gseph@duzhe.cn
电　话　0931-8773145（编辑部）　0931-8435009（发行部）
传　真　0931-8773056
淘宝官方旗舰店　http://shop111038270.taobao.com

发　行　甘肃教育出版社　印　刷　兰州新华印刷厂
开　本　787毫米×1092毫米　1/16　印　张　19.75　插　页　2　字　数　296千
版　次　2019年5月第1版
印　次　2019年5月第1次印刷
印　数　1~2 000
书　号　ISBN 978-7-5423-4538-7　定　价　79.00元

《国际敦煌学研究文库》的缘起

郑炳林

敦煌藏经洞文物有近50000件，自发现以来，就开始向外流散，大半流散于世界各地的各大博物馆、图书馆以及私人手中，保存在国内博物馆与图书馆中的只有一小部分，还有一部分则下落不明。收藏于国外博物馆、图书馆的，如英国国家图书馆计有汉文写本和少量印本13677件，英国国家博物馆计有80余件绢画等；法国国家图书馆计有4000余件汉文文献，法国集美博物馆计有220余幅各类绘画品等；俄罗斯圣彼得堡东方学研究所有近20000件汉文残件、130余件绢纸绘画品等，国立艾尔米塔什博物馆计有壁画残片、绢画、麻布画、纸本画、雕塑品等350余件；印度国立博物馆计有500余件美术品和2件写本，印度事务部图书馆约有1500号藏文、梵文和于阗文写本。除此之外，日本、美国、德国、丹麦、瑞典、芬兰、韩国、土耳其等均有收藏。保留在中国的敦煌写经主要收藏在中国国家图书馆。中国台湾『中央研究院』傅斯年图书馆、台湾『故宫博物院』、台北图书馆以及敦煌研究院、甘肃省图书馆、甘肃省博物馆、湖北省图书馆、南京博物院、上海图书馆、天津艺术博物馆、北京大学图书馆等机构也收藏有部分零散敦煌文献。由于敦煌文献流散、收藏于世界各地，敦煌学的研究也因此而具有了国际性。

国内敦煌学的研究在王国维、罗振玉、蒋斧、曹元忠等人的推动下发展起来。国外敦煌学的研究同样成果卓著。20世纪，进行相关研究的日本研究机构主要有东洋文库和东京大学东洋文化研究所等，著名学者则有内腾虎次郎、高楠顺次郎、中村不折、铃木大拙、大谷光瑞、羽田亨、石滨纯太郎、那波利贞、神田喜一郎、仁井田陞、矢吹庆辉、有夏一雄、藤枝晃、秋山光和、田中良召、上山大峻、土肥义和、池田温、高田时雄、森安孝夫等。法国开展相关研究的著名学者有戴密微、戴仁、侯锦郎、马克、拉露等，他们的研究重心在胡语文献、藏文文献及汉文文献，主要是伯希和的收集品。英国国家图书馆藏有大量的、珍贵的敦煌文献，为开展相关研究提供了良好的条件。托马斯、翟理斯、小翟理斯、贝利、吴方斯、韦陀等在这方面都有着突出的贡献。俄国的相关研究者主要有俄国科学院圣彼得堡分院东方学研究所的弗鲁格、丘古耶夫斯基和孟列夫、波波娃等。随着敦煌学的发展，几乎世界各国都有从事敦煌学研究的专家学者，敦煌学研究在国内外如火如荼地开展起来。

当然敦煌学的研究也面临诸多问题，首先是学术研究成果和学术研究动态的掌握。中国包括内地和港台地区敦煌学的研究成果，郑阿财、李国、杨富学等都做过相关成果目录，我们可以通过这些目录了解相关研究动向、研究水平及热点问题。鉴于港台学者的论著查找困难，我们同台湾南华大学敦煌学研究中心合作，编辑出版了《港台百年敦煌学文库》，用100册的规模将

20世纪初以来港台敦煌学近百年研究的成果结集，在甘肃人民出版社出版，目前这一工作基本接近尾声。在编辑《港台百年敦煌学文库》的同时，我们有了将相关工作扩展到了整个学术界的想法——编辑出版百年国际敦煌学研究文库。之所以选择从"日本卷"开始主要基于以下原因：第一，日本的敦煌学研究开始时间最早，早在敦煌文献发现初期，日本就开始了敦煌学研究，就是"敦煌学"一词也是日本人最早提出来的；第二，日本学者对前期敦煌学的研究贡献很大，在20世纪初，日本涌现出了一批非常著名的敦煌学研究专家和研究机构，影响最大的像东洋文库和东京大学东洋文化研究所，其很多著作特别是前期的研究成果是我们研究敦煌学必须参考的资料；第三，敦煌学研究从一开始就是一门国际性的学科，随着时间的推移，很多前期的研究成果越来越难查寻，所以将这批成果结集出版，供学术界研究参考，非常必要。最初我们想将上述成果翻译出版，后来我们改变了想法，第一是人力方面的原因；第二是翻译准确性的问题，如果翻译不能达到相当的水准，还不如原文影印出版。日本百年敦煌学文库的入选目录主要由高田时雄负责筛选，山本孝子负责文章顺序的具体编排及排版清样的校对，兰州大学敦煌学研究所负责文章的最终审订及图书出版事宜。

兰州大学敦煌学研究从1979年开始整整走过40年的路程。40年中兰州大学的敦煌学研究从无到有，从弱到强，逐渐发展起来。1979年是兰州大学敦煌学研究的起步之年，当初成立了敦煌学研究小组，成员也就两个人。1983年中国敦煌吐鲁番学会在兰州成立，兰州大学敦煌学研究的队伍增加到10余人，成立敦煌学研究室，《敦煌学辑刊》也正式创刊并对外发行。1984年又获得历史文献学硕士学位授予权点。而后经过将近10余年的萧条期，人员走的走，散的散，到1994年初，只剩下四五个人。1995年在学校的大力支持下，兰州大学成立了敦煌学研究所，敦煌学研究逐渐恢复生气。1998年兰州大学敦煌学获得博士学位授予权点并成为甘肃省重点学科，次年开始招收博士研究生。1999年敦煌学研究所成为教育部首批人文社会科学重点研究基地，并被纳入兰州大学『211工程』建设项目。2003年兰州大学获批设立历史学博士后科研流动站并开始招生；同年敦煌学哲学社会科学创新基地入选兰州大学『985工程』项目。2007年敦煌学成为国家重点建设学科。2017年与北京坦博艺苑达成成立贝叶经研究院合作意向。目前兰州大学敦煌学研究所有专职研究人员20余人，其中教授10人，副教授10人，研究方向分为敦煌文献与西域史地、敦煌石窟艺术与考古、胡语文献等；有兼职科研人员20余人，分布在国内外大学和科研院所。教师队伍中有长江学者特聘教授、长江学者讲座教授、全国百篇优秀博士学位论文指导教师、甘肃省优秀博士学位论文指导教师、甘肃省教学名师、甘肃省优秀专家、全国教育系统职业道德建设标兵、甘肃省领军人才等，是一支研究方向明晰、年龄结构合理、学术素养较高的学术队伍，不仅能够开设敦煌文献、西域历史地理和石窟艺术与考古方面的课程，还能开设回鹘文、突厥文、梵文和藏文等胡语文献研究系列课程。

兰州大学敦煌学研究所经过20多年的基础建设，研究资料得到很大的充实，现有资料11万册，学校还在『双一流』建设经费中拨付200余万元进行西域史地和胡语文献研究资料建设，进一步促进了兰州大学敦煌学和胡语文献研究的发展。在人才培养上，经过20多年的努力，先后有100多名博士顺利毕业，并成为国内外各个大学的敦煌学研究的学术骨干，如西北大学历史学院副院长李军教授、陕西师范大学丝绸之路历史文化中心主任沙武田教授、浙江大学文学院许建平教授、南京师范大学陆离教授、天水师范学院历史文学院院长陈于柱教授等等，都在该领域做出了突出贡献；留在兰州大学工作的王晶波、魏迎春、敏春芳、张善庆等，以及博士后出站的四川成都考古研究院的雷玉华研究员、内蒙古大学的包文胜教授等也都在自己的领域撑起了一方天地……兰州大学敦煌学研究所自2000年以来非常注重开展对外学术交流，其中，对港、对台方面每年一度的师生学术考察活动已经进行40余批次；对日交流项目进行了10余批次，有30余名博士、硕士来兰州大学研修敦煌学；其次还有美国、韩国及我国港台地区的学生来研究所攻读学位。

兰州大学敦煌学研究所自成立以来，承担了一批国家社科项目以及教育部、科技部、国家文物局等文化支撑项目，其中重大、重点项目有140余项，陆续出版了《敦煌学博士文库》《敦煌学研究文库》《敦煌吐蕃文献丛书》《敦煌丝绸之路石窟艺术丛书》《敦煌与丝绸之路研究丛书》《丝绸之路石窟艺术研究文库》《西北史地文化研究丛书》《法国汉学精粹》《当代敦煌学者自选集》

《敦煌讲座书系》《港台敦煌学文库》等一大批具有原创性的科研成果，近期即将完成出版的还有《敦煌通史》等项目。兰州大学敦煌学研究的发展得到了中国敦煌吐鲁番学术界的支持，这些成果也是他们支持的结果，希望百年国际敦煌学研究文库的出版继续得到敦煌学界的支持。

《國際敦煌學研究文庫・日本巻》前言

高田時雄

敦煌學は日本の中國學、更にはより廣く東方學の分野において、一種特別な研究領域を形成してきた歴史がある。それは敦煌學がしばしば國際顯學と稱されるような側面と不可分であるといえよう。

日本において敦煌遺書に對する興味關心は非常に早い時期からあった。新疆の踏査を終え一旦ハノイに歸ったペリオが、一九〇九年再び中國に來たり、北京で中國の學者たちに所獲寫本の一部を披露した時、その情報は、羅振玉や田中慶太郎からすぐさま日本の學者たちに傳わった。内藤湖南はいち早くその概報を朝日新聞紙上に載せ、敦煌寫本への注意を喚起した。翌一九一〇年、敦煌藏經洞に殘った寫本がすべて北京の學部に運ばれたという知らせに接するや、新興の京都文科大學ではいち早く、内藤をはじめ狩野直喜、小川琢治など五名の教官を北京に派遣し、その調査に當たらせた。同じ頃、西本願寺の派遣した第二次大谷探検隊の新疆發見物が京都に到着したことも、この新しい領域に對する更なる熱狂を後押しした。さらに中國で辛亥革命が起こると、羅振玉、王國維が難を避けて京都に移住して來たことにより、日中學者の協同による敦煌學が初期の發展を遂げることになる。

このように日本における敦煌學の興起はすこぶる早いと言ってよいが、日本國内には肝腎の敦煌寫本の實物がほとんどなかった。いかにも大谷探検隊は、敦煌をはじめ吐魯番など中央アジア各地の遺跡から、文物寫本を將來し、これらの所獲品は初期の段階では京都大學の學者たちの研究に供されたこともあったが、その後の複雜な歴史的經緯に災いされ、保存と研究が必ずしも圓滑に行われなかった。そのためほとんどが利用されないままに終わった。またこれまで日本國内に傳承されてきた敦煌寫本なるものは、そのほとんどが中國から書籍商などの手を經て購入されたもので、英佛の所藏のように直接莫高窟から持ち歸ったものとは撰を異にしていた。さらに多くが佛教典籍であり、收集家の賞翫の對象でしかなかった。學術的研究資料となり得るものは、極めて僅かしかなかったのである。しかしこの國内における敦煌寫本の貧弱さが、却って日本敦煌學の初期の研究動向を決定づけることになった。すなわちヨーロッパへの訪書行である。

日本學者が英佛に渡航して敦煌遺書の研究を行ったのは、一九一二年の狩野直喜を始めとして、矢吹慶輝、羽田亨などその後に續いた。日本敦煌學にとってヨーロッパ渡航は一つの傳統となった感がある。日本學者が本格的に敦煌遺書を研究しようとすればどうしてもヨーロッパに赴く必要があったのである。

日本學者がヨーロッパで敦煌遺書の調査を行うに際しては、當然ながら現地の學者との協力のもとに進める必要があった。實際の作業においては、考え方も習慣も異なり、時として困難に直面することがなかったわけではない。しかしこれらの人々は惡條件にめげることなく、少なからざる數量の敦煌遺書を、筆録により、或いは寫眞に撮影して日本に持ち歸った。初期の日本敦煌學の業績はこれらの學者の手になるか、またはこれらの學者の將來した鈔本、寫眞を資料として行われたのである。とりわけ未傳佛教文獻の將來に關しては、矢吹慶輝の貢獻がすこぶる大きい。上記三名に續いては、一九二四年の夏から半年の間、内藤湖南が石濱純太郎等を引き連れてヨーロッパ各地で調査を行い、その後も小島祐馬、大谷勝眞、那波利貞、重松俊章、神田喜一郎、玉井是博、久野芳隆などによる訪書行が、戰争により中斷を餘儀なくされるまで續いた。こういった訪書を基礎とする研究が日本敦煌學の特質の一つであることは注意されてよい。

また典籍や文書のみが研究の對照であったわけではない。狩野がロンドンを訪れた頃、偶々考古學の研究のためロンドンに滯在していた京都大學の濱田耕作は、狩野の歸國後も大英博物館でスタインの齎した遺物につき調査し、その報告を公表しているが、そこには寫本についての言及もある。繪畫などの美術品については、東京大學の瀧精一が早くからヨーロッパに渡って精力的に調査を行い、スタイン・ペリオの齎した美術品の解説研究を行ったほか、一九二〇年には啓明會の助成によって二名の畫家がロンドンに派遣され、スタイン將來繪畫の模寫を行った。ついで京都大學の澤村專太郎が一九二三年十月からヨーロッパに渡航し、敦煌繪畫を含む中央アジア發見繪畫の模寫の選定監督に當たっている。

第二次大戰以前の日本敦煌學の研究は、主としてこうしたヨーロッパ訪書行による成果の上に築かれていたが、戰爭中には新しい材料の供給が停止したために、研究はこれまでに將來された資料のみを用いて進めるしかなかった。しかし日本國内にはすでに相當な規模の敦煌寫本の録文や寫眞が存在していたために、社會經濟史における那波利貞、法制史における仁井田陞の研究など、それらを用いた研究成果には見るべきものが少なくない。

日本敦煌學にとって畫期的と云える出來事が、戰後の一九五〇年代に相次いで起こった。それは英藏敦煌遺書のマイクロフィルムの將來である。先ず一九五二年には、東京大學の山本達郎によって印度省圖書館のスタイン藏文文獻がもたらされ、次いで同じく東京大學の榎一雄が大英圖書館當局と交渉の末、同館所藏のスタイン漢文寫本全部の寫眞撮影に成功し、一九五四年に東洋文庫に收藏された。英藏敦煌寫本のマイクロフィルム到來をきっかけとして、敦煌文獻運營委員會という全國組織が誕生することになり、文部省に對して補助金の申請が行われた。マイクロフィルムの燒き付けは二部作成され、一部は東洋文庫に置かれ、もう一部は京都大學人文科學研究所に送られた。かくして一九五七、五八年度の文部省の研究費助成金による共同研究「スタイン將來敦煌文獻の調査研究」が、東京・京都の協同によって行われることになった。これまで個人的な研究に止まっていた日本の敦煌研究が、共同研究という新たな枠組みのもとで行われるようになったことは、日本敦煌學の新たな轉換點を示すものであった。その後、東京では東洋文庫を、京都では京大人文研を中心にした研究班がそれぞれ共同研究の成果を世に問うことになる。

英藏敦煌遺書についでセンセーションを巻き起こしたのは、俄藏敦煌寫本の存在が明らかになったことである。一九六〇年に國際東洋學者會議がモスクワで開催されたが、その日程中にレニングラードへのエクスカーションが組まれていた。その際、俄藏敦煌寫本の一部がはじめて西側の學者たちに公開されたのである。オルデンブルグの將來した敦煌寫本がロシアに存在することについては、早く矢吹慶輝により報道がなされ、石濱純太郎によっても確認されていたが、多くの日本學者にとっては全く新しい知見であり、驚きであった。六〇年代には、メンシコフ等の編になる二册本の目録も相繼いで出版され、その全貌も知られるようになった。かくしてレニングラードが日本學者による新たな訪書の目的地となり、敦煌學への注目も一層喚起されることになった。

北京の敦煌寫經は六〇年代から七〇年代にかけて、インド及び中國から二種のマイクロフィルムが發賣され、日本の研究機關ではその利用が可能となっていた。ペリオ寫本については、個人研究者が持ち歸った部分的なフィルムを合わせればかなりな分量が備わっていたが、やはり全部の寫眞が待ち望まれていた。それも七〇年代の末頃からマイクロフィルム全部の購入が可能となり、八〇年代にはいると日本國内の幾つかの大學研究所等でこれを購置するようになった。また八〇年代には台灣から『敦煌寶藏』が陸續として出版され、多くの研究者が敦煌寫本を利用できるようになった。

研究成果の公刊という點では、『講座敦煌』全九巻の刊行が一九八〇年にはじまったことは特筆されてよい。この企劃は必ずしも當時の日本の敦煌學者すべてを動員して行われたものとは云えないが、戰後日本の敦煌學の到達した水準を示すものであった。八〇年代以降には、世界に散在する敦煌遺書のすべてを何らかのかたちで利用することが出來るようになり、これまでとは異なる網羅的な研究も試みられるようになってくる。またこういった好條件を背景にしつつ、國際的な視野を有する若い世代の研究者も成長してくるようになった。

英佛などヨーロッパでは、所藏される敦煌遺書の目録作成が一段落したことから、敦煌研究そのものからは次第に遠ざかる傾向が見られるようになるが、日本ではもともと組織的な所藏を持たなかったためか、また社會一般に敦煌や西域に對する關心がすこぶる高いことも追い風となって、ヨーロッパに於けるほどの落ち込みは觀察されない。むしろこの時期から目覺ましい發展を遂げるようになる中國學界との連攜に主軸が移っていくようになる。その傾向は今日に於ても變わらず、むしろ一層強化されつつあると云えよう。

では日本敦煌學のこれまでに爲し遂げた業績についてどうであろうか。また日本敦煌學の特質はどこにあるといえるであろうか。以下、幾つかの研究領域について概觀してみよう。

敦煌遺書の大部分が佛教文獻乃至佛教と關わる文獻群であることはいうまでもない。そして佛教學が日本のもっとも傳統を有する領域であることからすれば、日本の敦煌學がまず佛教研究において業績を示したことは不思議ではない。

松本文三郎による「敦煌石室古寫經の研究」（一九一一）を始めとする數篇の論文は非常に早い時期の產物として注目されるが、その後は上掲の矢吹慶輝による貢獻が最も重要である。矢吹の『三階教の研究』（一九二七）は中國佛教史研究に新しい領域を切り開いたものとして畫期的であり、『鳴沙餘韻』（一九三〇）及び『同解説』（一九三三）は、佛教研究に新しい豊富な材料を提供した點で、極めて貢獻度が高い。敦煌からは初期禪宗のテキストが豊富に發見されているが、この方面でも日本學者による研究は盛んであった。戰前すでに鈴木大拙によって先鞭を着けられたが、戰後には柳田聖山や田中良昭などによる精細な研究が現れるようになる。注意すべきはチベット語で書かれた禪宗文獻の研究が、七、八〇年代以降に日本の研究者によって進められた點であって、これは日本敦煌學の極めて特色ある研究と云うことが出來る。また牧田諦亮が『疑經研究』（一九七六）によって開拓した民間佛教の研究は、後年盛んになる疑僞經典研究の嚆矢をなすものであった。

また佛教文學についても着實な研究があり、狩野直喜によって先鞭を着けられた俗文學方面の研究は、青木正兒、倉石武四郎により繼承され、戰後は入矢義高、川口久雄、西野貞治、金岡照光などがこの方面の研究に從事した。今日でもその衣鉢を繼ぐ研究者が少なからず存在する。

佛教研究は傳統的に日本の強みでもあるが、一方道教に關してはやや手薄な感を否めない。戰前すでに福井康順や吉岡義豊が道教文獻を扱っていたが、戰後には楠山春樹、秋月觀暎、尾崎正治、石井昌子等が敦煌道教文獻の研究に手を染めた。なかでも大淵忍爾が敦煌道教の整理と研究に果たした役割は大きいものがある。

法制史はやはり日本の研究者が強みを發揮してきた分野である。仁井田陞の一連の研究はすでに定評があるが、畫期的な業績とされる『唐令拾遺』（一九三三）の復元作業には敦煌資料も用いられ、また仁井田の『唐宋法律文書の研究』（一九三七）には敦煌吐魯番發見の法制文書が詳しく研究されている。前者については、後に池田温によって『唐令拾遺補』（一九九七）

が刊行された。

社會經濟史の分野では、先ず那波利貞の名を擧げねばならない。一九三〇年代初頭に足かけ三年をパリで過ごした那波は、フランス國立圖書館所藏文書を大量に筆寫して歸り、それらを利用して長大な論考を數多く執筆した。那波はまた同館の敦煌遺書の內、ペリオによって目録化されていなかった部分の目録を作成したが、それは新しい目録が作成されるまで閱覽室に備え付けられ、一般の利用に供されていた。

これらの方面については、敦煌吐魯番の法制及び社會經濟文書などが、東洋文庫から英文の資料集『敦煌吐魯番社會經濟文書』Tun-huang and Turfan documents（四卷及び補遺の全五卷）として刊行されていることを附記する必要があろう。その刊行は一九七八年から二〇〇一年までの長期にわたっているが、編者として山本達郎、池田温、土肥義和、岡野誠、石田勇作、氣賀澤保規の名が擧げられている。それぞれ敦煌學の各分野で貢獻をした人々である。特に池田の『中國古代籍帳研究』（一九七九）や、『中國古代寫本識語集録』（一九九〇）は極めて有用な工具書として評價が高い。土肥もまた近年『燉煌氏族人名集成』（本篇及び索引篇、二〇一五～一六）を公刊した。これらは東洋文庫を中心とする東京方面の成果と云うことが出來る。

一方京都方面では、人文科學研究所の藤枝晃が第二次大戰中から敦煌の地方史に關する研究を進め、歸義軍時期について一連の注目すべき論文を發表していた。五〇年代末に東京・京都の學界が協同してスタイン寫本の研究を行ったことは上述したが、實質的に京都側の事務全般を擔當したのが藤枝であった。六〇年代に入ると、藤枝は人文研で研究班を組織し積極的に敦煌寫本の研究に取り組み、一九七五年の退職に及んだ。この研究班の班員には、牧田諦亮、入矢義高、竺沙雅章、上山大峻などがあり、それぞれの分野ですぐれた論考を發表した。研究班の報告としては『敦煌研究』(『東方學報・京都』第三十五册、一九六四)がある。藤枝はしばしばヨーロッパに渡航して寫本原本の調查に從事した結果、寫本學的研究の必要性を提倡し、『墨美』雜誌に圖版を多用した一連の論文を發表した。また晚年には寫本の眞僞問題を提倡したことで耳目を集めたこともあった。

敦煌遺書中には漢文のみならず、チベット語、ウイグル語、ソグド語、コータン語、西夏語などいわゆる胡語文獻が多數存在することは周知の事實である。チベット語は佛教との關係で、もともと日本には研究者が少なくなかったが、チベット文獻を用いた本格的な歷史研究は六、七〇年代以降の山口瑞鳳に始まると言ってよい。近年チベット學の國際的發展に伴って、日本にも若い世代の擡頭が著しい。ウイグル語文獻の研究は、羽田亨によって早くに開拓されたが、日本國內ではその後も繼續して少なからぬ研究者を輩出している。ただウイグル語文獻は敦煌よりもむしろ吐魯番發見資料の比重が高いために、もっぱら敦煌文獻のみを研究する學者は決して多くない。

ソグド語、コータン語はともに中期イラン語に屬し、かつてそれらの研究はヨーロッパ學者の獨壇場であったが、八〇年代以降、日本にも第一線の研究者を輩出するようになった。西夏語は、戰前期に石濱純太郎が當時大阪に居住していたネフスキーと共同して研究を進めたことで、西夏語研究の基礎を築いた經緯がある。その後日本の西夏語研究は西田龍雄を經て、何人かの若い世代に受け繼がれている。

美術史の方面では、初期の瀧精一による研究を承けて、戰前すでに松本榮一が多彩な研究を行い、その成果は『敦煌畫の研究』（一九三七）の大著となって結實した。また戰後では秋山光和等の研究が注目されるほか、近年でも佛教美術を中心に研究者の數は少なくない。

書法史に關しては、中村不折の名を佚することができない。西洋畫家として出發した中村は、一九〇五年フランスから歸國後、次第に書法の研究に打ち込むようになった。實作の參考資料として西域出土の古物や古寫本を大量に蒐集するとともに、それらの研究を精力的に發表した。『禹域出土墨寶源流考』三卷（一九二七）は所藏寫卷の解題目録だが、筆者による中國書法史の試みとして見ることも可能で、收められた大量の圖版と詳細な解説は高い評價を得ている。彼は晩年所藏品を展示保存するために書道博物館を開設したが、現在それは東京都の臺東區立書道博物館として運營されている。神田喜一郎や中田勇次郎、西川寧などが書法史に關連する論考を發表しているが、若い世代の研究者にも敦煌寫本を書法史の資料として取り上げる人々は少なくない。

以上、これまで日本敦煌學が各分野で達成した成果につきごく簡單に觀察した。その特徵として擧げられるのは、積極的な資料採訪と細心な整理、それに基づく多彩かつ斬新な研究と云えるであろうか。また分野によって多寡と深淺にかなり差異があるとは云え、網羅的に研究者を輩出してきたという實績がある。同時に日本敦煌學がこれまで長期にわたり持續的に發展してきた點も評價されねばならない。日本敦煌學はいまや百年を超える長い期間にわたり多くの業績を積み重ねてきた。この『國際敦煌學研究文庫・日本卷』は、これら日本敦煌學の全貌を主として初出の雜誌論文によって網羅的に收録し、中國學界に提供しようとするものである。全巻完結まで繼續して刊行できるよう、大方のご支援を頂戴できれば幸いである。

二〇一八年九月於上海

出版说明

敦煌学经过百余年的发展，早已成为一门国际显学。特别是中国敦煌学，进入21世纪后，在多个研究领域都取得了长足进步，硕果累累。然而敦煌学越是发展，『题目越来越小，视野越来越窄』的问题也越发突出。一些学者往往只注重追求新材料，缺乏对相关问题更深、更广的思考。资深敦煌学家池田温先生2000年在编辑《亚洲学刊》第78号『敦煌吐鲁番研究』专辑时就曾说，『现在专门从事敦煌吐鲁番研究的日本学者，对于敦煌当地的事情甚至比中国的学者更富有广博的知识，同时他们对相关的西文论著也了如指掌』。虽然近20年已经过去了，但这句话对中国学者的警醒意义并不过时。因此，一定要将眼界从汉文文献圈子的局限中跳脱出来，学习、吸收国外同行的优秀研究成果，这样才有助于推动敦煌学向更深更广的方向发展。

随着时间的推移，很多早期的尤其是国外的研究成果难以查找，特别是20世纪前期的研究成果，查找起来就更加困难，所以将国际上这些早期的敦煌学研究成果进行整理、结集出版，对于学界来说已成为一件必要而迫切的事。正是出于这样的考虑，我们与兰州大学敦煌学研究所共同策划了《国际敦煌学研究文库》项目，拟以国家分卷，将敦煌学研究主要国家的主要作者的研究成果分批整理出版。文库辑录的原则是只收单篇论文而不收录专著，不少论文后来收录于论文集或学者的全集等，但一概保留第一次发表时的原文，亦不翻译成中文，而以原貌影印出版，以免带来技术上的困难。

日本敦煌学研究起步早，水平高，成果丰富，所以我们将『日本卷』作为『国际敦煌学研究文库』的第一辑整理、出版。《国际敦煌学研究文库·日本卷》主要收录二战以前日本学者关于敦煌学研究的成果。特别需要说明的是，由于时代的特殊性，其中个别篇章存在有『支那』等不恰当的表述，鉴于文献整理和学术研究的需要，也为了保持文献的原貌，在原文影印中不对该类表述做挖改和涂抹处理。还有个别篇章存在行列模糊不清，难以识别的情况，但不影响整体阅读和学术参考，对此我们也作了保留。

丛书主编郑炳林先生和高田时雄先生分别以中文、日文作序，目录为中日文对照，以利于更多学者了解和利用。

目录

目录

攝論古逸章疏とスタイン氏蒐集燉煌新出三攝論古章疏とに就いて

矢吹慶輝（1879—1939）

《東洋學報》10-1、2、1920

説林

攝論古逸章疏とスタイン氏蒐集燉煌新出三攝論古章疏とに就いて（上）

矢吹慶輝

一、攝大乘論の本釋諸本
二、攝大乘論本釋兩論章疏
三、諸目錄に表はるゝ攝論章疏
四、新集攝論章疏錄
五、燉煌新出攝論古章疏
一、攝大乘論疏
二、攝大乘論疏卷第五
三、攝論章卷第一

『攝大乘論』には印度撰述の釋論があるのと其等に據つて成つた攝論宗が唐に入つて亡びたのが主因となつて其章疏は餘り流行せず從つて現存の章疏では近代てはあるが先づ長泉院普寂の『攝大乘論釋略疏』五卷を擧げ得るのみてある。但し是は世親の釋論を疏釋したものてある。普寂は其卷首に於て本論の旨趣を詮明して

實乃攝大乘之玄軌趣二菩提一之王路也、苟學二大乘一者寧可下外二乎此一而異求上レ焉哉

と言つてるが、攝論は種々の意義に於て研究を價するものてある。先づ傳說てはあるが世親が大乘に歸向した動機は『華嚴十地品』と『阿毘達磨攝大乘品』とを誦するを聞いた爲めてあつたとしてゐるし其攝論釋は創めて大乘に歸した時の作てあつたらしい。

眞如の凝常か隨緣かに依つて大乘を終始兩門に分けると本論は兩者の中間に位するもので普寂は『從始向終之玄猷』といつてゐる。從つて阿梨耶識論或は如來藏說に於て攝論の立脚地は特に證明を要するものである。『地論』や『唯識』や『楞伽』『起信』などとの比較研究には缺くべからざるものである。唯識家は阿陀那を以て第八識名となし執持を義とするが攝論の舊譯は或は第八識名となし或は第七識名とする。新譯家は一概に舊翻を錯謬とするが普寂は「舊亦有道理非必錯謬也」といつてゐる如く見方の相違である。唯識十大論師の中で慈恩家の說のみを正當とせず他師の說でも合理的なるを採るとすると或は反つて攝論の立脚地に接近するものがある。全體攝論宗が興つて約百年間は人、淨土の業を修するものがなかつたといはるゝ程影響を與へた。然るに此の古宗の敎迹敎精兩つながら堙滅することは遺憾とせざるを得ない。併し攝論就中攝論宗の研究には其資料を要し就中攝論家の主張を見るべき著述を要するのにそれが散佚して仕舞つた。乃ち攝論家の攝論疏があると極めて便宜である。本篇で取扱ふ燉煌出攝論疏が悉く皆攝論家の作か否かは今全寫本を有たないから斷言を憚るも其中或者は慥に攝論家の所說と推定せらるゝものである。攝論には舊譯と新譯とがあつて新譯は唯識家の所說と餘り違つてゐないが舊譯は少し趣が異つてゐる。本篇は燉煌出攝論古章疏の來歷を調査せんとするものであるが出來る丈攝論に關係の章疏類を收錄することゝする。

一、攝大乘論の本釋諸本

『攝大乘論』は略して攝論といひ又廣苞大乘論とも稱せられ大乘阿毘達磨攝大乘經中の攝大乘品を釋したものと謂はる。法相家では瑜伽十支論の一に數へて『百法』、『五蘊』、『顯揚』、『雜集』、『辨中邊』、『廿唯識』、『三十唯識』、『大乘莊嚴』、『分別瑜伽』の九論と同列とする。併し攝大乘論を瑜伽十支中に數ふるに就ては議論がある(『同學鈔』第一卷の第三、「十支論取攝論除因明事」の項下參照)。それは攝大乘論は他の諸論と異りて瑜伽を釋したものではないからである。更に論の舊譯の所說が必しも玄奘の唯識宗と一致せざるがためであつて攝大乘論は玄奘以前の惟識(唯識)家と密接に關係し實に攝論宗の根本聖典である。此論が『阿毘達磨經』の一品を釋したといはれてゐても經文を引いて之を牒釋したのではない。そこで藏經中には宗經論中に攝してゐる。

攝大乘論は無著の所造で其釋論は世親無性の製作であつて本論の支那に譯せられて現存のものが『縮刷藏經』印度大乘宗經論中(來九)に收められてゐる下の三部である。

一『攝大乘論』二卷　阿僧伽作　後魏　佛陀扇多譯

二『攝大乘論』三卷　無著菩薩造　陳　眞諦譯

三『攝大乘論本』三卷無著菩薩造　唐　玄奘譯

二を略稱して梁論、三を唐論ともいふことがある。

又其釋論は印度大乘諸論釋中(往八、九)にある下の四部である。

四『攝大乘論』十五卷　世親菩薩造　陳　眞諦譯

五『攝大乘論釋論』十卷世親菩薩造　隋笈多共行矩等譯

六『攝大乘論釋』十卷　世親菩薩造　唐　玄奘譯

七『攝大乘論釋』十卷　無性菩薩造　唐　玄奘譯

以上によりて攝論本論は無著造、其釋論には二部即ち世親釋と無性釋とがあつて本釋總じて七部五十三卷あり。惟白の『大藏經綱目指要錄』五下に此等七部を總括して「然皆論」佛敎勝相分別識情」章分一同大意無別其間攝」義引」綠小差耳」といつてゐるが玆に大意無別といふのは見樣によりては當らない。攝論家は眞諦譯の梁論より起りて玄奘の唯識家とは稍其立脚地を異にしてゐて玄奘譯の攝論は所說が梁攝論よりも唯識家に似てゐるからである。同一無著の著述が譯本によりて異なるといふ場合、何れが無著の眞意であつたかは別問題として本論三譯本が大意無別とはいはれない點があるといふ事は注意を要する。

本論の中扇多譯は分品なく眞諦譯は十品となつてゐて眞諦門下慧愷の序が附いてゐる。又玄弉譯は十一分に分たれ總標綱要分、所知依分、所知相分、入所知相分、彼入因果分、彼修差別分、增上戒學分、增上心學分、增上慧學分、果斷分、彼果智分と次第されてゐる。

二、攝大乘論本釋兩論章疏

『攝大乘論』及び其『釋論』に注解したものは現存正續兩藏中には一本も無いが卽ち支那撰述の疏は一本も現存してゐないが古來之に注釋を書いた人が全く無かつたといふのではない。先づ諸目錄を調査するに義天の『新編諸宗敎藏總錄』には世親及び無性の釋論疏六部、外に義章略章等三部合せて九部の書目と著者とを列擧してゐる。義天は高麗國文宗の第四子祐世僧統義天で義天錄は又「海東有本見行錄」とも名けらるゝものであつて今より八百二十餘年前高麗に此丈の章疏が揃つて居たものと思はるゝ。（義天傳『統記』第十四）

此『義天錄』より五年後れて堀河帝の寬治八年興福寺永超の撰集にかゝる『東域傳燈目錄』には章疏合計二十部を列ね其中十卷以上のものが七部、七卷以上のものが五部を擧げてゐる。法然上人の『淨土初學抄』に載する『諸宗經疏錄』には法相宗の下に窺基の『攝大乘論鈔』十卷と攝論宗の下に眞諦智愷共撰の『議論疏』二十五卷と靜嵩撰の『攝論疏』六卷の二部を列ねてゐる。寬政二年に智積院諦順が古錄を稽査して作つた『諸宗章疏錄』の法相宗の下には鈔一部、疏五部章一部、義決一部總べて八部を列してゐて、章の五卷を除くの外皆七卷以上のものである。

此他興福寺藏俊が院宣に依つて注進せる『注進法相宗章疏』には四部を列し武藏金久院寶嚴興隆の『佛典疏鈔』には九部を列してゐる。

抑も古來多くの書籍目錄があつたが誤寫があつたり、稽査に缺くる所があつたりして證典とすべきものが鮮ない中で前出の『諸宗章疏錄』は寛政二年に智積院謙順が智積院經庫の古寫『五宗錄』(東大寺圓超等奉敕撰華嚴宗章疏等)、『祖師製作錄』(六波羅密寺惠範作)に就て上中兩卷に五宗、下卷に眞言錄を加たもので現存章疏目錄中の白眉とすべきものである。尤も五宗錄中の法相宗章疏は謙順が既に『諸宗章疏錄』の凡例中にも述べてゐる通り『東域傳燈錄』及び藏俊の『法相錄』に依りしもので攝論の末疏も亦此等の典據に依りしものなるが今之を中心として如何程の章疏があつたかを調査しやう。併し此目錄には撰者はあつても其年代や關係材料が擧げて居ないから古い攝論疏は如何程あつたかを調査するには僧傳其他で稽へて見なければならぬ。

更に是等諸目錄が擧げてゐない古逸章疏が可なりに澤山にあつたことも調査を要する。實は諸目錄が當時現存の章疏のみを擧げたとするとそれに依つて何時頃は何部現存と知れるが中には本がなくとも傳說て書き列へたものが多いから是非共更に新に僧傳等で探らなければならぬ。

普寂は攝論疏に關して下の如く言ふてゐる。

此論(攝論本釋)傳譯以來製レ疏者蓋向二數十家一、謂眞諦疏、智愷疏、慧賢疏、曇遷疏、法護指歸、道基疏、僧辨章疏、慧體疏、靈潤義疏、智儼疏、窺基疏、神廓疏等載在史傳、而其書都無下流二此邦一者上、世傳二神廓疏在二於南都庫藏一而未レ聞レ有二親閱覽者一、未審昔在而今己湮沒乎、嗟虖其似二平砥砆類二平砥霜一之書盛行二于世一而人亦十襲珍重、其璵璠者夜光者多逸而不レ傳者何耶、敎家所レ可レ憾者多矣愁衷爲レ此惘然(略疏卷一)

此に概算數十家として中、十二人擧げてゐるのは比較的正確の紀傳である。以下總ての諸記傳を稽査する。

三、諸目錄に表はるゝ攝論章疏

一、眞諦智愷共撰、『攝論疏』八卷

此疏に就ては以上に列した諸目錄の中、唯『淨土初學鈔』中に保存せられて『諸宗經疏』が之を擧げてるのみだ。併し是が攝論疏として第一に數ふべきものであることは下記によりて知らるゝことゝ思ふ。初め眞諦三藏が梁朝の迎請によりて摩伽陀國より南海に着き梁太淸二年西紀五四八に建康に入りてより騷亂の爲め諸方を漂浪し乍ら諸經論を譯し將に故國に戻らんとして偶々廣州刺史歐陽頠、衡州刺史歐陽紇、征南長史袁敬德等の外護と智愷（慧愷ともいふ）慧智、僧宗等の懇請とによりて陳天嘉四年（西紀五六三）に廣州制旨寺で『攝大乘論』及其『釋論』を譯したものである。眞諦は梁末陳初に譯出經論記傳凡六十四部二百七十八卷と傳へられてゐるが攝論譯出後數年にして陳大建元年（西紀五六九）に寂した。乃ち攝論は晩年の譯出であるが道宣が『續高僧傳』に

自諦來東夏雖廣出衆經偏宗攝論、故討尋敎旨(者)通覧所譯、則彼此相發綺繢輔顯、故隨處翻傳親注（注或作流）疏解、依心（心或作止）勝相後疏幷是僧宗所陳、躬對本師重爲釋旨、增減或異大義無虧

といつてる如く攝論と眞諦三藏とは離るべからざる關係で眞諦は實に支那攝論宗の開祖である。蓋、攝論は前にしては約三十年前、北魏の普泰元年（西紀五三一）に既に佛陀扇多が譯して居るし（歴代三寶記九）唐になつて玄奘が譯したが翻譯の外、弘通に努力したのは眞諦であつた。而して眞諦は他の外來翻譯三藏と異りて、盛んに經論の註釋を書いた。して見ると攝論本釋二論に關する註釋もあつたものと

推定が出來る。此の僧傳の文が判明てないが攝論の疏文があつて依止勝相の後は僧宗が三藏に尋ねて書いたもの丶樣にも思はる丶。

眞諦の高弟中著明なるは智愷、僧宗、智休、法准、僧忍、法泰、慧曠等て就中最も助力したものは慧愷てある。慧愷の攝論序（縮刷藏經にては本論にも釋論にも同序が附せられてゐる）を見ると明かてある。『倶舍釋論』序も參照すべきてある。慧愷の『攝論』序には

法師眞諦既妙解聲論善識方言、……席間函丈終朝靡息、愷（慧愷）謹筆受、隨出隨書一章一句備盡研覈釋義若竟方乃著文……卽以其年樹檀之月文義倶竟本論三卷、釋論十二卷、義疏八卷合二十三卷（來九の四六）

といふてゐるから當時攝論疏があつたとは爭はれぬとてある。『諸宗疏經錄』が眞諦慧愷共撰とせるは或は之に基いたものかも知れない。普寂が眞諦疏と智愷疏と二部に見たのも此邊の傳に依つたものであらふ。此に八卷といふてるのに『諸宗經疏錄』には二十五卷といふてゐるが或は本論釋論義疏合して二十三卷を誤つて二十五卷としたかも知れない。『高僧傳』を見ると眞諦門下に攝論の講説が特に盛んであつて義記などがあつたと推定さ丶る事實がある。全體印度大乘兩系の一たる世親系統の支那傳來は先づ勒那摩提と菩提流支と佛陀扇多との三人の翻譯經論が第一回て眞諦は其第二回といつて可い。尤も『起信論』の眞如緣起説は世親系統てないと舊くから見てゐるものもあるが起信論が僞疑に屬すべしとの議論は兎に角として其説は眞如緣起といつても阿梨耶緣起といつても可いので眞諦と玄弉とが同じく世親系を傳へて其間に多少の相違があるとすると起信論も阿梨耶説の一異説と見て可いのてある。眞諦の高足法泰が新翻の『攝大乘論』や『倶舍論』を齎らして建業に到るや陳の武帝は三論を尊べる爲に泰は道俗の受

くる所とならなかつたことと又次に記す樣に會楊鞏碩望の反對があつたりしたとから見て慧愷が攝論序に『唯識微言因玆得顯三性妙趣由此而彰』といつた眞諦の教說は從來の三論や成實の空論に反對せる有論てあつて法泰傳に言つてる通り（致二の八九右）一新宗てあつた。乃で此新宗を聽かんとして集つた學徒は少くなかつた。法泰傳には眞諦に從つて『筆受文義垂二十年、前後所出五十餘部幷述義記皆比土所無者」といふてゐる。智愷（附見致二の八九左）は眞諦と共に「對翻攝論躬受其文七月之中文疏幷了都合二十五卷後更對翻俱舍十月便了文疏合數八十三卷諦云……今譯兩論詞理圓備吾無恨矣」といはれ、愷は眞諦よりも一年早く光大二年に五十有一歲で俱舍業品第九卷まで講じて寂したので眞諦が續講して次年に惑品第三卷て眞諦も亦寂したと傳へられてゐるし、智愷の終焉の詩に「遺文空滿笥」といふ一句があるし、愷に攝論疏のあつたことは疑ふべからざるものてある。『諸宗經疏』の二十五卷といつてるのは智愷傳に依つた樣てある。それから曹毗（附見致二の八九右）は眞諦の弟子て智愷の叔子てあつた。攝論を學び太建三（或は二）年に建興寺の明勇法師に請ふて攝論を續講せしめ成學名僧五十餘人が集つたと記されてゐるから此處にも疏記類があつたと見ても差支はない。更に循州平等寺沙門智敫（敫或作皦）（附見致二の八九左）は智愷の俱舍文疏を掇拾し又其歿後、攝論俱舍論を弘め仁壽元年に至る迄に「偏講攝論十有餘遍坐中達解二十五人」と傳へられ、是より先き開皇十二年王仲宣が叛逆の折、敫の寺房が燒かれて「文疏幷蕩」の中には攝論疏などがあつかも知れない。道尼も亦智敫と共に眞諦の新宗に歸し「興講攝論騰譽京師」と傳へられてゐる。此等講說の盛行中。攝論疏が一二部位あつたと見るのは至當てある。道宣は「自是南中無復講主、雖云敷說蓋無取矣」といつてるが後代の攝論疏よりも隋以前の攝論疏は此意味で益々珍重すべきものである。

全體眞諦三藏は梁陳騷亂の時に支那に來て僅かに二十二年間の滯在中、諸處に流離して備に辛苦を嘗めた。僧傳には七十に垂んとして冬夜攝論を譯せる折の艱苦の狀を記してゐるが特に晩年廣州にありて翻譯の際、僧宗等再び建康に迎請せんとせしが會楊輦碩望奏して「表嶺譯する所の衆部は多くは無塵唯識を明し言治術に乖きて蔽國の風あり諸華に隷せずして荒服に流すべし」(唐僧傳一)といつたので遂に三藏が南海所譯の經論は陳の代に顯はれざりしと傳へらる。『淨土初學鈔』には攝論宗に南地北地の兩家ありて南地派は眞諦、法泰、靜嵩、僧宗、僧忍、法准と次第し北地派は曇遷、慧休、慧遠、淨業と次第し地論の淨影(慧遠)は曇遷より攝論を稟くといつてるが陳世に斯る非運に會て更に玄奘の唯識宗起るや攝論宗は全く新宗に併合さるゝ樣になり從つて其義疏の如きも傳はざるに至つたものと思はるる。

二 靜嵩撰 『攝論疏』 六卷

本疏を記せるは上述諸佛典錄中、『諸宗經疏』のみである。靜嵩とは『唐僧傳』法泰の附傳に見ゆる彭城の學僧で僧傳中には「事出嵩傳」としてあるが靜嵩の別傳は唐僧傳に見當らない。然るに靜嵩は靖嵩に違ひない。靖嵩傳は唐僧傳第十卷にあつて眞諦三藏が梁陳の間、二十餘年通傳地なく「雖言譯布講授無聞、唯嵩獨拔玄心翫味玆典、纔有講隙便詣沙門法泰諮決疑義、數年之中精融二部(攝論俱舍論)」といひ「嵩學賓眞諦義寔天親」といひ「撰攝論疏六卷雜心疏五卷又撰九識三藏三聚戒二生死等玄義幷流于世爲時所宗」とあり、又「關中義學因從過千徐邦、詣嵩法肆、伏膺受業、由此門徒推盛、章疏大行」とあり、三の道基も曾て嵩の門下であつた。又眞諦の高足法泰傳によると靜嵩は法泰に就て「晝談恒講夜請新宗」といひ又「泰(淸泰)博諮眞諦傳業嵩公」といふから嵩泰二傳から見て其攝論疏の來歷を知るべきである。

三　道基述　『攝論義章』十卷

『義天錄』に據る。『東域傳燈目錄』には「論章四卷」となし『諸宗章疏錄』には論章五卷となして撰名を逸せるもの是に當るが如く又同錄增補には三卷となし諸錄卷數に於て相違あるも撰者の來歷に就ては傳文が明かである。道基には眞諦譯の『世親釋論』の序があつて『縮刷藏經』往八（二の左）に在る。中に「至如此論衆名坦蕩似王路之無枝、臧識常流譬洪川之長注、三性殊旨混爲一心、六度虛宗俱栖彼岸云々」などといつてる。其傳は『續高僧傳』第十四に出て居て貞觀十一年に六十有餘歲で歿したのであるから唐益州福成寺道基となつてゐても隋唐に跨つて活動した人である。隋大業以來、『雜心玄章幷抄』八卷、『大乘章抄』八卷等の著述があり其講筵には隋后が論場に親臨するといふ樣な盛況であつた。傳には『攝論疏』のことが書いてないが　敎閱大乘弘揚攝論」といふてゐるから其講錄があつてそれが支那朝鮮に流傳したものてあらふ。此疏は玄奘譯以前てあるから眞諦譯攝論の疏てあつたものと思ふ。

四　法常述　『世親釋論疏』十六卷

此疏を記せるは『義天錄』のみである。尤も『佛典疏鈔』にも記載せられてゐるが『佛典疏鈔』の攝論の下は全く『義天錄』を寫したものに過ぎない。玆に法常と言ふのは『續僧傳』第十五にある唐貞觀十九年六月二十六日に七十九歲て寂した法常を指したものであらふ。法常が二十二歲（隋開皇八年に當る）の記事中に「攝論初興隨聞新法仰其弘義、于時論門初闢、師學多途、封守舊章鮮能迴覺、常（法常）乃博聽衆鋒校其銛銳……隨講出疏示顯群迷」といひ傳文に「初常（法常）涉諧義門妙崇行解故衆所推、美歸於攝論而志之所尙（尙或作宗）慕涅槃」といひ貿に「著攝論義疏八卷玄章五卷」といへば義天錄が十六卷とし注に「或八卷」とせるもの僧傳に合すといふべきてある。法常傳には新羅王子の位を棄てゝ出家せる金慈藏が入唐して法常に菩薩戒を授かつたといふてゐるし『唐僧傳』二四、慈藏傳には「一夏講大乘論」といふてゐるから法常の『義疏』八卷が朝鮮に傳來して義天の『海東有本見行錄』中に記載せらるゝに至りし緣由も略推察が出來る。義天錄には撰者に關して「或云道證述待勘」といふてゐるが法常述「玄章五卷」を「畧章四卷」としてゐる。

五　法常述　『略章』五卷或は『玄章』五卷

前項を看よ

六　景法師述　『攝論疏』□卷

『東域傳燈錄』と『增補諸宗章疏』とに其名が載つてゐる。卷數は何れも不明としてある。『東域傳燈錄』には天親古論と注せられてゐるが玄奘新譯に對する眞諦譯を意味せしものであらう。景法師とは如何なる人か不明であるが續高僧傳第十四道基傳の附見に出て居る「復有慧景寶暹者幷明攝論譽騰京國」（致三の三三左）であつたらしい。それから『諸宗章疏錄增補』には論疏の外に

七　景法師述　『攝論章』三卷　を擧げてゐる。

八　辯相撰　『古論疏』七卷

『東域傳燈錄』に此書目がある。辯相は『續高僧傳』第十二に見ゆる辯相のことであらふ。傳によれば辯相は少林慧遠の弟子で隋開皇仁壽の頃に世に知られ唐貞觀初年七十餘歲で疾の爲に自縊して歿した人であつて大小三藏に通じたが「特に涅槃一部詳覈有聞末南投徐部、更採攝論及以毗曇、皆披盡精詣傳名東壤」といはれてゐる。是の攝論疏は古論疏と後世から名けられた通り玄奘譯に據つたものではない。『續高僧傳』第十五靈潤傳中、辯相の事を記して「學兼大小聲聞于天、攝論初興盛其瞻角、在淨影寺創演宗門、造疏五卷、即登敷述京華、聽衆五百餘僧竪義之者數登二百云々」とあり卷數は茲に五卷とされてゐる。

九　神泰述　『攝論疏』十卷

『東域傳燈錄』にも『諸宗章疏』にも『注進法相宗

章疏錄』にも出てゐる。是も玄奘門下の神泰であつたらふ。卽ち玄奘の譯場に於て證義大德十一人中の蒲州普救寺沙門神泰（開元錄八結四の七二）ならん。

十　玄應述　『攝論疏』十卷

『東域傳燈錄』に記されてゐる。玄應といふ人は支那僧傳中に少くとも二人あるが此疏は恐らく『玄應音義』の著者の述であらふ。玄應は續高僧傳隋智果の附傳に字學の富を以て鳴りし由しを記し『內典錄』五（結二の八五）『開元錄』八（結四の七五）中に『音義』二十五卷の著を牒してゐる。然るに玄應は字學大德として玄奘の譯にも參加したのであるが、道宣の內典錄には「恨敍綴纔了未及覆疎」といつてるから此攝論疏は貞觀廿三年の玄奘譯によりしものか否かは決し難い。

十一　毗跋羅撰　『攝論疏』七卷

『東域傳燈錄』と『諸宗章疏』とに載つてゐる。後者の注に「未詳傳記」といふてゐて撰者に就て不明なるは遺憾である。

十二　元曉述　『世親釋記』四卷

『義天錄』、『東域傳燈錄』、『諸宗章疏錄』、『佛典疏鈔錄』等皆之を記し『義天錄』に「世親釋記」といひ『東域』に「論疏」といひ『佛典疏鈔』に『論略記』といふて書題に相違あるも卷數四卷は諸錄の一致する所である。元曉の傳は『宋高僧傳』四にあるが『金剛三昧經』の驗記並に同疏を記する詳細なるも攝論疏を記してゐない（致四の八六）。併し元曉は海東師とも呼ばれ數多の經疏ありて是等を海東疏といつてる位朝鮮に於ける有名なる疏主であつて特に華嚴に詳しかつた。近刊李能和氏『朝鮮佛教通史』上、元曉傳には諸傳を引用せるも餘り著述を擧げて居ないから從つて『攝論疏』も擧げてゐない。併し同書中卷（六四）に海東に於ける攝論宗の傳來を記して新羅圓光法師が開皇九年隋に入りて此宗を傳來すと記して元曉亦『世親釋論略記』四卷の著ありしを擧げてゐる。高麗の義天が既に四卷釋記を擧げてゐるし元曉は海あつて唯識に關する著述もあり攝論に關する疏記があつたとして聊かも差支ない。但し此『世親釋論古迹記』は玄奘譯の釋論記であつたと想像さるゝ。

十四　太賢述　『無性釋論古迹記』一卷

是も『義天錄』の記述に見ゆるもので前の『世親釋論古迹記』の外に『無性釋論』の記を書いたものと想像さるゝ。無性釋論は玄奘譯であるから太賢の兩古迹記は玄奘譯を取つたものである。尙前項、世親釋論古迹記を參照すべきである。

十五　智儼述　『無性釋論疏』四卷

『義天錄』に據る。智儼は貞觀十四年に八十四歲にて寂せる法順の弟子で其傳は『續高僧傳』第廿五法順の附傳にある。文に「華嚴攝論尋常講說」といふてるから華嚴と攝論とに秀でた人であつたことが推定さるゝ。玄奘は貞觀十九年に長安に戻つて貞觀二十三年に『無性釋論』を譯したのであるから智儼の傳論講說は法順の歿する前からやつたかも知れない

東の疏師なるが故に其著ありしは疑ふを要せぬことである。元曉は朝鮮の傳によれば新羅眞平王の三十九年隋大業十三年に生れ曾て義湘と共に入唐し後ち故國に還つた人である。

十三、太賢述　『世親釋論古迹記』一卷

『義天錄』、『佛典疏鈔』に之を記してゐるのみであるが佛典疏鈔は義天錄記載を寫し取つたものであるから義天錄を依據とするより外ない。併し太賢は靑丘と號し新羅に於ける有名なる製疏家であつて其著は中華の學者にも重んぜられた程で其筆に成つた現存遺著も少くないから攝論疏があつても不思議がない。併し太賢に關する乏しき傳記材料中には明記を缺いてる樣である。にも拘らず高麗の義天が西紀一〇九〇年(義天序)に唐天寶十二年卽ち西紀七五三年に新羅王の詔により內庭に入りて雨を祈つたことのある(三國遺事)太賢の遺著を記錄したものであるし太賢は新羅に於ける瑜伽祖師卽ち法相宗の祖師で

が此に出した攝論疏は玄奘譯に依つたものなることは明かである。

十六　神廓述　『無性釋論疏』十四卷

『義天錄』、『東域傳燈錄』『諸宗章疏』、『注進法相宗章疏目錄』、『華嚴宗章疏錄』等に記載せられ卷數は皆十四卷或は十一卷と傳へてゐて是疏は支那にも朝鮮にも日本にも行はれたものである。神廓は如何なる來歷の人か不明であるが『東域傳燈錄』には釋無性論として鷲宿の校記に「私云玄奘門人」といつてる然るに此他に

十七　神廓撰　『攝論章』三卷

の著錄があつたことを傳へてるのが『東域傳燈目錄』と『諸宗經疏』と『增補諸宗章疏』とである。卽ち神廓には『無性釋論疏』十四卷と『攝論章』三卷との二部の攝論に關する末疏を書いたことになる。『東域傳燈錄』に論疏を十一卷とし論章を十一卷にしてゐる所を見ると『義天錄』が疏十四卷のみを擧げて論章を數へてゐないのは疏章合併て擧げてゐるものと思ふ。

『同學鈔』中（大日本佛教全書一、七五）、畢竟無性に關して樞要の文を引けるに此文の出據に關して「有人云」として次の文がある。

要文引二神廓文一也（攝論疏二可見之間今要也）

神廓の『攝論疏』二に樞要の文と同文があるといふ。又一意識計の下に於て（同上一三四）

加之神廓師攝論翻譯筆受源成二六識義一豈不二依用一耶……神廓道證等人師不レ知二深意一任二顯文相一作二解釋一誰可二指南一耶

といつてるし又眞諦譯は梁陳何れの代かを定むるに就き

神廓云眞諦譯云思惟今攝論云作意、梁代呼作意爲思惟云々。

の文を引いて梁代出の傳を傍證してゐる（同上二一の一一）から當時南都に在つたものである。普寂は

南都にあるとの傳はあつても親しく見た人がないと記してゐることは前に引ける如くである。

十八　窺基述　『攝大乘論抄』十卷

『東域傳燈目錄』、『諸宗經疏錄』、『諸宗章疏錄』、『注進法相宗章疏錄』等に列擧せられ玄奘門下の高足にて「百本疏主」と稱せられし（宋高僧傳四）大慈恩寺窺基の撰である。是は勿論玄奘譯の攝論に據つて之を略抄せるものである。

十九　玄範撰『攝論疏』七卷　或云十卷

『東域傳燈錄』に據る。『諸宗章疏錄』にも十卷論疏の名を列してゐる。鸞宿の校記に「私云玄奘門人」とある通り玄奘門下の玄範であつたらふ。

以上は撰者の名あるもので上記諸錄に載つてゐるもの丶みを集めて關係材料を稽査し兼て古攝論章疏か新攝論章疏かを見たのであるが此他に作者未詳のものがある。今獲るに從つて之を追記すると。

廿　攝論疏　十五卷『東域傳燈錄』『諸宗章疏』に見え『東域錄』に古論といふてゐるから梁攝論疏であつたものと思はる。

廿一『攝論疏』二十卷『東域傳燈錄』に出づ。

廿二『攝論義決』七卷『東域』、『諸宗章疏』同增補の諸錄に出づ。

廿三『攝論十種散動疏』一卷『東域錄』『諸宗章疏』增補に出づ。

廿四『攝論疏』八卷『東域』に出て注に『天親論疏不注作者見行』と記されてゐる。

廿五『攝論章』五卷或は三卷『東域錄』に「上中下見行」と注せらる。

廿六『攝論章』三卷『東域錄』に出づ。

廿七『名教』一卷『義天錄』に出づ。

廿八『攝論料簡』一卷『東域錄』に出づ。

以上の中撰者の名を有するもの凡て十八部、亡名九部合して廿七部であるが十九より廿七までの九部中には日本製作のものなどが雑つてゐるかも知れないし又重復もあるらしいが兎に角撰號があつて略年代の判明せるものが都合十七部ある（毗跋羅撰を除く）。其中神泰、玄應の撰述は古論に據つたか新論に據つたか不明であるがそれ以前の七部は古論に據つたものと見なければならない。其以後は勿論玄奘譯に據つたものである。併し佛教教理史上重要な意義を有つてゐた攝論宗例へば『淨土初學鈔』中攝論宗の下に記せられてゐる様に「攝論梁代傳來此土、爾後百年之間世多不修淨土之業」といつた程の影響があり特に眞如縁起頼耶縁起に關する大切なる資料であつた攝論宗は梁論に據つたもので梁論の章疏が今日に殘つてゐるとするとそれは佛教史上の珍とすべきである。

攝論古逸章疏とスタイン氏蒐集燉煌新出三攝論古章疏とに就いて（下）

矢吹慶輝

四　新集攝論章疏錄

以上は『義天錄、』『東域傳燈目錄、』『諸宗經疏錄、』『諸宗章疏錄、』『注進法相宗章疏錄、』『華嚴宗章疏錄』に據つたものであるが、更に僧傳中に之を搜索するに單に二三に止らない。以下且らく『續高僧傳』によりて新に上述以外の攝論疏を列擧する。

廿九　眞諦門裔智敫等の講說に就ては一に讓る

卅　波羅頗迦羅密多羅（戒賢に値つたと傳へらる）の綴文に當つた唐京師清禪寺沙門慧賾は貞觀十年五十七歲で歿したが傳文に「講華嚴大品涅槃大智度攝大乘及中百諸論、皆箋釋章部決滯有聞」といはれて

る（致二の九七）。是は梁論に據つたものであること
は年代上確かである。

卅一 『續高僧傳』第十、慧曠傳には眞諦に會つて
攝論を受けたといふに過ぎないが、大業五年六十歲
で歿した淨願傳（致三の一〇）には、願は「正時攝
論晩夜雜心」を講じ、前後の文より推すに攝論の章
疏があつた樣である。

卅二 隋西京禪定道場智凝は彭城嵩公（二を見よ）
に從つて攝論の講義を聽き初講第一勝相訖るや攝論
の綱旨都て見つ可しとなし嵩の許を辭して疏を製せ
んとした。人々誇謗となしたが「及著疏既了、剖決
詞宗、依而講解聲望轉盛」で隋文の代に名達の一人
となつた。大業中四十八歲で歿したし嵩公に從つた
關係から勿論古攝論疏を書いたことが明かである。
（致二の一一）。明及法師なるものあり黎耶識の滅不
に關して疑あり、凝の一言「滅矣」と聞いて大に慶び
久しからずして卒したと記されゐるし、又學士靈覺
道卓等の蜀土の名僧も凝から攝論を受け「逸還益部
弘贊厥宗、故岷洛攝論由之而長矣」といはれてゐる
所を見ると、攝論宗に取つて忘るべからざる人であ
つた。唐京師辯才寺智則は凝に從つて攝論を聽いた
ことが四十餘遍と記されてゐる（致四の十九右）。唐
蒲州普救寺道積も智凝に就て攝大策論を學んだ。傳
に「於十義熏習六分轉依無塵惟識（唯識と云ふに同
じ）一期明悟」（致四の五二右）というてゐる。

卅三 『續高僧傳』十一にある、武德六年に七十三
歲で卒した法侃は曹毘（一參照）と關係あり「侃學
專攝論、踊足親依、披析幽旨渙然標指、解義釋名見
稱清澈」と記せられ、其門下に道撫あり「宗師異解
用通攝論」といはれ、成疏に就て記事はないが、何
か攝論章疏類があつたものと思はる。

卅四 切廻撰『無性攝論疏』
廻は唐汴州慧福寺の僧で數多の經疏を撰せしが中
に『無性攝論疏』あり、『續高僧傳』十三參照。

卅五　法護撰『攝論旨歸』

法護は彭城靖嵩に從つて攝論を承け大業三年三十二歲にて京の慧日道場に於て攝論を講じた。唐太宗が名德五人を召した中に法護も交つてゐて「自此校角攝論去取兩端、或者多以新本确削未足依任、而護獨得於心、及唐論新出奄然符會、以爲默識元有人焉」と記されてゐる。茲に新本は眞諦譯のことであつて唐論は玄弉譯である。併し護は貞觀十七年に六十八で卒したから、玄弉譯攝論の譯了を見ずして死んだことになる。梁論で不明であつた點が唐論で明了になり、それは護の考と同じであつたといふことは如何なる點であつたか、傳文簡にして詳にし難きを遺憾とする。『續高僧傳』十三參照。

卅六　智正撰『攝論抄』

唐至相寺智正は貞觀十三年に八十一歲で卒した學者で北地攝論の祖たる曇遷（下を看よ）と同學の人であつて「所著諸疏幷現筆受」とあり、弟子の智現が紙筆を執りて端坐思惟せる智正の傍に立侍して累載坐せず、それが爲に足疼心悶、覺えず倒仆する程の辛苦を嘗めて集錄せしもので「正凡講華嚴攝論楞伽勝鬘唯識等不紀其遍、製華嚴疏十卷、餘幷爲抄記具行於世」と道宣は記してゐるが、遷と同學なることと及び餘幷爲抄記の文に攝論もあつたものと想定して此の一項を加へる。傳は『續高僧傳』第十五にある。

卅七　僧辯撰『攝論疏』

智凝に從つて攝論を承け貞觀十六年七十五歲にて寂し、其著「講聽之務惟其恒習、其攝論中邊唯識思塵佛性無（性）論幷具出章疏在世流布」といふから攝論疏があつたことは事實である。其傳は『續高僧傳』第十五を見よ。

卅八　慧休撰『攝論疏』

貞觀十九年に九十八歲で寂した人で空宗の學匠であつたが、同時に惟識（唯識のこと）をも學び又攝遷禪師や尼論師等に遇つて攝論を受け之を講じて疏章を造つた。又其門人靈範なるもの敕によりて弘福寺に召され攝論を宣揚した（『續高僧傳』第十五）。曇遷と尼論師に就ては前に屢〻記したから略する。

卅九　靈潤撰『攝大乘論義疏』十三卷

靈潤は道奘幷に辯相より攝論を聽き諸經論の疏ありしが、就中「涅槃七十餘遍攝大乘論三十餘遍幷各造義疏。一十三卷玄章三卷」とあり其猶子、知衍亦攝論涅槃を講じた。詳傳は『續高僧傳』第十五を見よ。特に攝論の阿梨耶識に關する靈潤の所見を擧げてゐる點は教義研究上の好參考である（致三の四四左）。今煩しいから略する。

四十　靈潤撰『攝大乘論玄章』三卷

前項參照。

四十一　曇遷撰『攝論疏』十卷

道宣が僧傳に「攝論北土創開自此爲始也」といつてる曇遷は前に屢々引用したが、北地攝論の祖であつて曾て唯識論を尋ねて熱病を感じ月の懷に入るを夢み乃ち擘て之を食ふに脆きこと氷片の如く病頓に治してから私に名を月德と改めた人である。偶々桂州刺史蔣君の宅にて攝大乘論を獲て大に之を喜び前に唯識を講じたが思構幽微、疏滯する所ありしが今攝論を獲て文旨判然となし、先づ北地故鄕に之を傳へんとして建業を辭せんとて船に乘つたが、風波の爲に進むことが出來なかつたので、遷が江神に告げて曰く「今欲以大法開彼（北地）未悟、若北土無運命也如何」と。そこで風が止むで岸に達するを得た。時人之を以て江神が南地譯攝論が北地に移るを欲しなかつたからだと解したと傳ふ。隋開皇七年徐州より敕に由りて京に出て攝論を講じた。「于斯時也宇內大通京室學僧多傳荒遠、來以攝論初開、投誠請祈、即爲敷弘受業千數」といはれてゐるから、攝論講說の盛況が窺はれる。慧遠が遷に就て攝論を承けたのも此時である。眞諦が攝論弘通に就て豫言したのも遷師のことであるとした。遷は大業三年十二月六日六十六歳で卒し「所撰攝論疏十卷年別再敷毎擧法輪諸講停務皆傾渇奔注有若不足也」と傳ふ。遷は又別に楞伽起信唯識如實等の疏九識四月(月或作明)等の章、華嚴明難品玄解等總て二十餘卷の著ありしといふ。詳傳は『續高僧傳』第十八を見よ。道哲靜琳（續高僧第廿）玄琬(同上廿二)道英(同上廿五)靜凝(同上廿六)淨辯(同上廿六)の如きも遷に從つて攝論を受けた。

玄奘傳（致二の一〇二右）や神照傳（致三の三〇左）に出てゐる鄴の慧休は攝論家で盛んに講説したらしい。僧曇(致三の十二）の附見にある慧重は「攝論十地戶牖田開」とあり、又晩年に曇遷（隋開皇に歿す『縮刷藏經』異部譯釋論の序文の外に見ゆる「豫章郡守王欽開皇元年五月奏此論與遷持論不殊」、「遷禪師江南將至徐州講唱」などといふ文に見ゆる人である、致三の二一淨業の附傳參照）に就て攝論を學んだ淨業（大業十二年五十三歳歿）がある（『續高僧傳』十二)。武德九年五十六歳で卒した終南山玉泉寺の靜藏は「乃遍諸法席聽採經論、攝論十地是所偏求」といはる（『續高僧傳』十三)。貞觀十年に六十九で寂した道岳は一生を倶舍研究に委したが、曾て所懷を告げし中に「毗曇成實學知非好攝大乘論誠乃精微」といつてるが、岳は九江道尼（一參照）より攝論を傳へたものである。(『續高僧傳』十三)。靈潤傳の附傳にある道奘法師は「檀名海岱講攝大乘」(致三の四三左）といはる。隋趙郡漳洪山智舜は仁壽四年七十二歳で歿したが、其弟子智贊は「攝論涅槃是所綜博」（致三の六三左）と傳ふ、貞觀十五年七十一歳で歿した志超も時々攝論を講じたと傳ふ（致三の八一）。唐箕州箕山寺沙門慧思（貞觀十六年五十五歳歿）が道曄に就て攝論の講説を聞いた（致三の八二右)。窺基と塵識の問答をした慧熈は三論を宗とした人であるが、曾て攝論を研究した(致三の八三右)。大業六年召されて大禪定道場に入つた。普明は進具以後專ら涅槃と攝論とを師とした（致三の二〇右）。唐普光寺慧進は貞觀八年五十餘歳で死んだが、傳文には「聽槃攝論大悟時倫」、又は「常弘攝論化開律部」などというてゐる（致三の一〇〇右）。唐大總持寺智實は貞觀十二年三十八歳で卒した人で、攝論を研究し、同寺僧普應も亦涅槃と攝論とに通じた（致四の二）。新羅慈藏も亦一夏攝論を講じたと傳ふ（致四の六）。永徽六年に六十一で卒した弘智は華嚴と攝論を講じた（致四の八）。隋の明誕傳には「通十地地持赴機講解攝大乘論彌見弘演」と記してゐる（致四の三〇右）。隋の慧重傳には「淨持戒地明解攝論」というてゐる（致四の三〇左）。隋の寶積は敕によりて京に入り智論及び攝大乘論を講揚した（致四の三〇左）。隋の道璨は攝論を鑽求した（致四の三一右）。隋の法周は「涅槃攝論是所留神」といはる（致四の三二右）。隋僧に此類頗る多し。慧誕傳に曰く「學究涅槃及通攝論」と（致四の三二右）。智光傳に曰く「少聽攝論大成其器」（致四の三二左）。曇遂傳に曰く「初學大論後味唯識研精攝論選其幽理」と（致四の三三右）。明馭傳に曰く「初學涅槃後習攝論」と（致四の三五右）。慧恭傳の附見に曰く「遠（慧恭と同學の慧遠）於京師聽得阿毘曇論（中略）攝大乘皆幷精熟還徐州講授卓爾絶群」と（致二の四四左）。以下唐僧善慧傳に曰く「誦法華經聽收攝論」と（致四の四六）。寶相傳に曰く「專聽攝論」と（致四の四七左）。

以上二十八より四十迄は成疏ありしと想定し得るもののみを擧げたもので慧休以下の二十餘家は講說の傳を類集したものである。又廿八より四十までの二十二部中、卅三功廻疏のみは唐譯に依つたもので あるが、他の殆んど全部は舊譯に據つて疏を撰したものであつたから、舊譯の章疏は以上四十部中で前節の七部と今節の二十二部とを合して實に二十九部となる。斯くして普寂が「傳譯以來製疏者蓋向數十家」といつたのは學究の知言であつた。

五　燉煌新出攝論古章疏

以上に列擧せる如く古來數多の攝論章疏があつたもので諸目錄に列記せるものを整頓し直して總べて廿八部、更に、それ以外にて僧傳などから自分が今新に摘記したものが十餘部、合計四十餘部となる。斯く多數の章疏があつたが現存のものは一つもない。唯だ僅に引用文などに其片鱗を留むるものが一二あるといふに過ぎない。敦煌新出攝論古章疏三部は斯くして珍重すべき古資料といつてよい。

一

論大乘疏（『解說目錄』第三注疏部の三九。『宗敎研究』第八號一五六）

長篇の斷片にて中に

攝大乘論三識義第二出第一依止勝相衆名章

とあるに由りて攝論疏たるを知る。又「第一依止勝相衆名章」といへるは隋笈多譯にては「應知依止勝相勝語衆名章」といひ、唐玄奘譯にては「所知依分」となつてゐるから、此疏は先づ眞諦譯に據つたものであることを示してゐる。全體から見ると眞諦譯世親釋論に依りて、無著の攝論本文を解したものである。斷片の中途であるが便宜上、上記の題號下の疏文を引用すれば下の如くである。

攝大乘論三識義第二出第一依止勝相衆名章言三識者乃是含靈憲道稟氣同依冥通物表義苞兩際性融眞妄功齊染淨斷縛梁津寂果妙路故使諸佛於三藏中廣辨斯義

三藏義中十一門分別　一釋名義　二辨躰相　三眞妄分別　四解惑分別　五心意識分別　六善惡無記分別　七三性分別　八攝四識第九攝八九二識十攝十一識十一大小乘分別　初言釋名義者了別二諦名之爲識了別不同略有三種一名梨耶識二名阤那識三名生起識言梨耶識者此方正翻名無沒

識此有二義一識生滅門能受淨熏終能轉依成應身功德名爲無沒二就識眞如門終可顯了成就法身名爲無沒故衆名章云世間不破出世間不盡十地道前名爲世間初地已上名爲出世依攝大乘論衆名章中名別有八一名種子識此依達摩藏說以能持染淨二法種子故二名執持識此依解節經說以能執持諸根及種子故三名根本識此依僧祇部說以能生六七故又能生染淨二種果故名根本識四名窮生死陰此依彌沙塞部至无餘涅槃前常在不滅名窮生死五名梨耶義同前解六名質多有多種義及滋長義故七名果報識此依正量部以從善惡二種々子生故八名有分識與彼三有作枝因故依楞伽經名別有三一名藏識能含恒沙諸功德故二名聖識聖人所證是彼聖人之所用故三名第一義識以深細故依馬鳴論名別有三一名眞識以識躰性不生滅故二名眞如識以識躰寂故三名家識亦名宅識以染淨同依故此等諸識就識生滅門緣慮方了就識眞如門躰是神知名之爲了第二陁那此名執識以能執識本識爲神我故執彼名色以爲我所名爲執識依彼攝論名別有二第一執識義如前解二名七識乘六得名依馬鳴論名別有七一名妄識々躰浮虛故二名無名識不了無我境故三名業識以能染十使起惡業故四名轉識能緣我塵故五名現識照我塵顯現自心故六名智識以能分別我塵故七名相續識以我執恒起故云云

三識とは阿梨耶と阿陀那と生起識とであつて、衆名章は正しく此三識を説明せるものである。攝論本釋兩部の三識論を讀んで此十一門分別を見ると頗る要領を得た扱ひ方であることが知れる。識は「義苞兩際性融眞妄功齊染淨斷縛梁津寂果妙路」であるから要するに眞俗二諦を了別するに外ならぬ。然るに了別自ら不同あるによつて三種識ありとし、先づ初めに阿梨耶識を解釋せんとして識生滅門と識眞如門との兩面より其無沒識たる所以を説いてゐる。此二門は直に起信の二門を聯想せしむるものである。此の二門の證文を攝論中より採つてゐるが「世間不破出世間不盡」といふ引文は眞諦譯釋論中に引かるゝ阿黎耶識界の五義中、第四眞實義の下にある文句である(徃八の六六左)。笈多玄奘兩譯は文句が違つてゐる。

次　此阿梨耶卽ち無沒識は攝大乘論衆名章にある名別八種として種子識、執持識、根本識、窮生死陰、梨耶識、質多識、果報識、有分識の名を擧げて各其出據を略擧せるが、此八名の叙述を以て之を眞諦（徃八の六―九）玄奘（徃九の四―六）に對照すると、勿論眞諦譯釋論に據りて八名を列擧したものだといふことが知られる。八名の解釋は釋論によりて要略を記したものである。次に楞伽經によれば「名別有三」として藏、聖、第一義の三名を列し馬鳴論によりて眞、眞如、家の三名を列し「此等諸識は識生滅に就て緣慮して方に了す」るもので「識眞如門に就ては躰是れ神之を名けて了となす」といつて阿梨耶眞妄和合の義を述べてゐることが頗る徹底してゐる。

全體舊音譯阿梨耶識(無沒)新音譯の阿賴耶(藏)に關して法相部の書物には阿賴耶十八名としてある。了義燈の頌に略名で無沒(1)本(2)宅(3)藏(4)、種(5)無垢(6)持(7)緣(8)、顯(9)現(10)轉(11)心(12)依(13)、異(14)識(15)根(16)生(17)有(18)といふもの是れで、一切諸種の隱沒することなきを無沒識とし、諸法の根本たるを以て本識とし、種子の宅舍の如きを以て宅識となし、執藏の故に藏識となし、種子識なるを以て種識とし、如來地に在りて無垢識とし、阿陀那識を執持識とし、事識を緣するを緣識となし、五根四大等を顯はすを以て顯識となし、諸法皆梨耶の上に現はるゝが故に現識となし、諸法と所依となつて起るが故に轉識とし、集起の義によりて心識とし、所知依の故に依識とし、異熟識の故に異識とし、分別事識の故に識識とし、大衆部は之れを根本識とし、化地部は窮生死蘊を立つる故に生識とし、上座分別等の諸部は有分識を立つるを以て有識とする。此中、攝大乘論衆名章中によれる本疏の八名は(5)(7)(2)(17)(4)(12)(14)(18)の順序に排列されたものである。唯識宗の解釋で本疏文に對照すると興味がある。唯識『同學鈔』三の三には以上の諸名に出據を記してゐないが其他に對しては(1)(3)(9)(11)(15)には無相論を引き(8)に辨中邊論を引き(10)に楞伽經を引いてゐる。而して疏文に引ける『楞伽』の三名も『馬鳴論』の三名も此等十八名中に配屬を定むることが容易である。唯だ所說が阿梨耶は染淨同依卽ち眞妄和合の義を述べたものである。唯識家では例へば同學鈔の如き舊人十七名として一阿梨耶(無沒)二阿陀那三窮生死陰四了別識五質多六意識七第一識八第八識九種子識十緣識十一根本識十二有分識十三果報識十四智相識十五眞相識十六藏十七現識(終りの四名楞伽の說)を阿賴耶の舊名としてゐるが此十七名の大部分が本疏文に表はれてゐて然かも眞妄和合の意味で解釋されてゐるのは玄奘の法相宗の影響を受けて居らぬものである。此點は阿梨耶を地論は唯眞、唯識は唯妄、攝論は眞妄和合とする三個の論點に資すべき材料となるものである。抑も攝論宗も地論宗も前者は唯識宗に後者が華嚴宗に併合せらるゝと共に其典籍も堙滅したものが極めて多く攝論宗が果して眞妄和合論であつたか又如何なる眞妄和合論であつたかを攝論宗の人により主張された遺文の少ない場合に今僅に斷片の一部によりて立論するは大膽に過ぎる觀なきに非るも本疏が、教義上に如何に大切のものかゞ推せらるゝのである。

更に疏文に第二阿陀那を解して「此名執識以能執本識爲神我故執彼名識爲我所名爲執識」といつてるが本識を執して神我とするといふのは我を神我としてゐるので眞諦譯金七十論は有目闕譯で今知るを得ないが北魏菩提流支譯天親の『唯識論』(大乘楞伽經唯識論)などに既に出てゐるし(來九の八〇)當時往々此語を使用したものである。

次に阿陀那に七名ありとして『馬鳴論』を引用し

てゐるが其妄識、无明識、業識、轉識、現識、智識、相續識としてゐるのは起信論の三細（根本無明の相狀を分別して業轉現の三細とす）六麤（枝末無明を前の三細に對して智、相續、執取、計名字、起業、業繫苦の六麤とす）と對照すると、三細全部と六麤中の初二とを取りて其根本たる妄識と无明識とを加へたことになる。前の識生滅門、識眞如門なる一識二門及び此阿陀那の七名を立てる依據となつた馬鳴論は何であつたかに就いては起信論釋摩訶衍論の所說更に弘く大乘分識說に關係するものあれば何れ別に之を論ずることにする。更に彼の北魏の菩提流支が第一譯をなし眞諦が第二譯をした天親造『唯識論』は玄奘以前に於ての唯識を說く主要材料であつたらしい。以上はスタイン寫本第七十七函第六包の三の寫本中の一部に過ぎない。今手許に寫本の全部を有たないから最後の斷定を避くるが此攝論疏創製の年代は六朝末から初唐の間であつたものと思ふ。又敎義の方面では攝論家の所說を保存するものとして珍重すべきものと思ふ。其他僅に片鱗には過ぎないが我を神我と呼ぶ如き馬鳴論なる書名の如き阿陀那七名の如き用語や解釋の上に於て珍とすべきものである。

以上は攝論では第一卷依止勝相衆名品の十義勝相の說明を終り阿黎耶阿陀那生起の三識義を十一門を以て說明せんとする中、第一釋名義の一段である。順序としては前後するが前に引いた疏文の前に來る本論第一依止勝相衆名品の十義勝相を明かす一段に於て第五大小乘分別の項下の文を引けば左の如くである。

第五大小乘分別者有其三義一就位弁宗二就行弁義三明大小差別初言就位弁宗者此十勝相位判在大宗顯大法故无等聖敎章偈云十義餘處无見此言提因此名小乘以爲餘處以此文證明知宗意爲顯大法第二就行弁義者義通大小此云何知第二勝相分

別章中弁三無性偈云由自體非有自體不住故釋解云此三世无性亦通大小此是三無性中無性々義通於大小三无性者是泯相門其理淵深三性立相其義則淺深義尙通大小二乘況彼三性理淺何爲不通以彼三性通於大小類餘九種亦通大小其義無傷第三明大小乘差別者小乘就六識以弁依正及因果道理大乘就本識等以弁依正及因果道理小乘但就六識門中弁染淨有无三性道理大乘通就三識以弁三性差別小乘就彼六識明唯識觀義故彼雜心定品之中就四无色地明緣識捨空等爲唯識觀義大乘就三識及眞識門以明唯識觀義小乘就聲聞六度人无我觀以弁因果大乘就菩薩六度以弁因果小乘就小乘十地以明脩差大乘就菩薩十地以弁脩差小乘就聲聞三種戒門以弁戒學一別解脱戒二者定共戒三者道共就此三種明戒學差別亦可就彼道共戒門以明戒學差別大乘就彼三聚戒門明其戒學一名律儀戒謂十善業道二名攝善法戒要脩六度三名攝衆生戒要行四攝小乘就彼八禪地定以弁心學謂四禪四空等如定品廣說成實論家就九禪定門以弁定學如禪品廣說大乘就彼四定以弁定學一大乘光二集福德王三名賢護四名首楞伽摩如心學相中廣說小乘就人无我惠以弁十智用爲惠學如智品廣說大乘就人法二無我智以弁三智用爲惠學如惠學相中廣說小乘就煩惱鄣无數滅无爲以弁滅果如賢聖品說大乘就三鄣无處數滅無爲以弁滅果如寂果相廣說少乘就人无我門盡智無生智中以明智果大乘就三無性眞如智門云云

以上の中无等聖教章偈といふは釋論（眞諦譯）來九の四七左第三行の偈にして辨三無性偈といふのは來九の五四右第五行の偈に當る。第三明大小乘差別の下、記すべきもの鮮からざる中、小乘は六識に就いて唯識觀を明すが「大乘就三識及眞識門以明唯識觀義」といへる一段は三識は阿梨耶阿陀那生起の三識なるが故に此他に眞識を說くを以て大乘となしてゐる。恐らく此三識以外の眞識門といふは楞伽か起信などの説より出でしものと思ふ。楞伽には眞相識を説いて染法虚妄と同ぜざる識を説いてゐるし眞、現、事の三識を説いてゐるし成唯識論にも如來無垢識契經説を遮してゐる位で印度に「無垢識卽眞如之計」があつたかなかつたかは後代唯識家の人々が「西天全無」無垢識卽眞如義」眞諦等唐土古師混」亂事理」以」有爲第八之名」關」眞理」也。西天全無」如此僻執」然論主（成唯識論主）無垢識名言通」眞如」故預遮」相濫」」（同學鈔三、全書一の四五〇）などといつてるが本攝論疏は三識以外に眞識を説いてゐて明に攝論宗の立脚地を示してゐる。其他内容全部に渉る解説は別稿に譲るを便とするから玆には略する。

二

攝大乘疏卷第五（S0 VII 27）（『解説目錄』注疏部第三十八、『宗敎研究』第八號一五六）

首部闕損せるも尚長篇を存し拇指と中指とにて約一握の卷物で紙質は薄く古色を帶びてゐて兩面共に同一筆蹟の攝論疏である。奥題に

攝大乘疏卷第五

とあり文中「論本云」といへるは攝大乘論にして「釋論曰」といつてるのは其釋論である。現存斷片の初部から見ると勿論眞諦譯の攝論本釋の文である。眞諦譯本論釋論の會本は全部十五卷で往八の百十六紙一册全部を占めてゐる。そうして此論疏第五卷は十五卷中の第七卷初部から始まつたものらしい。左に其初部の十九行を引用する。二字下げにして六號で擧げたのは本疏の本典眞諦譯本釋の文である。

事善知識卽是生行解力　〔論本〕云已入決定信〔樂〕
正思惟力亦名加行力由無量宿世所習因力故得承事諸
佛爲修道
緣中値佛聞法生正思惟起決定信樂々得此所信之法精
進勤修卽

是加行信樂住乃通今取正成處在十廻所信樂即三種佛
性義如前釋
攝大乘論卷七
釋應知入勝相第三之一
応入八章第二（往八の四七左）
論曰何人能入應知相　釋曰此問修何觀行人、能入唯識觀人、是
菩薩觀行有四種力、菩薩者何相、善得福德智慧二種資糧此資糧
以何次第修令得圓滿有四種力、一因力二善知識力三正惟力四依
止力
論曰大乘多聞熏習相續　釋曰爲離小乘多聞故云大乘、顯非一
生於無窮生處、數習多聞熏習心相續、是名因力
論曰已得汎事無量出世諸佛　釋曰過數量諸如來出現於世、是
人依佛聽受正教、如教正修行故名承事先已得如此承事故名善知
識力
論曰已入決定信樂正位
釋論曰非惡知識等所轉壞者二乘是惡知識所不壞菩薩
信樂心已成心不可轉動等卽天魔外道種々方便不能合
大乘心轉
釋曰若人於大乘中信樂、非惡知識等所能轉壞故名決定、信有三種
一信有二信可得三信有無窮功德、若已有信求修行得因故名爲樂、
從十信至十回向是信樂正位、今所明位但取十回向決定信樂名思
惟力、大乘多聞熏習爲此力因

論本云由善成熟脩習增長善根是故善得福德知慧二種
資糧者
此第四依止力由脩加行力故得成熟福慧資粮圓足得入
初地即是初
地依止亦攝持由資粮能持成初地若燈初地即是唯識觀
成得入向言
善成熟脩習增長善根者善脩五義一元分別能行所行及
所爲行二
元着脩謂不着因々報々恩等三不觀脩謂不觀有因果及
能行所行乃
至因果等之相也四者元可譏嫌脩謂攝理又曰无微細過
失又能可他心稱
機得益也　五廻向脩恚用衆行施衆生復爲四生廻向无
上菩提窮實際
廻施衆生果具此義故名善脩也成熟脩有四義一長時修
二无間修三恭敬脩四无
餘修研令增進名脩習也論本云是故善得福德慧智二種

資糧
者若約六度論之施戒忍定爲福徳般若爲智慧精進通二
種隨所〇功徳則屬功徳門〇慧則屬慧福也
釋曰
論曰由善成熟修習增上善根、是故善得福徳智慧二種資糧
若人已一向決定信樂爲得所樂法慇懃恭敬修觀行法、若修觀行法
增長功徳善根、如此由思惟力是善成熟福徳智慧資糧次第成熟用
此福徳智慧作依止、得入初地故名依止力、此四種力顯能入人
論本云諸菩薩脩於何
家入唯識觀者下第三明入界章正明觀智之境後釋可見
此間有二意一問釋論曰此
境二問位答中此章〇答境問第四章方答示位也
入境界章第三
論曰諸菩薩於何處入唯識觀　釋曰此問有二意一問何處是唯識
境界二問何處是唯識位

以上で攝論十勝相中、第三の應知入勝相に又十章ある中で僅に能入人章第二の全文(縮刷にて十二行)と入境界章第三の初一行との疏文に當る。即ち以上全體で縮刷藏經の半枚足らずの本釋を疏通せんとしたものである。本論だけにていへば僅に三行を解したのみだ(來九の五五右)。第五卷の終文が何であつたか手記が失はれた爲めに遺憾ながら首尾を完うして述べかねる。

本疏は眞諦譯本釋に據つたものであることは引文と對照して明瞭であらうと思ふが笈多譯は入應知勝相勝語第三の下、往九の二十三　又玄弉譯では入所知相分第四の下、往七の二十九を見ると直ぐ笈多譯でも玄弉譯でもないことがわかる。勿論玄弉譯無性釋論でもない(往九の七六參照)。

本疏は取意章でなく隨文解釋であつて別出攝論章とは別撰の樣に思はるゝ。今全文に關する手記を失つたから詳細を述ぶることが出來ないが是も攝論家の著述であつたこと丈は明瞭である。序でに入境界章の初文、現攝論本釋の文は「諸菩薩於何處入唯識觀」とあるが斷片疏文では「諸菩薩脩於何家入唯識觀」となつてゐる。本論(來九の五五)を見ても本釋の會本と同じである。處を家とした方が何やら舊

譯の趣がある。宮多も玄奘も處字を用ゐて家字を用ゐなかつた。

三

攝論章卷第一（『解說目錄』第二注疏部の四〇『宗敎研究』第八號一五六）

本寫本は全部行草にて寫され首部闕損の斷片にて首題を逸せるが、後記に

仁壽元年八月廿八日瓜州崇敬寺沙彌善藏在京辯才寺寫攝論疏流通末代　比字校竟

とあり、又後題に

攝論章卷第一

とあり、又別に本寫本に附せられ、然かも紙質を異にせる箇所に

三藏義十番分別論

仁壽元年八月二十八日瓜州崇敬寺沙〔以下破爛〕

とあり、是恐らく後人が前記の後記後題と現存斷片の一部を取りて斯く標記せしものであらう。須らく原題を取りて攝論章卷第一と稱すべきである。三藏義十番分別などいふは僅に一部の題號に過ぎない。但し沙彌善藏の後記に「寫攝論疏」というて攝論章といはざるに見れば攝論章を指して疏と呼んだか或は疏があつてそれに章が附屬してゐたかは判明せぬ。由來疏を作つた外に別に章を書いた人は前述　法常（四の世親釋論疏十六卷と五の略章と參照）慧景（六の攝論疏□卷と七の攝論章三卷とを參照）靈潤（三十八の攝大乘論義疏十三卷と三十九の攝大乘論玄章三卷とを參照）の如く少くとも三人はあつたし現諸目錄中に作者不明の攝論章が三卷と五卷（二十四と二十五とを參照）との二部あるから章疏の中の章とも見らるゝ。特に本文中、即ち第四總分別三寶十二門中第十二辨敎意の下に

此元末後兩番各欲分別如疏中所說

といふてるから此章の外に疏があつたとも見える。

少くとも著者が同一人であつたか無かつたは別として此攝論章が疏と呼んだものが在つたと想像し得る。

現存斷片中に存せる章文或は疏文の首部は下の如し。

第二（欠損）就三種定躰一名字二別體三一體
第三別解三種三寶者先解名字次數別體後辨一體就名字内分別有三義一明名及相第二時節義第三去□機第四總分別三寶者且作十二門分別一辨次第二制立所以三對□辨同異四福田益物五明相多少六常無常七盛衰分別八壞不壞九通別分別十約五眼爲境差別十一明諸所□所敬廣略第十二辨敬意

更に章文中に存する主題のみを列記すれば左の如し。

二彰義　八門分別　一名二體三明差別四依心通局五迷執理事分別六起治斷除先後七就位明分齊八攝邪分別

不住道義　六番分別　一名二分別體□□不住義三對邪分別四所注境分別五所益分別六位地分別

三藏義　作十番分別　一名二體性三起說因緣四辨差別五詮旨分別六明對治諸彰七明次第八廣略分別九大小有無分別十相攝分別第一名者分別有三一數名二得名三辨名差別云云

篇聚義　作四門分別　一名二體性三約我別體四總分別

是等の各目に細釋を施せるもの本攝論章である。

此中三藏義に關する上記十番分別の次文を擧げん。

一數名者世習相傳苞含蘊積是藏若依攝大乘論云何名藏由能攝故此攝何法一切應知義三藏等法是一切所應知故云一切應知義。　二辨得名者藏雖有三得名有二修多羅從能詮敎立名毗尼阿毗曇從所詮事受稱所以然者欲顯藏是能詮相初一就敎體受名欲顯所詮三藏有別故後二顯所詮若也就體即爲一藏○若就所詮即立定藏但寄○○摽示　三辨名差別者　修多羅藏梵名有二一修多羅二修妬路

修多羅者一對偈顯名所名法分齊名直說語言若論
義用有五如雜心以五義解修多羅卽是五名修妬路
者是天竺語音輕重此處名別有三一名法本如尋敎
悟理名敎爲本詮旨相稱曰如二名經如雜心三契經
等契當也經者言能詮表事等於經也此元二名此方
○言敎名也三名爲綖者但彼處以名以一名々二法
此卽二名々二法如此名縷爲綖名經人言敎爲經若
彼此一法各有名者以此名飜彼名若法彼有此无卽
以義用以飜名如彼覺用名佛此卽名覺也　毗尼藏
名有四種一毗尼二毗那耶三波羅提木叉名尸羅名
有四種三名行體名一名能詮名三名者翻對餘三卽
是毗尼者此方名滅○論義滅有三一果中涅槃滅二
因中彌留陀滅○滅三戒此滅諍名毘尼滅戒體非滅
戒能除業是戒之義用故入大乘論云佛敎二乘菩薩
淨己三業乃至成佛並及衆生滿足一切尸波羅密乃
至當知摩訶衍者隨順毗尼毗那耶者天竺語音差別
解義與毗尼同　波羅提木叉者此名解々脱々有二
種一无法解脱二有法解脱相續解脱子注云五分法
身名解脱胡音云毗木叉涅槃解脱胡音直云木叉此
二解脱是果解脱是戒因所得故遺敎經云戒是解脱
之本故名波羅提木叉若依雜心波羅提木叉者云云

（○は文字ありて不明　△は略體若くは難解の字を表す）

右の文中、一數名の下の攝論文「如何名藏由能攝故」とは眞諦譯釋論無等聖敎章第一、往八の四右第十一行の文である。笈多譯も玄奘譯も文句が違つてゐるから此攝論章は時代の上から玄奘譯でないばかりでなく又笈多譯でもない。二得名は釋論に對照して知るべし。三辨名差別中、修多羅を直說語言とし義用によれば五名修多羅なりとは法救の雜心論（冬十二の七四右）に經に出生（法本）、涌泉、顯示（微發）、繩墨、結鬘の五義ありといふを指せるものか。南傳にても覺音が經に六義ありとするのが稍之に類似してゐる（Sumangalavilasint）。兎も角此五名の次に毗尼藏の解釋に入りて四名を擧げ、毗尼、毗那耶は天竺語言差別に過ぎずとして毗尼と波羅提木叉と尸羅とを解釋した。文中難解の箇所あるも大體毗尼毗那耶は滅の義なりとしてゐる。一は涅槃滅、二は彌留陀滅、三は戒の滅諍とし滅の三義を擧げてゐるが彌留陀の彌は儞かもしれない。果の Nirvana に對して因を Nirodha としたのかも知れない。滅諍は附釋である。

全體毗奈耶は調伏の義で普通に律と譯してゐるが古い所では羅什は善治とし（注維摩一）秦譯四阿鋡暮抄上には律或は志眞とし種々の譯語あるも玄應は離行、滅、化度、調伏（音義十五）道宣は律、滅とし就中律を正翻とし（行事鈔中上）法礪は「毘尼正音此方稱滅」として更に毗尼に多義を擧げてゐるし（四分律疏一末）法藏は調伏と滅とを擧げてゐる（探玄記一）から唐代の作疏家は滅を以て毗奈耶を解してゐるから本攝論章が唯だ滅をのみ譯して是に三義をこと法華玄義八にもあり當時通用した様である。五名修多羅は天竺語言の輕重にて支那に譯して法本、經、契經、綖(縷)の三名とせり。淨影慧遠は大乘義章一に是等諸異名の中、法本と直説と契經との出據を擧げて經本の名は仁王と百論とにより直説語言は成實論により契經は雜心業品增一阿含序によりて時人(隋)が此等の注文に執して名を立てしもので正翻でないと指摘し正翻は綖だとして律文を引いてゐる。綖には分別功德論や四分律が依據となり法本は二王經の外に留支三藏の所傳だとも言ふ。佛地論には能貫能攝の義とし無性の攝論には貫穿縫綴の義となす如く綖とか線とか縷とか譯するを以て正翻とするが古來の傳である。本攝論章は修多羅、修妬羅の舊音譯を用ゐて新譯素呾纜を引用してゐないこと五名修多羅、直説語言、法本、契經、綖の諸譯を淨影天臺の諸遺著に比して殆んど平行の解釋であつて新翻の音義を轉用せし形迹なきを知る。

附したのは唐以前の疏家として素朴の釋風と共にそろ〳〵訓詁附會の風に入らんとする痕迹を示してゐる。

波羅提木叉の解釋に於ても解々脱々と名くといつてるのは、別解脱の意味でそういうてる様に思はれる。抑も波羅提木叉 Pratimoksa は物でいふと七衆所受の戒則をいひ、又從つて布薩に於て讀誦せらる〻戒本の義であるが、此語義に關しては種々の意義に解せられてゐる。此處には近時南方傳によるチルダース等諸家の解義を略して支那の古解を採る。普通に解脱、別解脱、處々解脱などといふが、別解脱とは七衆所受の戒律は別々に身口七支の惡を解脱するから、定共戒道共戒と異るを示す爲めとせらる。雜藏經には解脱生死といひ、淨名疏には保得解脱といひ、遺教經には戒は正順解脱の本といふ。正順解脱は隨順解脱と同義で、戒律は解脱の結果に隨順する所から斯くも名けらる。波羅提木叉を唐道宣は處々解脱となし（『行事鈔』一）、隋慧遠は解脱とし（『大乘義章』一）、法藏は別解說とし別に就きて二義を擧げてゐる（『探玄記』三）。隋唐代表家の釋語でも解脱、處々解脱、別解脱であつて、解々脱々といふのは珍らしい。此解々脱々に二ありて、其子注に「五分法身名解脱胡音云毗木叉涅槃解脱胡音直云木叉此二解脱是果解脱」というてゐる。子注といふのは北魏の義記類から隋唐頃の章疏に多く使用せられた科段の分目であつて、毗木叉 Vimoksa と木叉 Moksa とを解脱と涅槃解脱とに配してゐる。波羅提木叉は波羅提毘木叉 Prativimoksa とすることあり、木叉も毘木叉も共に解脱の義であるが、之を二つに見たものである。此果より見て解脱之本となる所から遺敎經を引いたものである。

就中此處に胡音というてゐるのは珍らしい。本疏でも音譯の異りを云ふ場合には「毘尼毘那耶者天竺語音差別」とか「五名修妬羅者是天竺語音輕重」などゝいつてゐて、玄應音義十五に毘尼毘那耶等、「皆由梵音輕重聲之訛傳也」といふのと同口吻である。西音とか天竺とか梵とか彼土とかいふ普通の綱格を破りて舊慣其儘で「胡音云」といつてるのは、此章の隋若しくは其の以前の出なるを思はしむるもので、吉加祥大師が胡吉藏といつた時代を聯想せしむるものである。此等新出三疏に關する詳細なる內容の解說及批評は前にもいうた通り別稿に讓りて、玆には四十餘部の攝論疏が既に散逸して傳つてゐないのに、新に敦煌の土中から三つも異つた攝論疏が出たことを紹介するに止めて置く。

スタイン氏蒐集燉煌出土支那古寫本の調査

矢吹慶輝（1879—1939）

《宗教研究》5-1，1928

スタイン氏蒐集燉煌出土支那古寫本の調査

矢吹慶輝

スタイン氏の西域探檢并に調査報告

昭和二年七月、拙著「三階教之研究」を贈つたに對し、現今、迦濕彌羅のシリナガルに居るSir Aurel Stein から同年九月五日附の禮狀の到着したのは十月初めのことであつた。該書面で同氏の近況を洩らされた中に、「過ぐる二年前、ロンドン滯在中、内奥亞細亞に關する講義を取纒めたるものを甚だ輕少ながら返禮の印までに差上候。内奥亞細亞 Innermost Asia と題する全部四卷より成る浩瀚なる著述は近く印刷完成の見込に有之候。本書は第三回學術探檢を取扱ひ候ものに有之、何時かは日本にて御目に觸れること丶存候」の一節があつた。

スタイン氏の中央亞細亞に關する講義といふのは Innermost Asia: Its Geography as a Factor in History. と題せるもので、これは過ぐる千九百二十四年春、スタイン氏が偶〻北方スリアの旅行中、イギリスの王立地學協會からの招きを受け、同年十一月三日ロンドンに於て「亞細亞講義」の第一回としてなされたもので、千九百二十五年の英國「地學雜誌」の六七月號に載せられたもの丶別刷である。若しそれに伴ふ近刊の大著が完成されたなら、これで前世紀の末年から一九一六年まで、都合三回に亘るスタイン氏の學術探檢の結果が大成され報告されたことになるのである。

然るに昭和二年十一月末にこれも同じく「三階教之研究」を贈つたに對して、一九二七年十一月二日付で、大英博物館東洋部副主任 Dr. L. Giles から謝狀が來た。それには以前に「通報」に出した同氏發見の「秦婦吟」（韋莊撰として有名だつたが夙に散佚したもの）と同氏の筆に成れるスタイン氏の Innermost Asia の附錄とが、同封で郵送された。既に附錄が刷り上がつてゐる所を見ると、スタイン氏の同書も間近に出ること丶思ふ。

嘗て大正十一年にスタイン氏の推選によりて、印度省大臣から自分に Serindia の大著を寄贈されてから間もなく、自分は第二回の外遊（一九二二年—一九二三年）の途に就き、歸朝後も遂ひ其機會を得なかつたので、茲にスタインの業績を傳ふると共に寫本調査の經過を記して後日の備忘となすことにする。

自分がスタイン博士に初めて會つたのは、第一回の外遊（一九一三年—一九一六年）中、一九一六年六月五日ロンドンの王立地學協會での同氏の學術探檢講演を聽いた時であつた。恰も此時、スタイン氏は一九一三年から一九一六年までの第三回中央亞細亞學術探檢の旅行を終へて間もなく、王立地學協會でその調査報告をなす機會であつたのである。自分は此夕、印度省圖書館長 Dr. F. W. Thomas 夫妻に伴はれて、珍らしくもストランド邊で、とある猶太人の料亭で精進料理の饗應に與り、トラファルガー、スクァイヤーを横切りて、そこから程遠からぬ會場に行つた。自分は外遊中、ハーヴァート大學所在地のケムブリッヂ、ウェーア、ホールの姉崎先生の室で、北米の冬に特有な窓外滿目の氷林を眺めながら、先生と一緒に味噌汁とパンの精進料理を食べたこともあるが、外人に招がれて精進料理の饗應に與かつたことは前後二回丈であつた。第一回は一九一五年の夏、フォラデルフォヤに行つた時、「佛教と基督教の福音」の著者、エドムンヅ氏に伴はれてバイブル●クリスチャンの某家庭に招かれた時と、此の時との二回のみであつたので、一九一三年の六月五日は色々の意味で自分に忘れ難い日である。

この時の講演は同年八九月號の地學雜誌に載せられ

A Third Journey of Exploration in Central Asia. 1913—16.

といふ題であつた。抑もスタイン氏は一八九八年以來の計畫により、第一回には一九〇〇年から一九〇一年まで于闐の故趾を中心として支那土耳其斯坦の發掘をなし、第二回には一九〇六年から一九〇八年まで鄯善の故地より燉煌沙州に至り、古長城の遺跡までを探査した。燉煌の千佛洞から豐富なる古寫本、古文獻を得たのは正しくその時であつた。それから第三回の旅行で、一九一三年から一九一六年まで、庫車、吐魯番から玉門地方に至る遺跡を調査して殊に莫大なる研究資料を發見し將來した。卽ち考古學、言語學、歴史、宗教の各方面に亘れる貴重なる資料を蒐集した。その中、今日迄に各方面の學者によりてその研究成果が公表されたのも少くない。姑らくスタイン氏自身だけの著述としてもその小篇を除いて

Sand-Buried Ruins of Khotan, Personal Narrative of a Journey of Archaeological and Geographical Exploration in Chinese Turkestan. London, 1903.

に次いで

Ancient Khotan. Oxford University Press, 1907.

を出して先づ第一回旅行の詳細なる報告をした。それから

Ruins of Desert Cathay, Personal Narrative of Exploration in Central Asia and Westernmost China. London, 1912.

は第二回の旅行記で、それから中央亞細亞研究方面での學界の驚異であつた。

Serindia, Detailed Report of Exploration in

Central Asia and Westernmost China, Carried out and Described under the Orders of H. M. Indian Government. Oxford Clarendon Press, 1921.

を出して第二回學術探檢に有終の美を添へた。

スタイン氏は Serindia の序文中に「永い間砂漠に埋もれてゐた廢墟から古代の文化を探し出すことが切なる希望であつた。遙かなる中央亞細亞の彼方こそ、曾て佛教印度と支那と希臘化せる近東との諸文化が交雜して培養された地點であつた」と言つてゐる。兎に角、徒歩と馬上とで一萬哩を踏破した記念の大著が Serindia 四卷幷に附圖となつた。Serindia は西はパーミールから東は太平洋岸迄の主として印度と支那との文化の行はれた地方を概稱した名で、Seres と India とを合成した名であつて、著者はこの名の起因を古代プロコピウスの著述に辿つてゐる。

第二回旅行の旅程の詳細は前記二著、特に Serindia の第三章以下に新發見の資料と共に記されてゐる。その中、此處に必要なのは燉煌千佛洞の蒐集品である。第二回旅行中で最も豐富な研究資料を發見したのも燉煌地方であつた。その一部は

Ed. Chavannes, Les Documents Chinois découverts par Aurel Stein. Oxford University Press, 1913.

によりても明かな通り、漢代の古文献以下重要にして且つ頗る興味ある發見であつた。又言語學的若しくは佛教研究としては

A. F. Rudolf Hoernle, MS. Remains of Buddhist Literature.

に見らるゝ如くスタイン寫本中には支那古寫經の外に梵語、西藏語、于闐語、龜玆語等重要なる諸語の古寫本が發見された。彼のアパリミタユール・スートラ即ち漢譯、無量壽宗要經（未入藏）が梵、闐、藏、漢の四國語の經本を具備せる珍らしい經典であることが判明したのもこ

れからであつた。之に關する自分の研究はその中に發表する積りである。此の他、「永興鄉人稿」や「觀堂集林」や「沙州文錄」などは世に知られてゐるから略する。從つてスタイン氏の Serindia 全四卷中の第二卷は Desert Cathay と相俟つて殆んど燉煌踏査の記錄を以て充たされてゐる。就中、千佛洞に關しては第二十一章より第二十五章まで千佛洞の位置及び現狀、古寫本を秘藏せる石室の狀況、古寫本保管の王道士、壁畫、塑像の說明、古寫本中の土耳古語本、西藏語本等に關し、各方面の學者の援助によりて能ふ限りの詳報を載せてゐる。自分が偶然發見した摩尼教殘簡なる下部讚の如きも自分の報告に基いて記入されてゐる。

英佛獨露日の西域探検

西人の西域踏査熱は前世紀以來のことで、就中、東西文明交通の要路に當つた北道南道地方は支那古代から宋代までの通路であつた。元代以後、此の地方に內亂が絕えなかつたのと海路の發達との爲めに殆んど人々の注意を惹かなくなつたが、一八九〇年に Bower 氏が庫車附近の沙中から貝葉經片を發掘してから最近三四十年間、各國の探檢家が競ふて地下に眠れる古代文化の復活に努めた。「掘れ掘れ隱れた歷史を搜がせ」とは露、英、獨、佛の東洋學者の叫びであつた。Kozloff や Klementz の名も此の方面に關する開拓者として數へなければならないが、"Chotcho" その他で有益なる報告やら研究を公にしたドイツの Le Coq 氏、又大分以前ではあるが、博文館百科全書中に邦譯された「佛教美術」(印度)の著者、又西域研究の方面では "Alte Kutscha" の著者たるドイツの Grünwedel 氏、それからロシヤの Oldenburg 氏も亦有益なる調査と價値ある報告とを公にした。(一九二三年五月に自分はベルリンの人類學博物館で館長のミュラー氏幷にル・コク氏の厚意で支那寫本を見せて貰つた。其中重要なる寶雨經記は「三階教之研究」に入れた。之と相列んで日本からは大谷伯派遣の探檢が企てられ、それぞれ貴重な遺物や文献が將來され既に公表されたものも少くない。併し是等各國からの學術踏査の中で、最も異色の蒐集をなしたのはイギリスの Stein 氏とフランスの Pelliot 氏とのそれであつた。就中、燉煌から夥多の古語寫本、特に支那寫本を蒐集したことは特筆に價するものであつた。この中には恐らく今後の東洋學界に未だ曾つて聞かなかつた大きな波紋を惹き起すやうな材料が隱れてゐるやうである。しかもそれは各方面に亘りて決して少くないやうである。姑らく『新修大正藏經』に入れられる未傳佛籍の頗る多いのでもその一端が想像さるゝ。三階教籍の殘卷や斷簡は僅かにその鱗片に過ぎないものと謂つて可い。

燉煌及びその千佛洞

佛教は傳道的宗教として自己を產める生國の國境を越へて遂に諸方に傳播した。その傳道史は國境に妨げられなかつた。そして東方諸國に傳はりて異れる國家と國民とを聯結するに毎に廣く深い人道主義を以てした。今迄個々に離れ離れに分かれてゐた諸國民の理想に統一を與へた。佛教文化史の大なる誇りは卽ち此の點に在つた。此の意味での傳道的宗教としては佛教は最初にして最大且つ最も永く續いた宗教運動であつた。斯くして絕東の地、日本に迄及んだ。併し翻つて日本佛教の淵源を搜ると、少くとも平安以前の日本佛教は三韓と支那とにその由來を索むべきが當然である。そしてそれと平行して支那に於ける隋唐以前の支那佛教は、直接西域にその濫觴を求めなければならない。南北朝以後、隋唐の頃には直接印度本土や錫崙からも傳へられ、水陸兩路で將來されたが、初期の支那佛教は印度本國から直接に來たものではなくして西域を通じて來たものであつた。卽ち支那に於ける外國文化の直接取引き先となつたものは西域であつた。そこには梁慧皎の高僧傳に「形を亡して道に殉じ、命を棄てゝ法を弘めた」と謂つてる殉教者の尊き血の痕が殘つてゐた。

扨て西域は普通に玉門、陽關以西の地を指すのであるが、その西方の端は支那歷代の勢力の消長に關係して時代によりて相違があつた。從つて國の數も西域三十六國といひ、後には五十餘國といはれた。併し燉煌は支那本土から西域への入口であつた。燉煌は實に漢から唐にかけての東西交通の要路であつたのである。この意味に於いて燉煌は東洋文化史上の要衝で、少くとも佛教史上、西域と支那とを連結する重要なる地點であつた。一時は佛教の中心地たる觀すらあつた。慧皎が高僧傳に「經法の廣く中華に流れし所以は護(法護)の力なり」と稱賛した竺法護は、時人に燉煌菩薩と呼ばれたのでも明かな通り、この燉煌の出身であつた。傳によると法護の祖先は月支人で本姓は支だと云つてるから、燉煌出身ではあるが月支人の後裔であつた。そして「外國異言三十六種、書も亦之の如し、護、皆遍學す」と傳へてゐるから、當時の言語學者であつたことがわかる。晉武の太始二年(二六六)から愍帝の頃まで即ち四世紀初までに百五十四部三百九卷(出三藏記集)、或は百七十五部三百五十四卷を譯出した。兎に角、「晉武の世、寺廟圖像、京邑に崇めらるゝと雖も、而も方等の深經は蘊めて葱外に在り」(高僧傳)といつた時代に、この葱外の深經を中土に持つて來る關門が燉煌であつた。

斯くして燉煌地方は支那佛教史上重要なる地點であるが、就中、六朝末、即ち第五世紀頃から第十一世紀頃即ち唐末宋初に至る迄の宗教、文藝、其他に關する夥多の資料を貯藏せる一大寶庫とも謂ふべき千佛巖。唐以後は専ら莫高窟といひ、俗稱では千佛洞と呼んだ、此の燉煌石窟は二十世紀に入りて急に東洋學者の間に著名となつた。そはこの地方に特殊な風土氣候の關係から古物の保存には天惠の地であつたのである。敦煌は中國新興圖(民國六年第三版)では甘肅省安肅道に屬し、縣治の所在地で千佛洞はこの　煌縣の東南約十五粁、南北に連れる三危山の南方、鳴沙山の麓にある。そこの斷崖側面に大小千餘の石室洞窟が鑿穿されてゐる。そして石窟内部は佛殿佛龕となつてゐて、その壁面には曼荼羅や佛菩薩像が畫かれてゐる。それ等の詳細はスタイン氏の著述は勿論 Pelliot の Les Grottes de Touen-Houang. に明かである。筆者は一九一六年十一月末、現在のレニングラド即ち革命前のペトログラド(歐洲大戰前のペータースブルク)に Oldenbourg 氏を訪ねて、約一週間、同氏邸で千佛洞の佛堂、壁畫、彫刻に關する二千餘葉の寫眞を閲覽した。その中に十二種の觀經曼荼羅の寫眞があつたが、恰好の研究資料であつた。當時、オルデンブルク氏は來春になつたら今迄出したもの(露語で書かれたもの)以外に自分の報告書を出す積りであると話なされたが、その後三四ヶ月にして革命が起つて遂に妨げられたやうである。自分はレーニングランドに關する新聞報道を讀む度毎に、オルデンブルグ氏の彼の莫大な蒐集品がどうなつてゐるかを想はざるを得なかつた。一九一六年冬にはコンサルヷトアルの階上に保管されてゐて、未だ公開縱覽を許れなかつた。自分は偶々オルデンブルグ氏の厚意によりて特別に閲覽を許されたが、それは唯だ素通りして觀た丈けで、約二時間を要した程豐富なものであつた。同氏の蒐集品中、亞細亞博物館に陳列の分は公開されてゐて、その中、支那古寫本三百點程は全部閲了した。その中の跋文だけは「宗教界」に載せた。嘗て日本に留學した故ローゼンベルグ氏や今巴里に亡命してゐるエリセーフ氏とはオルデンブルグ氏邸で一寸會つたが、その後、ローゼンベルグ氏は逝去し、エルセーフ氏とは大正十二年七月パリで會つた。その時の話にオルデンブルグ氏蒐集品の全部は無事であると聞いた。パリ滯在中に近くロシャの學會を代表してイタリーに來るといふことを聞いたが、世界は動き人は變る。眞に人事匆忙の感なきを得なかつた。オルデンブルグ氏も千佛洞を調査したが、併し同氏の蒐集品の特色は寧ろ他の方面で(その詳細は他篇に讓る)、西洋人中で最初に此の燉煌で古寫本の蒐集に着手したのはスタイン氏で、それは一九〇七年であつた。次いでペリオ氏は一九〇八年にこの地に來た。ペリオ氏は支那文献を讀み得るので蒐集品にもそれが表はれてゐる。併しスタイン氏は最初であつたのと、分量が多かつた點とにその特色がある。尤もこれ等の石窟中から遺物が發見されたのは百餘年前からのことであつたから、勿論この時が初めではなかつた。又夥多の古寫本のあることも一八八五年(光緒十一年)に石室修理の際、偶然壁が陷落したので石室の奥に古寫本が埋藏されてゐることを發見してゐたのであつた。スタイン氏は夙に之を傳へ聞いたので千佛洞踏査には特に熱心であつたのである。ペリオ氏も一九〇七年に新疆地方の探検旅行中、廸化府で石室本を見、又安西で石室本を手にしてゐた。併し兎に角、スタイン氏は先鞭をつけた。スタイン氏は Serindia の序分、千佛洞の發見の項下に、「一九〇七年五月、自分は此の地で非常な幸運に會つた。それは九百年間、閉鎖され塗り籠められた石窟中に、今尙完全に保存された各種の古寫本と藝術的遺品との一大寶庫に接し得た最初の歐洲人であつたからである」と云つてゐる。この佛堂の管理者であつた王道士との交渉、隱れた古寶の蒐集、僅か馬蹄銀四個(約五百ルピー)での賣買等に就いては Desert Cathay の第六十四章「閉鎖された書庫とその寶物」の前後、特に Serindia 第二卷の數章に詳述してゐるからそれに讓る。卷頭の口繪はこの時に蒐集した支那寫本の比較的完全に保存された一部の寫眞で、Desert Cathay の一九一頁の插圖から複製したものである。之等の古寫本幷に古寶は全部大英博物館に保管さるることになつた。この後、王道士は國寶を國外に出したといふので可愛相に死刑に處せられた。この塗り籠められた經藏は悉く第十一世紀以前に屬する數千の古寫本を藏してゐたもので、現在では一部は大英博物館に、一部はパリ國民圖書館に、一部は北京京師圖書館其他に分藏さるることゝなつた。

第一回スタイン寫本調査并に研究資料蒐集

第一回の自分の調査の時には大英博物館の地下室の一部——ドイツのゼッペリン襲來の騷ぎで、彼の有名なローゼッタ、ストーンも地下室に仕舞はれた時であつた——スタイン蒐集室でスタイン氏と助手のロリマー孃とが忙しく原稿整理や其他の事務を執つてる側で、最初は一包づゝ借覽したが、後には書庫や書架の鍵を借受けて自由に好きな寫本を取出して閲覽し得るの特典を與へられた。日毎に燉煌千年の黄塵にまみれて、紺の背廣が、一二時間古い卷物をくり擴げてゐると妙な色になる。斯くして同氏蒐集の古寫本數千點の調査に從事し、主として未傳佛典の搜索に努め、傍ら古寫經や古文書を涉獵した。そして珍しいと思つたものは、必要な一部丈をロートグラフに撮影させつゝ、六月から十一月初旬まで愉快に調査や鑑定を續けた。

毎朝、大英博物館の一般讀書室で助手の入室を待ち合せることにして、晝食に一寸外出する外は、毎日午後の四時頃までスタイン蒐集室で御厄介になつた。時には鑑定の爲に一般讀書室に續藏經を借り出して置いて、其儘スタイン蒐集室に入り、讀書室の閉鎖時間に三四十分も遲れて係員からひどい叱責を受けたこと（續藏經は貴重圖書の一部になつてゐる）。摩尼敎殘卷を見付けてスタイン氏に報告した時、同氏は非常に喜んだこと。珍らしいものを見付けた時に嬉しくて翌日の開館が待ち遠しかつたこと。折角六百枚ばかり寫眞を撮つたが、軍事檢閲で文書は大抵沒收されるので、バーネット東洋部長から軍事に無關係だとの證明書を要したこと(『三階教之研究』巻首口絵参照)。一ヶ月の積りで着手したのが滯英五ヶ月となり、寫眞代其他に不足を來たしたので、當時ロンドンの台灣銀行に居られた佐佐木義彦氏から借金して漸く所期の仕事を完ふしたこと。この間にドイツの飛行機がロンドンに爆彈を投下したのが、四五回あつたことなど、今日からは皆十年一昔の往時となつて仕舞つた。キッチナー元帥がやられた危險區域の北海を、大正五年の十一月中旬に、僅か五人の船客と一緒にノルヱー(中立國)の船に乗り込んだ時の心細さ、船尾で沈み往く夕陽を眺めて覺えず泣いたこともあつた。

　この時に持ち歸つた六百餘葉のロートグラフ(白寫眞)は三百點程の稀覯の寫本だけであつたので、ノスタイン氏の承諾の下に豫め寫眞原本に印(附箋)をつけて來た。それは歸朝後に何かの方法で出資を仰いで、その全部を白寫眞に撮影して研究資料を本邦に將來する爲めであつた。

幸に財團法人啓明會から大正八年六月二十四日付で、英國博物館所藏、支那古寫本の研究に對する補助といふ名目で研究補助を受くることとなつた。

　この大正五年蒐集の白寫眞は大正六年五月、宗教大學主催の燉煌出土古寫佛典ロートグラフ展覧會に出陳したのが初めで、同年十一月、京都大藏會の際、高等家政女學校に同一資料を出陳したのが第二回目であつた。この兩回倶に

第一經部附釈　經釈合せて二十六點
第二注疏部　經疏　律疏　論疏を合せて
　　四十三點
第三雜部　三階教籍その他二十八點
第四跋部　佛道兩教の經跋を合せて三
　　十三點
追加　于闐語經片、摩尼教籍合せて二點

を出陳し、

燉煌地方出古寫佛典ロートグラフ解脱目録一巻を公表した。そしてその全文が『宗教研究』第二

卷第五第六號に再錄された。同目錄券首、編者の緒言（大正六年五月十八日識）の一節が偶々寫本の內容やら體裁やらを語つてゐるので左に抄錄する。

スタイン氏が前後數回西域地方の踏査によりて獲たる蒐集品は其一部（昨年蒐集）を除き全部大英博物館內スタイン蒐集室に保管せられ西域地方の宗敎藝術史實に關し實に夥多の研究資料を供せり。且らく寫本のみにて梵語、西藏語、于闐語、龜茲語、土耳古語、支那語の諸寫本を網羅せり。而して予は專ら大部分は今尚未整理中の支那古寫本を調査し、主として有傳無傳の古逸書を搜索せんとせり。然るに寫本中、卷軸首尾完きもの僅に百に一二にして數千點の卷物若くは斷編は殆んど破爛を免れざりしものなく、是が鑑定に際し之を與題に探り得るものは尚容易なりしと雖も、無題失題の斷片に遭遇するや、正續兩藏經を身邊に有し得ざりし大英博物館の室內に在りては少からぬ手數を要しぬ。予は大正五年六月上旬より十一月上旬に至る間に約三ケ月を之が涉獵に費し、一時他處に移されし分を除き殆んど其全部を査了せり。初めは專ら筆寫せしが在室時間に制限あり從つて調査の進捗意に任せず、乃ち筆寫を傍とし調査を主とし、珍篇逸書は得るに從つて是が鑑定に必要なりと推定せし部分をロートグラフに撮らしめ、漸くにして調査を遂げぬ。英國を去るに臨み予は撰出諸寫本一部の目錄を殘し他は歸朝後になすべきを約し、蒐集室理事は他日逸書の全部をロートグラフに撮るべき時期の來らんを豫想し、其利便を計らんが爲に特に予が撰出せる寫本を別函に保管すべきを諾れり。歸朝後忙中閑を得ず未だ詳細なる研究を經ざるも大略本目錄中の第一經部、第二疏部の殆んど全部、第三雜部の大半は有錄若くは無傳の古逸典なるが如し。但し今急遽目錄の作製に際し全く疎漏誤謬無きを保し難し切に大方の示敎を請ふ。

第二回スタイン寫本調査并に研究資料蒐集

大正八年六月以來、幸に財團法人啓明會の補助を受くることゝなり、英國博物館の許諾の下に、珍篇佚書だけは全部寫眞に撮つて研究資料の蒐集をなす計畫を立てた。先づ同年八月三十日付で大英博物館東洋部に番號を書き送つて撮影方を依賴し、同年十一月十八日付で東洋部長バーネット博士から承諾の旨返翰があつた。尤も同書翰中、目下、目錄製作中につき一時に全部の要求に應じ難き旨添記されてゐた。そして

第一回(大正九年一月)は豫定通り來たが、三千餘葉の撮影計畫に對して五十餘枚に過ぎなかつた。スタイン氏は印度から數々懇切なる激勵の書面を寄せられてゐたが、事情が以前と變つて來たので、先づ博物館當事者との交渉を必要とした。同館東洋部で簡單に此方の申請を受諾することの出來なくなつたのには大いに理由のあることで、第一是等の蒐集品は大英博物館所藏となり、寫本管理がスタイン氏の手を離れたこと。スタイン氏はカシュミルに去つたこと。スタイン氏の管理時代の寫本番號は全部改められたこと。管理者はジャイルス氏に代つたこと。公開を禁じてジャイルス氏が極力整理中であつたこと。從つて當初四卷の寫本記に自分が書き留めて來た番號は全部搜出の役に立たなくなつて、縱令內容はわかつてもそれを搜し出すことが容易でなくなつたこと。ジャイルス氏の整理中、猥りに寫眞を撮らせることを中止したこと。加之、寫本の大部分は斷片で無題(破爛のため)の上に、往々未表裝のため破損し易い狀態のものが少くなかつたこと。斯ういふわけで折角の啓明會補助も如何ともすることが出來なくなつた。それで大正十一年更に啓明會から追加補助を受けることとなり(前後合せて計一萬一千二百圓)、兎に角、再渡英のことを大英博物館に通じて、同年十月末に神戶から船に乘つた。此より前年外遊の途に就かれし高楠博士には大正八年七月に撮影に要する資金の御持參を願ひ、トーマス博士に保管を賴んだ。次いで大正九年三月には服部博士に御願し、又更に大正十年七月末、渡英の瀧博士に御願して、只管大英博物館の當事者に事業の促進を請ふた。特に瀧博士には若し自分が再び渡英するとせば相當の便宜を與へ得らるべきか否かをも確めて貰つた。東洋部長バーネット博士からも、支那部主任ジャイルス博士からも、スタイン寫本は未だ公開の運びに到つてゐないが、自分が渡英したなら、目錄調製濟の分に限り調査を承諾する旨返翰があつた。且つバ氏が親しく同博士に傳へられた處では書翰に書いた以上の便宜も與へ得らるべしとのことであつたので大に力を得た。

大正十一年十二月十日マルセーユに上陸、パリで羽溪了諦君、赤松秀景君、故大住嘯風君に會ひ、十五日夜ロンドンに着し、翌十六日早朝日本大使館に出頭した。それは啓明會理事長、平山男爵から林大使宛の懇切なる調査に關する後援を依賴されし書狀を差出す爲めであつた。然るに大使はローザンヌ會議で不在なりしため直ぐ大英博物館東洋部を訪れ、渡英を餘儀なくせしめたる事情を愬へ何分の助勢を請ひ、所用の寫本番號全部を提出した。そして數日間寫本を見せて貰つたが、番號が變つた爲め一時に多くを見せて貰ふことが出來なくなつた。併しそれでは埒が開かないから何とかならぬかを嘆願した。所が東洋部長バーネット博士から大要次の如く語られた。

一、當博物館所藏にかゝるものは、先づ英國の各專門學者の手によつて整理し、然る後に外國人の研究に供することにしてゐる。

二、前項によつて鑑定のついたものは、見せてもよいが、然し何千と云ふ多數の中から一々それを探し出すと云ふ勞力と時間とは非常なものであるから、君の要求通りには行かぬ。

三、假令鑑定が濟んでも未表裝のものを公開すると云ふとは、取扱上破損の危險が多い。

四、假令如上の諸條件が具備されても、その全部を寫眞に撮影せしむることは許可し難い。

これは當博物館のみならず、世界何れの博物館でも悉くさうであらう。

これは一々尤ものことであり、それ以上如何ともし難くなつた。然し啓明會からは特別の補助を辱うし、又屹度豫定期限内に計劃を實行して來ると誓つて渡英した關係上、成行にばかり任せられぬことなり、非常に苦心した。この前後、同宿の宇野圓空君から始終援助と慰藉とを受けたことは忘れ難い記銘であつた。そこで自分は若しこの事が出來なかつたら啓明會から受けた補助金は辨償するまでだが、最後まで努力して見やう、かう覺悟して、下の如く申入れた。

一、仰せは一々御尤であるが、從來專門の智識を以て是等の大部の古寫本を涉獵したものとして、余はその一人である事を自信する。この余の專門的智識を利用しないといふことは、大英博物館のために極めて不利益であると思ふ。

二、それ故、國際的學術研究のために、一ヶ月間、自分は無償を以て是等古寫本の調査に余の知識を提供したい。

三、貴館が自分の要望を容るゝと否とは貴館の自由であるが、何れこの寫本が貴館に於て整理され公表さるゝ時があらう。その際に於て自分は最も酷烈な批評をするやうになるかも知れない。

と云つて返辭を俟つた。所が翌日になつてジャイルス氏から好意を受けるといふことであつた。それから毎日午前は二時間、ジャイルス氏の質問に應じ、又鑑定(アイデンチフアイ)してやることにし、午後は自分で讀みたいものを讀み、見たいものを見ることにした。

佛典には、それぞれその經に特殊の語があつて、それを見れば、或程度迄はどんな斷片でもそれは何經に屬するかと云ふことが、大體見當つくものである。さういふ事から自分は初めジャイルス氏の質問には僥倖にも百發百中とは往かなかつたが偶然にも中つた方が多かつたので、氏は非常に驚いた。そこで今度は氏の方から六ヶ月位滯在してくれるなら自分の希望を容れて寫眞撮影を許すといふことになつた。但し佛敎關係のものは公表自由として撮影してよいから、支那文獻其他で既に研究中のものは撮影せぬことにして呉れとのことであつた。從つて撮影したものは公表を承認されたものである。

初めのうちは幸ひ自分の知つてゐるものばかりだつたが、中にはむづかしいものも隨分あつて、その調査に幾夜苦しんだか知れない。併し苦しかつた中にも上田萬年博士がロンドンに來られて、時々奬勵の語を給はり、親しく調査の實況をも見て頂いたこと。又大正藏經の關係で稻垣眞我君の助力を受けたことなど何れも忘れ難き思出の種である。

大正十一年十二月から翌十二年七月まで英國博物館で再調査に從事し、同館の許諾の下にロートグラフを撮影し、大正十二年九月一日神戶に歸着後、大正十四年一月までに漸く豫定計畫の完成を告げ、寫眞は大小兩型を合せて六千數十枚、全長約二十餘丁に達し、點數にして七百點程になつた。そして寫眞は全部「公表の爲め」として撮影を許可されたものである。博物館の規定では、撮影申請は同館專屬の寫眞師が希望者の依賴を受けてなすので、申請書は其の都度 For Publication として手續きし、東洋部の了解の下に同館の委員會で決定されたものである。

大正十四年四月十九日に啓明會主催で英國博物館藏、燉煌出土古寫佛典の展覽會が東洋文庫で開かれた。この時は約二百點ばかりを選び出して出陳した。啓明會では本展覽會に際して拙篇

英國博物館藏　燉煌出土古寫佛典ロートグラフ略目

同　上　支那寫本　寫眞帖

を當日來觀の人々に配布した。然るにそれは略目で出陳の名目だけを列擧したに過ぎかつたので、講演で出陳寫眞中の重要なるものに就いてその學術上からの旨趣を補足した。これより前、大正十三年十一月七日、大藏會主催第十回展覽會の際、「大正新修一切經」に編入すべき寫本六十六點並にロートグラフ十六點を東京帝國大學佛教青年會館に出陳した。此の時の展覽目錄中、「新編入藏燉煌寫經」「大正新修一切經對校並參考資料」の項下に載せられたものがそれであつ

た。啓明會主催の展覽會に配つた『燉煌出土古寫佛典(ロートグラフ)出陳略目』では

第一未傳佛籍

一、章疏類　八十七點

二、疑僞經類　十二點

三、雜類　十七點

第二古寫經論　附寫本類　六十一點

第三別室出陳

一、異經、未入藏經　二、三階敎籍

三、摩尼敎籍　四、寫本

に分けた。

自分はこの前後兩回の調査と寫眞撮影との計畫に於て、先づ未傳佛籍の搜出が主目的であつた。ここに未傳佛籍といふのは今日までに支那で集めた大藏經を始め、その他の佛敎叢書類に編入されてゐないもの、卽ち未だ曾て知うれてゐなかつたもの、知られてゐてもその本が現存してゐないものを指したものである。支那では最初、佛敎聖典叢書を三藏といつたが、翻譯が年年次第に增加して、その中には三藏以外の者もあり、又支那で出來た聖典もあつたので、それ等全部を包括して一切經或は大藏經といつた。

魏と宋と齊の經錄では大小乘佛籍の總數二千數百卷に過ぎなかつたが、梁の目錄では僧祐は四千三百二十一卷、寶唱は三千七百四十一卷と傳へてゐるから、六朝時代には三千數百卷、多くても四千餘卷に過ぎなかつたが、隋の衆經目錄では五千卷を突破し、唐になると八千四百七十六卷(內典錄)或は七千四十六卷(開元錄)などとして、恰かも維新以來の日本の人口が最初は「三千餘萬の同胞よ」から四千萬となり五千萬となり七千萬となつたやうに歷代佛典が增加して來た。そこで支那選述のものを大藏經中に編入するには一々欽定によることゝなり、後には容易に藏經中に收めらるゝことが出來なくつた。そこで一定の時期に藏經に收められなかつたものを集成したのが續藏經で、『續藏經』に漏れたものを集めて『又續藏』も出來るやうになつた。現

存の大藏經は大略、寫本藏經と版本藏經とに分けても可いと思ふ。が併し寫本藏經の方は完全に保存されたものが稀で、普通に版本藏經に據るのであるが、支那での開版は宋版、元版、明版の三種の一切經、朝鮮での開版は高麗版の大藏經が現存してゐる。日本でも天海版、黄蘗版の外、明治以後、弘教書院の「縮刷藏經」、藏經書院の「卍字藏經」などがある。「大正新修大藏經」が進行中にあることは普く人の知る所である。此の中、卍字藏經(明治三十八年完成)は明藏の配列によつたもので、「大日本續藏經」(大正元年完成)は明藏を標準として翻譯でも選述でも苟しくも支那で出來たもので明藏に洩れた佛典中、探り得た殆んど全部を網羅したものである(但し編入洩れは京都帝國大學の圖書館所藏となつたと中野達慧氏から聞いた)。卍字藏經は千六百二十九部六千九百九十二卷、續藏經は一千八百部七千一百卷になつてゐるから、正藏續藏を合せて一萬四千九十二卷となる。スタイン本から白寫眞に撮つた未傳佛籍は卽ち此の中に傳へられてゐないものをいふのである。扨て此の未傳佛籍では翻譯もの卽ち印度か西域かでの著作を支那に譯出したものとしては極めて少くないが、支那選述の章疏類卽ち註釋ものは可なりに多い。その他、論著や禮讃や記錄や、雜文も亦可なりにある。多くは卷子本の殘卷か斷簡かであるが、それ等の一々は尚精細なる調査を要するものである。そして大正藏經にはスタイン本のみでなくパリ國民圖書館藏、ペリオ本も編入せらるゝことになつてゐる。先づ未傳佛籍の第一、經疏だけでも金剛、仁王、心經、楞伽、維摩、勝鬘、無量壽、觀無量壽、瓔珞、法華、華嚴、十地、涅槃等の大乘佛教に於ける重要なる經典を始めとして溫室、稻竿、藥師の諸經に及んでゐる。現存最古の勝鬘疏や觀經疏のことは「宗教界」に、疑僞經のことは「宗教研究」に、攝論のことは「東洋學報」に宛て發表した。其他、寫本の內容は別に報告を出すつもりであるからそれに譲ることにするが、唯だこれ迄、久しい間、各方面の人々に尋ねた失傳の曇曠のことだけ茲に附け加えて置く。

曇曠はスタイン寫本幷にペリオ寫本に據ると「金剛經旨贊」の外に「大乘起信論略述」上下、「同廣釋」（第三卷現存）や「大乘百法明門論開宗義決」（訣）或は「大乘百法明門論宗義記」や「廿二問」などの著者であつた。そして此等の著述は皆支那の中土には傳はらなかつたやうである。現に此等の著述の何れもが世に知られてゐない。併て大正十一年四月、望月信亨博士の「大乘起信論之研究」が公刊さるゝ際、博士は同書第二篇「大乘起信論註釋書解題」の下で、古來の注釋書一百七十六部を解説された中に、拙篇「解説目錄」によりて「大乘起信論略述二卷、同廣釋若干卷」を收錄された。然るにその選者たる曇曠に就いて尋ねられたので、當時、續高僧傳第十六、慧可傳に「貞觀十六年、洛州の南會善寺の側に於て栢墓中に宿す、雪深三尺に遇ふ、其旦、寺に入りて曇曠法師を見る」とあるのが恐らくそれだらうと御答をしたが（大乘起信論之研究參照）、其後、大正十二年の渡英再調査の際、偶然曇曠の自傳を捜し出した。傳文の要點は左の如くである。

余……初め本郷に在りて倶舍を功識し、後、京鎬に遊んで起信、金剛……を專らにす。始めて朔方に在りて金剛旨贊を選し、次に涼城に於て起信鈔文を造り、後に燉煌に於て入道次第開決を撰し、百法論開宗義記を選す。

巨唐大曆九年歳次寅三月廿三日

大曆九年（七七四）は貞觀十六年（六四二）を距る百三十餘年後であるから、慧可傳に載つてゐる曇曠とは別人とせざるを得ない。慧可傳の曇曠は「僧當排傳」にも見えない僧名で、長い間捜したがわからず、漸く慧可傳の下で見付かつたのでそれに擬すると、今度は曇曠の自傳に出會つて又訂正することとなつた。

大乘無量壽宗要經に就いて

矢吹慶輝（1879—1939）

《宗教研究特輯號》1928

大乘無量壽宗要經に就いて

矢吹慶輝

一

現存佛敎の聖典語としては、巴梨語、梵語、漢語、和語、西藏語、滿洲語などの南北聖典語の外、英獨佛を始めとして次第に歐洲語にその範圍を擴めつゝあるが、近時西域學術探檢の結果、從來未だ曾つて耳にしなかつた于闐語、龜玆語の聖典なども發見されて、今は死語となつてゐるが、嘗ては佛敎の傳道に色々な土語方言が使はれた古い傳記を事實上に確かめ得ることゝなつた。

西域三十餘國或は五十餘國といはれ、現に燉煌出の竺法護の傳記によると、(一)當時、「寺廟や圖像は京邑に崇」められてゐても、「方等の深經は蘊つて悤外に在」つたので、親しく西域に至つて諸國を遊歷した。傳には「外國異言三十六種、書も亦之の如し」といつて、法護は遍く之を學び、「音義字體、備さに識らざるなし」と記されてるから、その將來の「正法華」「光讃」等の一百六十五部中には方語の經典もあつたらしい。この正法華は梵語からの譯で、「妙法華」は方言からの譯だといふのが添品法華の經序の所傳である。從つて今日死語となつた言語も單に二三には止らなかつたらしい。

現存せる漢譯中にも音譯上から見て西域各地方の方言にて傳へられた形迹の佛典があるし、そして現に于闐語(コータニース)や龜茲語(クチエアシ)の古佛典を發見することとなつて愈々研究上の新方面を豫想せしむることとなつた。これ等西域死語の發見と研究との進捗に從つて、漢譯佛典研究上にも尙、幾多の新たなる光を投ずることとなるだらう。全體原始佛敎敎團の用語は巴梨語に近き方言であつたらうとの想像であるが、北方佛敎では梵語聖典の外に、方言聖典が餘程早く成立してゐたものと推定せらるべき理由がある。少くとも西域方言より成る經典の在つたことは疑ひがない。そこで漢譯中には多くの同本異譯もあるが、異語特に死語の同本異譯經典は何等か清新にして且つ有益なる研究結果を暗示するものである。そして現に梵語と西藏語と漢語との原譯諸本を具備するものはあるが、土耳古語や西域死語の譯本を具備するものは、夥多な藏經中に在りても洵に曉天の星を望むが如く稀である。この意味に於いて『大乘無量壽宗要經』は現に漢譯藏經中に收められてゐないが、藏經中に收められてゐる『大乘聖無量壽決定光明王如來陀羅尼經』の異譯で、梵語と西藏語と于闐語との外に漢譯を具へてゐる。つまり四異語の原譯諸本を有するものとして珍重すべきものである。況んや此經本が于闐語本を有してゐる點は、西域死語の新研究に對して重要なる關係を有するに於いてをやだ。輓近西藏語は梵語より來たものではなく、寧ろ于闐語から來たものであるといふ說すらある位であるから、于闐語研究は極めて重要で、其上于闐は一時北方佛敎の中心地であつたことなどを考へると、假令、此經は敎理としては重要なものでないにもせよ、色々な意味で珍重さるべき經典である。

上述の如く本經の于闐語譯本は于闐語研究に極めて大切なる材料であつたので、スタイン氏が于闐語金剛經と共に燉煌千佛洞より將來すると、千九百十年の『英國亞細亞協會雜誌』(二)にヘーンル氏によりて不明の言語として其初部が公刊され、それが又ロイマン敎授の『北方アリアン語と文學』にも載せられた。(三)そこでこの不明の言語を何と名づくべきかに就いては、或は「北方アールヤ語(ノルドアリッシュ)」といつたり、「東イラン語(イラニアンオリヤンタル)」と呼んだり、更に又「覩貨羅語(トカリッシュ)」だとか、「中央サカ語(ミッテルサーキッシュ)」だとか、又は「シャカ語(スプラツヘ・デル・シャカス)」だとか、その命名も一定しなかつた。千九百十五年にオクスフォードから出たヘーンル氏の「東土耳其斯坦發見の佛敎寫本殘卷」第一卷に、(四)于闐語と英譯とを左方に、梵語と西藏語とを右方に併列して對照共観に便利に公刊され、終りに于闐語字彙をも附加せられ、更に卷末には貝葉からの寫眞をも添へられてゐる。卽ち三語經典の全部が非常に便宜に整頓せられ、闐梵二語經に就ては詳細なる校合も附せられてゐる。それから千九百十六年にハイデンベルヒのマクス・ワレザー敎授の梵藏兩語幷に漢譯に就いての研究が發表された。(五)これは梵藏兩種寫本の研究と共に梵本幷に漢譯からの獨譯を附したもので、前きのヘーンル氏が漢譯には觸れなかつたが、尚、『南條目錄』第二十七號の『無量壽經』(康僧鎧譯の大經)を關係經典と見做したものに對して、ワレザー氏は本經の支那譯として、南條目錄の第七百八十六號、法天譯、大乘聖無量壽決定光明王如來陀羅尼經を擧げた。經題に無量壽とあり、本文に無量壽經（梵本）とあるから、一寸無量壽經（大經）、觀經、小阿彌陀經一類の經かと思はるゝが、後に論ずるやうに、此無量壽如來は之を阿彌陀佛として可いか否かが旣に疑問であつて、直接には淨土三部經一類の經でないことは勿論である。へーンル氏は恐らくこの經の本文の無量壽經の語から推定されたものであつたらうが、それは誤りで、ワレザー氏の方が確的であつた。

尤もこの經の梵本卽ち Aparimitāyuḥ Sūtra に就ては、ラージエンドラーラ・ミトラ氏が、旣に千八百八十二年にベンガル亞細亞協會所藏の本經の尼波羅寫經を其著述中に、又千八百八十三年にセシル・ベンドル氏が、『劍橋大學圖書館佛敎梵語寫本目錄』中に本經を紹介してゐる。へーンル氏は此他に劍橋大學に在る他の三寫本をも參照し校合した。西藏藏經では本經典はカンジュールに收められてゐる。但し蕃本に就てはへーンル氏は校合してゐない。

今此等諸本から此に類似の經典を漢譯中に探ると、ワレザー氏の指摘したやうに、宋法天譯、大乘聖無量壽王經、具には佛說大乘無量壽決定光明王如來陀羅尼經を取るべきだが、嚴密にいふと法天譯は之を現存の原本及び于闐西藏兩譯本に比すると、多少違つてゐて、寧ろ本經の異本たる無量壽宗要經を取るべきである。このことは大正六年五月に出した拙篇『スタイン氏蒐集燉煌地方出古寫佛典ロートグラフ解說目錄』にも述べた通り、前の法天譯は本經の異譯ではあるが、無量壽宗要經の方がより親しい關係にあるから、現存の梵蕃闐語諸本に配するものとしては、此の無量壽宗要經られてゐないから、それに就いての大略を報告することにする。

を取るべきである。兎に角、無量壽宗要經はワレザー氏も之を載せなかつたし、現に藏經中に收め

二

この無量壽宗要經の寫本は大英博物館藏のスタイン氏蒐集品中に、數百部を藏してゐる。又パリ國民圖書館所藏ペリオ氏蒐集寫本中にもあるし、更に又ペトロ、グラド（レーニングラド）亞細亞博物館中、オルデンブルグ氏蒐集品中にも三四本を藏してゐる。但し本經寫本は經文既に書寫の功德を讃嘆してゐるので、同一筆者が數多の寫本を殘した。姑らくスタイン寫本中、斐文達、田廣淡、張貞、學郎、呂興、法榮、張良友、曹興朝等の寫手の署名のあるものもあり、諸本を校合すると大略二種の譯本のあることを知つた。而して兩種の漢譯中、其文稍簡約なるものは僅かに一本を見たのみであつた。英譯は千九百十五年にヘーンル氏によりてなされ、獨譯は千九百十六年、ワレザー氏により梵漢（法天譯）兩本からの譯があり、和譯は大正五年十一月の「宗敎研究」中に池田澄達氏のが載つてゐる。惜むらくは本宗要經には譯人の名を闕いてゐる。併し現に近似の原本を有せる以上、他日入藏の資格あるものと謂つても可い。

全體、この經は何時頃に流行したものか。姑らく漢譯からすると、無量壽宗要經の寫本中、筆者の

名を記してゐるものもあるが、今迄の所では一も年代推定に資すべき記事を見ない。全體ロンドンにもレーニングラドにも此經本があるが、その漢譯寫本は他の古寫經に比して用紙も劣質であつて、且つ筆蹟の勝れたものは極めて稀であつたと記憶する。ロンドン幷にペトログラド（レーニングラド）で調査した丈では何れも年代と譯者とを記してゐなかつたと記憶するから、現存寫本の筆致紙質などから推定しなければならないが、確たることは自分には解らないが、唐末初宋以後と推測さるゝ。

斯ういふ理由で翻譯年代の推定には異本の譯たる法天の聖無量壽王經の譯年を參照すべきである。「佛祖統記」四十三に據ると、法天の汴京に來たのは宋太祖の開寶六年（西紀九七三）で、此年に聖無量壽經、七佛讃を譯した。河中府梵學沙門法進が執筆綴文、龜從が潤色となつてゐる。「詔法天赴闕、召見慰問、賜紫方袍」と傳へてゐる。(八) 同書五十一歷代會要志の東土譯經の下にも年代を記さぬが、此事蹟の一部を收錄してゐる。(九) 元來、法天が初め蒲州河中府にゐて法進と經を譯してゐたが、宋の太宗が之を聞きて京師に召したのは太平興國五年（九八〇）であつて、(一〇) それから五年目の雍熙二年に、名を法賢と改め、眞宗の成平四年（一〇〇一）に歿したから、假令、開寶六年でなかつたとしても、聖無量壽經は法賢と改名する以前に譯せられたものであることは疑がない。

惟ふに宋の太祖、太宗の時代は五代變亂の後を承けて經籍の散逸した時であつた。彼の吳越王俶が經籍を高麗や日本に求めたのは太祖卽位の初年であつた。又彼の諦觀が高麗より螺溪に天台敎籍を持參したり、永明延壽が大乘經論六十部を集めたやうなことがあつたのも此時であつて、支那より盛んに西域或は印度に求法僧が入つた。就中、太祖の建德四年には詔して行勤等百五十七人を西域に遣はしたことすらあつた。此前年には五天竺に遊んで往反十八年であつたといはれてゐる、滄州沙門道圓が、于闐の使者と共に京師に到つて貝葉梵經を献じたと傳へてゐる。斯かる時勢であつたから于闐の僧侶は此前年にも來たし、此外に時々來たやうである。そこで西域諸國では唐末宋初の頃此經が盛に流行してゐたので、法天の漢譯も出たわけで同時に今日于闐語の無量壽宗要經を見るのも決して偶然ではない。法天譯は乾德五年（九六七）に出た文勝の『大藏經隨函索隱』六百六十卷には這入らなかつたが、此後の藏經には入藏せられてゐたに違ひない。しかし異譯の無量壽宗要經が現今まで藏經中に收められてゐないのは、宋元明の藏經や麗藏の蒐集者の眼にとまらなかつたものらしい。詰り燉煌邊の流行で中土には行はれなかつたものと思はるる。

三

此經の大要は、文殊師師法王子を對告衆として、無量壽如來の功德を稱讃し、本經の書寫、或は其名號の持讀の功德が、能く延年增壽の利益あることを說いたもので、尙彼の佛の一百八名號の受持寫誦を勸め、陀羅尼を示し、數多の諸佛も亦此の經を讃說せることを述べ、命終には淨土に生ずる利益あることを說いたものである。そこで經題は前にも述べた通り、法天は「大乘聖無量壽王經」といひ、又、「佛說大乘無量壽決定光明王如來陀羅尼經」と譯してゐるが、「無量壽宗要經」は「大乘無量壽經」或は「無量壽經宗經」ともいつてゐる。尤も此經の經文中に數々經名を擧げてゐる中で、宗要經の異本には經文中に幾度か無量壽宗要經とある所を無量壽陀羅尼としてゐるし、一ヶ所「無量壽經」とある所を單に「陀羅尼」としてゐる。梵本には經文中には始終、無量壽經 Aparimitāyuḥ sūtra としてゐるが、經末結成題には「聖無量壽と名づけらるゝ陀羅尼」としてゐる。又干闐語本は「無量壽經」といふてゐるが、それが又數多の異音を傳へてゐる。卽ち Aparämittāya sūtra, Aparam-itāyu sutträ, Aparämittayä sūttra, Apärämittāyä suttra, Aparamattāyä sutra, Aparämettāṁyu suṁträ, Aparämittāyu suträ とし、[(一)] 終りに書寫の來由を敍する所には Aparimitāyä Sūträ といふてゐて、梵語が方言化し訛音化する徑路を傳へてゐる。この他、「無量壽如來功德法門」といひ、或は「無量壽決定光明王如來經」といひ、又或は「無量壽智決定王如來功德」ともいふてゐるが、要するに無量壽如來に對する讚嘆經で、佛名を經題としたものである。然るに佛名について法天譯は「無量壽決定光明王」といひ、干闐本幷に宗要經では「無量壽智決定王」とし、梵本には「無量壽智決定光明王」としてゐる。尤も漢譯宗要經丈でも、「無量壽如來」とも「無量壽智決定王如來」とも「無量智決定王如來」ともいつてゐるから、一經中でも佛名が一定してないが、要するに或所では智を略し或所では壽を缺き或所では光明が略さるゝとすると、「阿沙縛抄」にある「無量壽命決定如來」も亦此佛と同一と見做すべきやうに思はるゝ。茲に此の無量壽如來が果して阿彌陀佛か否かの疑問が起る。

先づ本經はその根本が陀羅尼にある。[一一] 現に無量壽宗要經が「宗要」といつてるのは、本文に陀羅尼とある所を宗要と譯してゐるから、宗要は陀羅尼の意譯であつたらしい。そこで漢譯中、此の陀羅尼を記載せる經としては

(一) 宋法天譯、聖無量壽王經

(二) 失譯、無量壽宗要經

(三) 宋法賢譯、無量壽大智陀羅尼

更にそれ以前では

(四) 唐不空譯、成就妙法蓮華經瑜伽觀智儀軌

の中にも出てゐる。[一三] この中(三)は陀羅尼だけで、(四)はこの陀羅尼が傍說であるから、此陀羅尼を中心として其功德を稱讃せる經典としては、(一)と(二)とである。この陀羅尼が屢々漢譯に出てゐるし、梵闐藏本があるし、現に尼波羅西藏で流行してゐるし、日本でも密部では無量壽命決定如來法があるとすると、この陀羅尼を中心として尊崇された佛は何かといふ問題が、當然必要にして且つ興味あるものと思はるゝ。

四

此經に說かるゝ佛は前述せる如く、無量壽智決定王如來、無量壽如來、無量壽智決定光明王如來といひ、淨土は上方世界に在る無量功德聚（法天譯の無量功德藏）だといふてゐて、西方とはしてゐない。阿彌陀佛には種々の名稱があるが、(一四)無量壽智決定王如來といふ名は他に例がないし、淨土の名も方角も違つてゐるし、特に經文中、本經書寫の功德を列擧してゐる一に、宗要經には「當得往生西方極樂世界阿彌陀淨土」とあり、一異本には「必定往生極樂世界」とあり、梵本には「極樂世界無量光如來の佛刹に生れん」とあり、闐本も藏本もそうなつてゐて、單り聖無量壽王經のみが「如是之人臨命終時、有九倶胝佛、面現其前、來迎是人、往生於彼佛國土中」となつてゐるのみである。そうすると本經の本尊とそれを稱讚してゐる阿彌陀佛とは別と見なければならぬわけである。若しも法天は中印度那蘭陀寺の僧で、本經の原本を其處から持參したものとでもすると、當時印度で斯ういふ名で呼ばれた佛は一體何佛かといふことになる。そして今でも尼波羅や西藏ではこの經が流行してゐるのであるから、この點は更に調査を要することゝ思はるゝ。

繼成の『阿彌陀佛說林』七卷は、藏經中から阿彌陀佛に關係ある經文を集めらるゝだけ集めたもので、此經の陀羅尼をも引用してゐる。(一五)併しそれは無量壽とあるから直に阿彌陀佛と見たのであらう。全體此方面に關しては密教部の著述を參酌すべきである。『阿婆縛抄』第五十二(一六)に無量壽命決定如來法を載せてゐる。然るに此如來に就ては「釋迦報身也云云」といひ、「彌陀釋迦不審の事也、但し釋迦を正となす云云」といつて、釋迦とするか彌陀とするか疑問のあつた事を語つてゐる。次に此佛を釋迦の顯本遠壽の身と見做せる『大原法華決』の文「法華中、決定如來眞言、又是壽量品之肝心眞言なり（中略）故に此如來法只だ釋迦を本尊と爲す也」を引いてゐる。是は此經の眞言を壽量品の眞言と見、此佛を釋迦佛と定めたものであるが、全體、法華經壽量品は、秘密の一說によると、本品の奥旨を以て大日經王と不二と見、或は金剛界大日の三摩地を說くものともせられ、又此品中の自我偈の「慧光照無量、壽命無數劫」の二句は阿彌陀佛の光壽二德を表したものとも見られてゐて、由來此品の本尊として　釋迦でも彌陀でも藥師でも差支ないことゝされてゐた。そこで不空譯の成就妙法蓮華經王瑜伽觀智儀軌には法華經壽量品を念じて、次に無量壽命決定如來の眞言（宗要經の無量壽陀羅尼）七遍を呪すべしといつてる如き(一七)は、明に法華壽量品より無量壽佛となり、轉じてそれが阿彌陀佛を指すことゝもなる關係を示したものと謂つてよい。台密所傳の詳細は阿婆縛抄七十一の法華法と同書五十二の無量壽命決定如來の項下に讓るが、同書に禪定僧都『法華次第』を引いて「問ふ、無量壽命決定如來法、卽是法華法歟。答、有が云く然らず、彼如來の眞言は此軌の序分に在るが故に、法華法の正宗に非る也。問若し爾らば何に依りて彼法を修すべきか。答意樂に任かすべし……但口傳に問ふべし云云」などといふて、要するに未定であつた。

全體、西藏では延年得壽の佛としては無量壽佛であるし、ヘーンル氏の報告によると蕃本の或本の終りに訛音梵語にての無量光佛 Amitābha の記載を有してゐるといつてるし、(一八)又西藏傳では釋迦(八)、彌陀(定)、觀音(菩薩)は一體である點などから見ると、阿彌陀としても差支ないわけである。それから「覺禪鈔」「經部中の法華法は、(一九)東密所傳として「法華軌」の無量壽決定如來に就いて、多寶如來とか、釋迦の法報身とか、阿彌陀佛の密號とかの異說を列擧してゐる。かうして諸地方や諸經の所傳を綜合すると、阿彌陀佛と無量光佛、無量壽佛とに關する、それ等佛名の成立問題にも或種の暗示を與ふるものと思はるゝ。本經は實にその一部の資料である。併しこゝでは複雜なる研究調查を發表してゐる遑がないから、唯だ問題の所在だけを指摘するに止めて置く。

因に法天譯の聖無量壽經の譯出は、宋の開寶六年(西紀九七三)であつて、我國への將來者は奝然で、奝然は宋の雍熙元年(九八四、或はいふ太平興國八年、九八三)に汴京に入り、後ち一條帝の永延元年(九八七或はいふ此の前年)に摺本一切經を齎らして歸朝したのであるから、譯出後十年以內に之を將來したわけである。然るに阿婆縛抄には此の無量壽命決定如來法の先蹤を擧ぐるに、「村上御日記」を引き、應和元年(九六一)三月九日より七日を限り、勅によりて延曆寺法華三昧堂に於て、座主延昌をして此の法を修せしむとあり、「扶桑略記」二十六にも「元亨釋書」二十五にも此の記錄が殘つてゐるが、是は固より聖無量壽王經譯出より十二年前の事であるから、法華軌の類に據つたものと思はれる。

註（一）梁高僧傳、致二の四。

（二）R. Hoernle, The Unknown Languages of E. Turkestan (J. R. A. S. 1910, pp. 384 ff.)

（三）E. Leumann, Zur Nordarischen Sprache und Literature, Strassburg, 1912, pp. 75, 82—3.

（四）R. Hoernle, Manuscript Remains of Buddhist Literature found in Eastern Turkestan, vol. I. pp. 289—356.

（五）Max Walleser, Aparimitāyur-Jñana-nāma-mahāyāna-Sūtram (Sitrungsberichte der Heidelberger Akademie. 1916).

（六）成八の七以下。

（七）宗教研究、第二卷第五號に再錄。

（八）致九の九六。

（九）致九の四二。

（一〇）佛祖統記四三、致九の九七。

（一一）ヘーンル氏の音寫に據る。

（一二）この陀羅尼は

(1)唵、薄伽梵、無量壽智、善決定光明王如來に歸命す。所謂、(2)唵、福よ、福よ、大福よ、無量福よ、智資糧所積集よ。(3)唵、一切淸淨法性よ、虚空等出よ、自性淸淨よ、有大理趣眷屬よ。娑嚩賀。（池田澄達氏の和譯）。

(1)Oṁ namo bhagavate Aparimitāyurjñānasuviniścitatejorājāya tathāgatāyārkate samyaksaṁbuddhāya. tadyathā. (2)Oṁ puṇye puṇye mahāpuṇye aparimitapuṇy ejñānasaṁbhāropacite. (3)Oṁ sarvasaṁskāraparisuddhadharmate gaganasamudgate svabhāvaviśuddhe mahānayaparivāre svāhā.

で、この第二の部分「徧よ徧よ大徧よ云々」が、梵藏（Walleser, pp 22, 27）二本にあるのに、闐本（Hoernle, p. 300）にも聖無量壽王經（成八の七）にも宗要經にも法華軌（闘七の六六）にも大智陀羅尼（成十二の三七）にも略されて居る。

（一三）出據は（一二）參照。

（一四）拙著、阿彌陀佛の研究、序論、阿彌陀佛並に極樂の名義に就て（一―二〇）及表（三二三―三四八）參照。

（一五）阿彌陀佛說林、四の二五。

（一六）大日本佛教全書本、阿娑縛抄第二の八〇一以下。

（一七）・闘七の六六。

（一八）序言、二九五。

（一九）大日本佛教全書本、覺禪鈔第二、五八七以下。

三階敎に於ける全佛敎の改造運動とその經濟思想

矢吹慶輝（1879—1939）

《佛教思想》3-3，1928

三階教に於ける
全佛教の改造運動とその經濟思想

文學博士 矢吹慶輝

一

人間の宗教が、人間の手の届かない棚の上に載せられて學者や神學者などの專門家以外の人が、容易に觸ることが出來なくなると、何時でも宗教改革が起つて、今一度元の通りに誰人にでも手の屆くやうにさるゝものである。それが宗教の再評價であり、建直しであり、改革であり、改造である。西洋でも東洋でもそんな例が數多あつた。しばらく西洋の宗教改革は、救ひは自分の「行ひ」でなく神を「信ずる」ことだとした。日本の平安末期以後の新たに興つた宗教が、西洋の宗教改革よりも數百年前、法然上人、親鸞聖人、日蓮上人は皆な信を重んじた。信仰の意味には、彼と此とでは差異があるとしても、罪にまみれた現實の人間——日本佛教では末法の機根——が、どうして救はれるかといふ眞摯な求道の叫びであつたことは東西相等しかつたといつてよい。そのためには今迄の佛陀論も衆生論も根抵から見直され、建て直されてゐる。要するに、罪深きこの我、肉と血の人間が求むる宗教といふ意味が判然とその旗幟となつて現はれてゐる。三階教はこの意味で、確かに六朝末から隋唐にかけての一種の宗教改革運動であつて、全佛教の價値の見直し、即ち再評價の思想、並びに運動であつた。

すべての宗教改革運動には價値の見直しが中心となつてゐ

るが、それは立脚地の角度を變へて觀ることである。支那では廬山が見る所で形ちが異うものとされ、日本では駿河の富士と甲斐の富士とが同じ姿ではない。東から見るのと西から見るのと形が異ふやうに、平原から眺め上げるのと、飛行機から瞰下すのとも同樣ではない。要するに角度が異ふと光景も變る。佛教に五十幾派といふ宗派のあるのも佛教を見る角度の相違から來たものである。全體

佛教は悟りを開いて佛になるといふこと

が佛教各宗派普通の理想である。しかるにこの佛に成ること、即ち成佛といつたり、成道と云つたり、作佛と云つたりしてゐるが、一體どうすれば佛になれるか。釋尊が迦耶で成道して佛になられたことは疑ひがないとして、そのあと佛になつた人は誰れか。印度の論師も、支那日本の各宗派の祖師も、自ら佛になつたとは言はれてゐない。普通の信仰では釋尊の入滅後、彌勒佛がこの世に出現さるゝまでは佛は出ないものとされてゐる。昔から高僧が臨終に入定されて、龍華三會の曉を待つといふのは皆この彌勒佛の出世に會つて、まのあたり、その說法を聽くといふ旨意であつた。そこで今現在に賴めば直ぐにそれに返事のある、呼べば答へる活きた佛に會ひたいといふのが、印度佛教以來の思想であつた。阿彌陀佛の信仰が印度でも、支那でも、日本でも盛んになつたのは、全く今現に西方に在して說法して居らるゝ佛といふ點にあつた。そこで過去に在つた七佛を始めとして過ぎ去つた佛は賴りとならない。將來に出現する佛の中では先づ第一の彌勒佛と、今現在この世ではないが彼の世に在す佛の中では、阿彌陀佛とが主要なる信仰となつて、古來の高僧は支那でも印度でも大體最後の歸託をこの二佛に置いたものであつた。

然るに、三階教では後に述べるやうに一佛や二佛を賴りとしないで、ありとあらゆる佛を皆佛として拜んだ。それが三階教の七階禮懺といふ一種特別のお勤めの儀式であつた。

三階教では其特有の佛法僧の三寶を立て

ゝゐるが、普佛普法又稱には普僧といふやうに皆「普」といふ文字で表はされてゐる普遍主義で、或る特定の佛や法や僧に偏せずに、何でも拜むといふ遣り方であつた。從つて佛に對しても「普佛」といふ考へから、佛に歸依するといふことは「一切の佛に歸し盡す」のでなければならないとした。七階

佛名とは十方佛、七佛、五十三佛、一切諸佛、千佛、三十五佛、二十五佛等と、諸經に過去現在の諸佛を一纒めにしてゐるものを取つて來てこれが阿彌陀佛とか釋迦佛とか說いて廬舍那佛とかには特定せずに、一切諸佛を好き嫌ひせずに禮拜するのだと主張した。であるから、三階教の起つた時に最も判然と別佛を立てゝゐた淨土教、即ち阿彌陀一佛のみを本尊とし中心とする一派とは衝突を免れなかつた。併し三階教以後に出た、天台大師の天台宗を始めとして苟くも法華經でも何經でもその經だけ尊いとする別佛別經の宗派は皆敵手とならなければならなかつた。何んでも善いことはみな取り入れる(普)、善いことの中で取捨選擇(別)をなすべきでないといふことから、更に進んで善いことでも取捨撰擇をすることは惡いことだといふやうになつた。こんな風で、三階教は佛教の諸派中でも、餘程毛色の變つた宗派であつた。

この別法を捨てゝ

普法を取るといふのが三階教の根本主義

であつたが、この普法佛教によりて當時に於ける佛教思想に一大變動を與へた。そして俗人の間にも普法によりての普行といふ思想を鼓吹し、現に日本佛教に來て異常の意味を有つやうになつた「同行」といふ語を使つて、その百塔寺でも無盡藏院でも、非常な教勢を擴張することゝなつた。そしてなぜ普法や普行でなくては救はれぬとしたか。それはすべて末法の時代には普通の佛教ではその目的が達しかねるものと觀たからであつた。

三階教は佛の入滅後の時代を三階段に分けたこと。

其の第三階段の末法には普法以外に解脱の道がないとしたこと。

この普法が佛教の本質であり根本であるとしたこと。

普法の反對は別法で、一佛や一經だけを尊しとすることは直接その餘の佛や經を謗らなくとも、間接には謗つたも同然だとしたこと。

佛や法を謗るやうになる佛教は無用だとしたこと。

そこで當時の佛教を無効だとして、末法に於ける佛教の維持は普法以外にないとしたこと。

同時に末法には正しき政治が行はれないとしたこと。

そこで佛教の内部からは勿論、當時の爲政者から度々禁壓されたこと。

普法に基いて普佛を極端に推し廣めた結果、誰れでも佛だどいふことになり、生きとして生けるもの、凡てを佛とした こと。

その爲めには山林に隱遁してゐては佛に會ふ機會が少いと云ふので、人々の多く集まる都會を中心としたこと。

三階教の主張や實行を詳說することは拙著、「三階教之研究」(昭和二年六月岩波書店出版)に讓るが、以上に列擧した諸項目によりて、先づ三階教は隋唐時代に於ける

全佛教の改革運動、全佛教の再評價の思想

であつたことが明かであらうと思ふ。三階教の財產觀を具體的に表した無盡藏院も亦この教義から出たものであつた。

二

三階教が隋の開皇(五八一—六〇〇)に興つてから間もなく、隋末唐初にかけて、一方には千古の豪奢を極めて、人民は疲勞し、府藏は空虛となつた隋朝と、他方では無所有と施行とを鼓吹して無盡の財寶を蓄積した三階とは苛斂誅求と無所有思想とのまことに好い對照と謂はざるを得なかつた。

支那歷代帝王中、その謚に、暴虐を意味する煬といふ謚號を以て呼ばれた隋の煬帝の如きは全く異例であつた。日本から「日出づる處の天子、書を日沒する處の天子に致す」と書いてやつたので、帝之を覽て悅ばず、鴻臚(外務部)に詔して、蠻夷の書で無禮の者は奏する勿れと云つたと支那の歷史に傳へてゐるのはこの煬帝の時であつた。煬帝は隋の高祖、文帝の子で晉王廣と云つたが、先づ兄の勇が太子であつたのを廢して自ら太子となり、仁壽四年(六〇四)に右庶子の張衡いふものを使つて、病んで寢て居る父の文帝を弒せしめて、自ら帝位に就いた。即位の後、前の太子であつた兄の勇を縊殺し、又その八人の子を殺した。彼の通濟渠や刊溝を開いて大運河を起したこと、後また永濟渠を開き、大行山を鑿りて馳道を通じたこと、長城を西北邊に築いたことなどは普く知られてゐる事蹟であつた。このような大工事を起してその間に遊苑を作り、離宮を營み、華奢を盡し、日夜遊樂を事とした。その上、大業六年(六一〇)、琉球を伐ち、明年大擧して高麗を攻めた。その在位十三年は殆んど戰爭と土木とに始終し、西苑や毘陵宮に於ける豪奢享樂は古今稀に見るもので、十二の別院、四十九の離宮を設け

數千人の妃嬪を置き 遊蕩の限りを盡した

大業十二年(六一六)の夏、景華宮で螢狩りの遊びを催した時の如きは螢を數百斛も集めて山に放つた、螢の「光りが巖谷に徧ね」かつたと傳へてゐる。晩年、江都に往つた時も要路の官吏はひたすら御馳走の豐かなことと、獻上品の多いことで、煬帝の歡心を買うことに努めた。時恰かもこの江淮の地方では饑饉のために人民が樹の皮を採つ

たり、蔬を摘いて食つたり、甚しきは「自ら相食む」の慘狀をすら演ずる際であつた。そして官倉には豐富な物資があつても、役人共が法を畏れて誰れも賑救に手を着けるものがなかつた。それにも拘らず、江淮郡の高官(通守)であつた王世充が煬帝の意を迎へんが爲めに、密かに江淮の民間に若い女を簡閲し、美人を獻じて煬帝の寵を得た、これでは國が亂れることは當然のことで、群盜四方に起り叛亂相繼ぐ有樣となつた。五月、李淵即ち後の唐の高祖が兵を太源に起してから、間もなく隋朝が亡びることになつたが、煬帝は大業十四年(六一八)三月、臣下の宇文化及のために寢殿に於いて弑せられた。煬帝は江都に來てから特に荒淫益々甚しかつたので、さすがに自らも變の起ることを察してゐた。曾て鏡を取つて自分の姿を見ながら蕭皇后に向つて誰が「この好頭頸を斬る」のかと放言されたので、皇后は驚いてその故を問ふたと傳へてゐる。

元來支那では西洋各國と同じく歷代の帝室に皆姓があつて、革命毎に姓が易る。此の易姓革命の變時のある毎に悲慘な話が殘されてゐるが、煬帝の最後は又特にあはれであつた。帝は臣下に不穩のことあるを聞いたので、一旦服を易へて西閣に逃れたが、捜し出されて遂に寢殿で縊殺された。帝を弑する前、帝の愛子の趙王杲が年僅に十三で帝の側に在つて泣いてゐたが、賊は先づ之を斬つたので、その血が御服に濺いだといふことである。

三

支那では孔子が「富と貴とは、これ人の欲する所なり」といひ、日本では「金錢は親子の間でも他人」だといふ諺の通り、經濟問題ほど人を眞面目にするものは稀れだ。それ程、人は富を欲しがるが、容易に集まらない。若し世に、金はいらないと云つて、而も莫大な金が集まることがあつたならばそれは興味のあることゝ謂つてもよい。「貪欲は一切を得やうとして一切を失つた」例を隋の煬帝に見て、「求めなきはこれ至貴、足るを知るはこれ至富、心を安んずるはこれ至樂」を實現しやうとした三階教の教團は、乞食で錦を着、貧乏人で金を有つた實例の一つであつた。

三階教は佛教の教義に基いて、必要以上の所有を持つな、財寶などはいらないと說きながら、財寶が集まつて仕末に困つた珍しい教團であつた。それは三階教の本山ともいふべき

長安化度寺に設置された無盡藏院の事蹟

がそれであつた。この無盡藏院といふのは、三階教の宗祖である信行の無盡藏行の教義に基いて建てられたもので、太平廣記には唐代の信義が建てたことになつてゐるが、兩京新記には教祖信行の立つる所としてゐる。太平廣記には

化度寺に無盡藏院を置く。貞觀の後、錢帛金玉を施捨し、積集、勝げて計ふべからず。(中略)分つに當つて三分とな

す。一分は天下伽藍增修の備へに供養し、一分は以て天下の饑餒悲田の苦に施し、一分は以て無碍の供養に充つ。

と記されてゐる。即ち化度寺内に無盡藏院を置き、上下の施しを集めて錢帛金玉を積集した。太宗の貞觀（六二七—六四九）の後、この集まつた財寶を三分して、一は寺院の增築や修繕に出資し、一部は鰥寡孤獨乞食等に施與し、他の一分はその他のものに施捨したといふのである。その財寶を棄捨する樣子を記して

士女禮懺、闐咽して捨施す。次でを爭つて更に並ることあるを得ず。車に錢絹を載せて捨て、棄て去り姓名を知らず

と云つてるから、互に先を爭ひ競爭で喜捨したことがわかる。錢絹を車に積んで持ち込みながら、その姓名を告げないで去つたと云ふのである。兩京新記によると「或は擧便あるも亦文約を作らず、但だ至期に往いて還送するのみ」と云つてるから、單なる喜捨ばかりでなく、後世の

所謂一種の無盡であつた樣にも見らるゝ

兎に角、その集まつた財寶によりて「天下伽藍の修理に供し」た所が、「燕涼蜀趙咸な來つて給を取る。每日出す所も亦數ふるに勝へず」とあるから、當時、この無盡藏院が廣く支那の各地方にまで手を擴げた融通機關であつたことが想像さるゝ。餘り莫大な財寶を蓄積したので、偶々貞觀頃に裴玄智なるものが、この藏番となつたのを幸ひ黃金を盜み出した。後になつてそれが知れたので猨の前に狗の頭を置いて食ふなといふのは無理なことで、阿羅漢でない限りは偸むのが當然だといふ詩を殘して逃げ去つたやうなこともあつた。

この無盡藏院が非常な勢で天下の財寶を積集したといふ事實は、則天武后（六九〇—七〇五）が長安にあつたこの化度寺の無盡藏院を東都卽ち洛陽の福先寺に移させたことと、もう一つは玄宗の開元元年（七一三）に勅に由りてこの無盡藏院を毀除さしたといふことによりて裏書きさるゝ。則天武后は、唐の高宗の王皇后と蕭淑妃とを甚だ殘虐な殺し方をしたので、時々不思議なことがあつたが爲めに、神都（長安）よりも東都（洛陽）に居ることを好んだ。その爲めに則天武后は之を東都に移したものであつたらうが、この方は一向に流行しなかつたので止めになつた。併し三階僧の法藏の碑銘からすると、法藏は則天武后の命によりて、長安と洛陽との兩處の無盡藏院を檢校したことになつてゐるから、無盡藏院の洛陽增設は事實であつたと見なければならぬ。それから玄宗の開元

元年(七一三)の無盡藏院毀除の詔は全唐文に載つてゐる

士女の錢を佛寺に施すを禁ずるの詔

といふのであつて聞くならく、化度寺及び福先寺の三階僧が無盡藏院を創め、毎年正月四日、天下の士女錢を施して名けて護法となす。貧弱を濟ふと稱して多く奸欺を肆にす。事、眞正に非ず即ち禁斷すべし。其の藏錢は御史臺京兆河南府に付して勾會して數を知らしむ。明に文簿を爲りて後の處分を待て

といふのである。この中、正月四日は教祖信行の忌日で、三階教籍中、この無盡藏行のことを詳說してゐる。大乘無盡藏法釋に依ると、無盡藏行には大乘行と小乘行と謂つたやうな區別があつて、常樂我淨無盡藏行は時は正月四日、處は化度寺と定まつてゐたやうであつた。それに對する苦空無常無盡藏は時は七月十五日、處は所在の州縣ときまつてゐたやうである。此の詔によると無盡藏院には弊害もあつたやうであるが、何れにしても詔で禁ぜなければならぬ程の勢力となつたことだけは拒むことが出來ない。玄宗は先づ士女の施錢を禁じたばかりでなく、更に進んでこの無盡藏院の財物分散を命じた。それが全唐文に載つてゐる「化度寺の無盡藏財物を分散するの詔」がそれである。その詔によると

化度寺無盡藏、財物、田宅、六畜、並に京城の觀と寺とに散施し、先づ破壞せる尊像、堂殿、橋梁の修理に用ゆべし。餘り有れば常住に入れて私房に分與することを得ざれ。貧しき觀と寺とに從つて給せよ。

とあるから、無盡藏院の財產には田宅や六畜もあつたことがわかる。それから其の財產を分散したのは都の佛寺ばかりでなく道教の(觀)にも配給されたもので、それによりて佛像ばかりでなく道教の天尊像なども修繕された樣子である。その他、堂塔伽藍や橋梁などの修繕にも使はれた。斯く配給して尚餘りがあつた時は一個人に分配してはならぬ。公共のものとして貧しき寺や觀に支給せよといふのである。要するに三階教の無盡藏院は、玄宗の開元元年(七一三)に、勅によりて先づこれを閉鎖せしめて、その財產を京城の諸寺に分散させた。兩京新記には「其の事遂に廢す」とあるから無盡藏院はこれで全然無くなつて仕舞つたようである。玄宗の治世中に

更に三階教に對し第二回の壓迫を加へて

開元十三年(七二五)六月三日に、今迄、諸寺の境内に在つた三階院が、他の寺院との間に隔障を設けて置いたのを取り毀たしめて、三階僧も他の普通寺院に住んでゐる佛僧と交通さするようにした。その上、三階敎籍の流行を禁斷して、當時の僧侶取締りの職に在る綱維に命じて、三階敎の傳播を取締らしめ、若し其儘にして置くものは克く取り調べの上に還俗さするといふ、仲々峻烈な命令であつた。それだから玄宗の三階敎禁壓は三階敎の敎籍も僧侶も寺院も壓迫を受けた。特に無盡藏院はこの時に閉鎖の厄に遭つた。併し玄宗の在位、四十五年中、開元三十年間の治績は太宗の貞觀の治世に比較さるゝ程、有名なものであつたが、天寶(七四二—七五五)になると玄宗は丸で別人のやうになつて、揚貴妃が入内する。玄宗は宴遊に耽る。次いで安祿山の叛亂があり、玄宗の開元嚴禁も三十年に過ぎなかつた。そして代宗の大曆(七六六—七七九)頃になると三階敎が復た勃興して來た。

隋唐時代に於ける三階敎の壓迫は、隋の文帝から始まつたしかし、文帝は三階敎を禁じた年に弑せられたし、

則天武后の兩度の迫害は僧侶の策動から

來たものらしい。即ち武后自らは無盡藏院の眞似をしたり三階僧の法藏に命じて無盡藏院を檢校せしめたりしたことから考へると、この時の迫害は決して徹底的のものでなかつたらしい。そして武后はその第二回目の禁斷後、僅か五年、位に在つたのみである。

斯くして三階敎は數々壓迫を受けたがそれによりて滅びなかつた。いつもそうであるやうに、滅亡の禍因は外から來る壓迫ではなくして、内から出る腐敗であつたやうである。

四

無盡藏のことは、元華嚴經の菩薩十無盡品第十八に十種の無盡藏を説いてゐる。それは信と戒と慚と愧と聞と施と慧と念と持と辯との十藏の無盡を説いたもので、姑くこの十藏の第六、施しがどうして無盡藏行となるかと云ふに、先づ第一の施法とは菩薩の施しは所有するすべてのものを他に施して自分の爲にしないこと。第二の最後難施法とは自分が死んで他の爲に施すこと。第三の内施法とは自分の生命を施すこと。第四の外施法とは王位を始め身體外の所有を施すこと。第五の内外施法とは生命と所有と並び施すことをしてゐる。第六一切施法、第七過去施法、第八未來施法、第九現在施

法、第十究竟法で、第十の究竟施法とは一念も貪惜の心なきを言ふのだとしてゐる。

全體華嚴經は人間の最高最大最深の理想

とその實行とを説いたもので、普賢行願の究竟圓滿といふのがそれである。生きとし生きるもの卽ち衆生は一體絶滅すべき筈がない。縱ひこの現實の世界が壞れて無くなつても、他界には衆生が居るから、世界無始無終であると同じく衆生も亦無始無終である。しからば衆生無邊でも誓つて之を濟度するといふ菩薩の誓ひからすると、この限りなき衆生を救ふといふことがその理想でなければならぬ。そこで限りなき無盡の衆生を救ふが爲には限りある理想卽ち願であつてはならない。從つてその理想の實現卽ち行も亦限りあるものであつてはならない。同樣に衆生に限りのない以上は、衆生の因つて現はれて來る煩惱も無盡であり、業も無盡であり、時も無盡であり、世界も無盡である。この無盡の世界と人生とを對象として考へると、何をするにもこの無盡の考へと行ひとが根底とならなければならない。一人で一時に全世界の空氣を吸ひ盡すことは不可能のことだが、吸ひ盡す考へと行ひとで無盡の時の努力を續けなければならない。それ故に、その願と行とは何時までも盡きることがないといふ願行でなければならない。みんなその理想と行ひとを爲す事となれば宇宙の淨化は直ぐ出來る。所謂、法界緣起の無盡藏行でなければならない。三階敎の無盡藏行も亦この意味であつた。そこで信行の遺文にも身命財を頓捨して直に成佛に到るとしてある通り、無盡藏行を先づ第一に施して、實行しやうとしたものである。そして當時それを實行した人として、信行の遺文に慧定、道進、王善行、王善性の四人の名を列ねてゐる。この四人の傳記は今迄のところまだ判然しないが、慧定と道進とは僧で他の二人は俗人である。何れ名高い僧や信者でなく實行家であつたことだけは確かである。

信行の傳記はいろいろあるが、その歿後に間もなく建てられた碑文によると、「春秋五十有五、開皇十四年正月四日を以て、眞寂寺に卒す」とあるから、五十五歲でなくなつたことがわかる。眞寂寺といふ寺は隋朝の名臣の一人であつた僕射高熲の建てた寺で、隋文帝の開皇八九年頃、信行が河北の相州から都に上つて來た時に、高熲が信行を迎へて居住させた寺であつた。この眞寂寺が後に化度寺と稱せらるゝやうになつたもので、韋述の『兩京新記』に「其化頗る行はるゝが故に化度寺となす」と云ふてゐるから、三階教は當時强い傳道力を有つてゐたことがわかる。信行は開皇十四年正月四日にこの寺で歿くなつたが碑文には

即ち其の月七日を以て柩を雍州終南山鵄鳴埠屍陀林所に送る。身肉血を捨て丶無上道を求む。生きて施し、死して施し、大士(菩薩)苦行の蹤あり、内財外財、至人爲善の跡あり、と記しゐる。

三階教は施しを以て重要行事としたから

その教祖の屍を林葬法によりて野に棄て丶鳥獸に施したものである。尤もこのやうな行蹟は獨り信行に限られた芳躅ではなくして、支那の高僧傳中の亡身篇や、その他にば幾らもある。然し、信行のはその主張の三階教旨に基いて、無盡藏施の一つとして行はれたものであつて、普通のとは趣きを異にしてゐる點がある。生施、死施、内財、外財皆悉く施すといふのは前述の華嚴經の意から明かであると思ふ。そして信行自らが存生中に、無盡藏施として何をしたかは傳記には餘り判然してゐないが、信行の遺文、即ち傳道書簡によると、それに關して詳細に三階教徒の心懸けを說いてゐる。

五

左にその遺文の大要を敍べる。

先づ經典に基いて何が大乘佛教の眞意であるかといふと「普遍」「窮盡」の理想と行ひとでなければならない。「別を廢して惣に就く」普遍主義でなければ、眞に大乘の教意に合致するものとは言はれない。

「別を廢して惣に就く」普遍主義は大略四項

となる。一は境盡、二は行周、三は人是、四は處當だとした。先づ境盡といふのは大乘佛教の理想を行ふ對象は一二の佛や經でなく、佛法僧の全體及び一切の衆生界(盡衆生界)であるといふのである。第二の行周とは施しを始め六度を行ふことで、それも「法界行」として箇別的でなく全般的であるべきものとした。たとひ施しは個別的であつても、その施しの精神は誰れにでも施すといふ限界なしの心持でなければならぬとした。第三の人是とは佛教の眞意を諒解すること(解眞)と、徹底した行ひ(行深)と、その解と行とを事實にし得る汚れなき性格(病輕)との三條件を具ふる人をいひ、第四の處當

とは宇宙の全體(十方)何處へ往つても中止なく間斷なく善行を續けるといふ意味である。これが三階敎の「普法普佛」といふ思想の根柢であつて、しばらく佛とは何ぞや、といふと、三階敎では、殿堂に安置されたり、經典に說かれたりしてゐる佛だけでなしに、佛、菩薩は種々の姿に身を變へ(化身)して人々を救ふとしてゐるから、佛菩薩の姿でない佛菩薩をも尊むべきだとし、又更に進んでは印度にあつた佛敎以外の外道の神々も廣い意味では佛の現はれであるから正眞の佛ではないが、「邪魔佛」であるとして、それをも佛の中に入れた。又更に一切の衆生は皆佛になるべき性質を具へてゐる。一切の生きとし生けるものには「悉く佛性有り」とは明かに大乘經典に說かれてゐる事柄であるから、佛性即ち佛になるべき種子を宿してゐる人々も佛としなければならないし、

「又佛性だに開發すれば直ぐに佛となれる」

のだから、萬の人は皆佛の候補者で、將來必ず佛になれるといふ約束のある限り、當來佛として尊ばなければならぬ。そうすると今は迷ひの世界で塵にまみれてみすぼらしい姿をしてゐる眼前の諸人は、その儘、佛と想つてよい筈だ。即ち佛想佛だとして、まだ實現しない可能の姿を捉へてみな佛だとした。これは僅かに一例に過ぎないが、三階敎は實に大乘佛敎の理想をそのまゝ現實界に引き出そうとしたものであつた。大乘佛敎はこんなことを言つても差閊がないのかどうかは別篇に讓るが、こう云ふ考へで所有を見たから無盡藏行といふやうなことになつたのである。

六

信行が開皇三年(五八三)に書いた傳道書簡に十六種常樂我淨行といふのがある。その首めは

開皇三年歲癸卯に次る。×××相州光嚴寺僧、信行、普く過去未來現在皇帝陛下××××諸師父母乃至一切衆生の爲に頓に身命財を捨てゝ十六種常樂我淨等一切法に屬せしむ

といふのを書き出しとして、

「所謂、十六種常樂我淨行を詳說してゐる」

十六種常樂我淨行とは一に禮佛、二に轉經、三に衆僧、四に衆生、五に離惡、六に十二頭陀、七に飲食、八に食器、九に衣服、十に房舍、十一に床坐、十二に燈燭、十三に鐘、十

四に香、十五に柴炭、十六に洗浴で、十六行の一々に「願施……無盡日々不斷乃至成佛」と云つてるから佛法僧の三寶供養も衣食住其他を衆生に施すことも、日々繼續して成佛まで絶えず行ふといふのである。時と處と相手とを嫌はず、無盡の施しをするのが常樂我淨行の十六種無盡行だといふのであつて、若し時と處と物と相手とに苟くも差別的偏見があつては、それは無盡行でないとした。常樂我淨とは云ふまでもなく、涅槃經に主說されてゐる大乘佛教に於ける佛の四德をいふので、有限の施行たる苦空無常無盡行とは異ひ、「普施」の眞意を實行するものだとした。そしてこの十六種は互に融通し合つて大きな功德となり、單にそれを行つた人が無盡行を實行し得るばかりでなく、その事に與つた人(同行)も、贊成した人(隨喜)も乃至は之を見たり聞いたりした人も、皆その功德に均霑することが出來、その上、かゝる淨き施しを貰つた人も、亦その功德に與り得るものとした。そしてこの意味での施しを完ふした人は前述の慧定等の四人だと云つてる。要するに一輪の花も美しいが、一輪だけでは花園は造れない一輪を一輪とせずに限りなき宇宙全圓の花園からの花であると觀て、その一輪の花を捧げると云ふのである。一幅の横軸に一輪の花を點じて、宇宙全體の灑洒を味ふと謂つた心持ちである。化度寺内に設けられた無盡藏院はこうした意味から出來たもので、たとひ些細なものでも、この意味での施しは限なき功德を積み得るものとした。隨喜や見聞までが、その功德に與り得るものとしたから、士女が先を爭つて施しをやつたといふのも當時としては無理からぬことであり、この意味での無所有といふ考へは現代でも意義あることと思はるゝ。この

無盡藏の意義を解釋した三階教の書物に

菩薩、大悲心によりて無盡藏法を立つ。六波羅密には檀度(施與)を初となし、四攝行中、布施を首となす。上は諸佛に同じ、内は法身に應じ、外は衆生を利す。法界を窮盡して衆生界盡くれば、此の藏乃ち盡く。法身盡くること無ければ施行無窮なり。境界に由つて常行相續するが故に無盡の名を立つ

と云つてるのがそれである。

民間の金融機關たる日本の無盡も講や會と關係してゐて、元は佛敎から出たものゝやうであり、三階敎の無盡藏行に就いても尙記さなければならぬこともあるが、それ等の詳しいことは拙著『三階敎之研究』に讓る。

支那墨寶餘影

矢吹慶輝（1879—1939）

《支那》21-10' 1930

支那墨寶餘影

文學博士 矢吹慶輝

曾つて大正十一年から十二年にかけて、ロンドンの大英博物館で啓明會の補助の下に、自分としては第二回目のスタイン氏蒐集の西域特に燉煌寫本を調査してゐた時、偶々訪ねて來られたロンドン東洋學校長ロッス氏が、「世人は芝居よ活動よで、只管、享樂を捜し索めてゐるが、吾等に取りては石室出土の殘簡零篇の中に、その時代と地點と人物とを復活さして古代の活劇をさながら眼前に髣髴さすることの出來のは、實に愉快なことだ」と言はれたが、燉煌古寫本渉りが皆悉くそのやうなものではないが、それに當るものも決して鮮くはない。

燉煌は現世紀に入つて僅々二十餘年間に遽かに世界の東洋學者の注意を喚起するやうになつた地名でその石室から出た夥しき古寫本は現に英、佛、支、日の間に分散してゐる。そしてスタイン氏蒐集燉煌石室本は零簡殘篇までを合せると約八九千點になるそうだが、その中で佛敎に屬するもので、且つ序か跋かに年號を有つてゐる寫本の最古のものでは、建初元年筆寫の十誦比丘戒本がある。これは大英博物館東洋部副主任のジャイルス氏もそう云つて居られたし自分の調べた中でもそうであつた。この建初は「建初元年歳在乙巳」といふ干支からすると、佛敎が支那に渡來してから建初といふ年號が前後三回ある中で、後蜀李特と後秦姚長との建初（前者は西紀三〇三、後者は三八六の改元）ではなくして、西涼李暠の建初（西紀四〇五改元）と推算さるる。李暠は初め效穀令から身を起し、北涼王段業に事へて燉煌太守となつたが、晋安帝の隆安四年（西紀四〇〇）に自立して涼公と稱し又王に進み、燉煌酒泉二郡に據つて藩を晋に稱した。そして東晋義熙元年（西紀四〇五）に改元して建初と云つたが、同十三年に暠が死んでその子の歆が立ち、間もなく北涼王蒙孫のために亡ぼされたから、この年號は僅か十餘年間續いた地方的のものであつた。この寫本の中で梵語の飜譯に當時の支那を指して「秦」と云つたり「晋」と云つたりしてゐるにも拘らず、年號だけはその地の支配者李氏の建初の年號を使つたことがわかる。

暠は文學を好み令名があつたので、偶々今の西安府即ち當時の晋昌の太守であつた唐瑤が叛した際、その打手の側に在りて次第に勢力を加えたが、自ら涼公と稱したのは術數家から「君、位人臣を極むべし」と言はれたのに起因する。この西涼建初の十餘年間に後燕、南燕、南涼、後秦など相次いで亡び兩晋を合せて十五主百五十六年の晋室の亡びたのが、この西涼の亡びた西紀四二一年の前年であつた。

羅什は初期に於いての佛經飜譯に一期を劃した人で、今でもその飜譯が現に各宗の間に行はれ、その中でも有名なのが阿彌陀經、妙法蓮華經等であるが、羅什が長安に入つたのが弘始三年（西紀四〇一）で、法華經を譯したのがこの寫本の書かれた建初元年の一年後であつた。所が秦僧阿道が高勾麗に傳道に來たのが前秦建元十年（西紀三七四）であり、魏の曇始が經律數十部を齎らして遼東に傳道に來たのが四世紀末だから、恰かも遼東や朝鮮に佛敎が傳はつた頃の寫本である。それから之を寫した成具といふ僧は、一時廬山の惠遠が止住したことのある江陵上明寺に居つた律學に精通した高僧であつた。又此の寫本の内容は十誦比丘戒本だが、それが又大藏經中に收められなかつた逸典で現存のものでは恐らく最古の未傳逸典であつた。

それから現存最古のもので且つ未だ曾て世に知られてゐなかつたものに、北魏正始四年（西紀五〇四）に筆寫された勝鬘經の注釋たる勝鬘義記一卷といふのがある。それからそれに次ぐ古い同經の注釋で、北魏延昌四年(西紀五一五)に寫された照法師勝鬘經疏がある。そしてこの照法師の注釋を寫した人は高昌客道人といふから、今の吐魯蕃產れの人で、遙かに燉煌に來て居たものであつたことがわかる。曾つて元祿十六年に日本の道空が、吉藏の勝鬘寶窟を本邦で飜刻した時、今や一千餘年を經て、支那で無くなつたものが日本に殘存してゐることは珍らしいことだと記してゐるが、この寶窟が書かれた時より約百年も前に出て、支那西陲の石室に埋もれてゐたものが、今復た世に出るといふことは稀有のことと謂つても過言ではあるまい。高昌は最近獨逸のル・コク氏が探檢されて既に大部の報告も公にされてゐるが、スタイン寫本中に延壽十四年筆寫の維摩經がある。この延壽といふ年號は普通の支那年表に載つてゐないもので、これは一時此地を支配した麴氏の年號であつた。麴氏はこの高昌の地で百四十四年も續いた所謂支那西陲の豪族で、この時、高昌は中原が鼎の沸き立つやうな騷ぎの圈外に超然として小康を得た國柄であつた。延壽は麴文泰の年號で、その十四年(西紀六三七)は唐の貞觀十一年に當り、その後間もなく文泰の子の智盛の時に麴氏は唐室に統一された。これ等の顚末は近く故羅振玉氏の永豐鄉人雜著高昌麴氏年表に出てゐる。スタイン氏の近著第三回旅行報告たる Innermost Asia にも延壽の年號を有つたものが載つてゐる。

最近民國の胡適教授からその近業(本年四月公刊)神會和尙遺集を寄贈されたが、これはスタイン、ペリオ兩博士の燉煌蒐集寫本を基礎として神會に關する新研究で、支那の禪宗史を見直すべき幾多重要なる發見が報告されてゐるが、其資料中に引かれてゐる古本六祖慧能大師の法寶壇經は自分から送つた寫眞に據つて研究されたもので、此古本六祖壇經は現流行本に比較すると、古本は紙數も約半分位で內容も亦頗る簡單であり、胡適氏はこれを神會の編作とされてゐるやうだが、それは兎に角、禪宗史上に重要なる論題を提供するものである。支那の高僧中で最も廣く人口に膾炙した名は達磨大師であるが、その著述があつたか無かつたかが抑も根本問題であるとしても、曾て書名だけは傳はつてゐたのに現存のものがない。然るに眞僞は別としても燉煌本中に其著述と稱するものが現はれて來てゐる。日本佛教では淨土宗、眞宗などに代表さるる淨土教が大きな潮流を作つたが之を支那佛教史の古い所で纒めたものは北魏の曇鸞であつた。そしてその著述として讃阿彌陀佛偈、略論安樂淨土義、往生論注等が今現に流行してゐるが、この中の或者に對しては、日本の學者の中で和製説を唱へた人もあつた。しかし燉煌から唐景雲の年號付の寫本が出たので和製説は最早成り立たなくなつた。昨年日本で千二百五十年忌を勤めた唐の善導の著述なども燉煌本の中に交つて存在してゐる。

支那六朝の思想研究には攝論宗や地論宗や涅槃宗や三階教の各派の研究を必要とするが、今日材料の缺乏のために周密に手が屆かない。三階教の如きは全く燉煌本に據つて漸くその教史なり歴史なりが明かになつたが、これからは他の佛教諸學派の新研究にも、恐らく燉煌本から光を投ずるやうなことがあるやうに思はれる。支那では道教が盛に僞經を製作したが、佛教内部からも數多の疑僞經が出た。時には佛教聖典中の五分の一が怪しい經典であつた場合もある。だから歴代それ等の疑僞經は除棄し焚棄したが、その中には當時の思想なり運動なりに重要な役割を演じたものもあつた。だからそれ等の資料は特に重要のものが鮮くないが、惜しいことに散逸して仕舞つた。然るに自分の知つてる限りでも、燉煌から三四十部のこれ等の疑僞經が發見された。彼の武周革命に有力な口實を與へた證香火本因經の如きは、全く武周革命の隱れた秘史であつた。それから今日では全く亡びて無くなつたが、第三世紀頃の世界的宗教であつた摩尼教の教籍斷篇もある。その中に今日エスを耶蘇と漢譯してるのが夷數となつてゐる。唐代にはエヌを夷數と音譯されてゐたことなども興味あることと謂つてよい。

自分は近くスタイン氏蒐集佛典古寫本の中から現に世に傳へられなかつたもの（未傳佛籍）、及び古記録にその名を存じて今傳はらないもの（古逸佛典）、その他稀覯寫本類約二百點ばかりを集めて、鳴沙餘韻としてその影印と解説とを岩波書店から公にするつもりであるから、詳しいことはそれに讓ることにする。

建初元年筆寫燉煌出土十誦比丘戒本に就いて

矢吹慶輝（1879—1939）

《大正大學學報》6，1930

建初元年筆寫燉煌出土十誦比丘戒本に就いて

矢吹慶輝

一、

大英博物館藏、スタイン氏蒐集燉煌出土寫本中、本寫本の如き(一)は種々なる意味で珍重さるべきものの一つであるが、左の數項の如きは、廣くは支那初期佛教や古代燉煌佛教の研究、就中支那に於ける戒律初傳の研究上、重要にして且つ興味少からざるものと思はれる。

一、スタイン氏蒐集燉煌石室本の中で、姑らく年號を有つた寫本として、この失題斷片は建初元年の筆寫にかかり、今日迄に知られた範圍内では、スタイン蒐集本中、年號を有つ佛典寫本中での最古のものたること。(二)

二、本寫本の跋文からすると、成具が手寫したことになつてゐるが、若しこの成具が梁高僧傳明律篇の僧隱傳附見に載つてゐる成具だとすると、本寫本は、成具律師の親筆となるから、實に稀代の靈寶たるべきこと。

三、僧傳や出三藏記集などからすると、龜茲や燉煌地方では、持律が嚴格であつたやうに傳へられてゐるが、この古戒本の跋文が偶々之を裏書してゐること。

四、本寫本は首部破爛の失題殘卷なるも、その內容は十誦比丘戒本で、恐らく現存の羅什譯、十誦比丘波羅提木叉戒本以前の譯出（或は撰出）にかかり、藏外の逸典として、現存十誦比丘戒本中の恐らく最古にして且つ未傳の逸典たること。

五、支那に傳はつた諸部（四部）の律藏中、廣律も戒本（戒心）も羯磨も、その用語は大體一定してゐるのに、この戒本は波羅夷僧殘等の普通の篇目聚名と異つた、古い音義譯を保存してゐること。

詳細の點に就ては全文公刊の日を期するが、この拙篇は、全く上記諸項を出來るだけ判明せしめて、要するに

六、この十誦比丘戒本が、主として支那に於ける傳律上の地位を究明しやうとするに在る。

二、

先づ筆寫の年代から稽査することにする。寫本の跋文に曰く

建初元年歲在乙巳十二月五日戌時、比丘德祐於敦煌城南受具、和上僧（法）性(三)、戒師寶意教師惠觀、時同戒場者、道輔惠御等十二人、到夏安居寫到戒諷之文、成具拙字而已、手拙用愧、見者但念其義、莫咲其字也、故記之

と。「戒颯之文」とはこの戒本のことで、この戒場では三師七證或はそれ以上であつたか、將た三師二證であつたかは明文がないが、戒の三師（戒和上、羯磨師、教授師）は明記されてゐる。或は此時徳祐が具足戒を受け、十二人がその證明師であつたのか、將た同時の受戒者であつたのかは判然しない。孰れにしても、この戒本を寫したのが成具で、筆蹟が拙いから、之を讀む人は意義を取つて字の拙きを笑はぬやうにとの謙辭を叙べてゐる。兎に角、建初元年の頃、燉煌地方では正規に具足戒を授受してゐたことがわかる。彌天の道安は、後に引いてるやうに、比丘大戒序の中で、「大法東流して其の日未だ遠からず、我が諸師、始めて秦に受戒す」と云つてるが、これ等の資料の聯鎖には先づ本寫本の年號を確定する必要がある。

支那の歷史で、建初といふ年號は少くとも前後四回程表はれてゐる。その中で、後漢章帝の建初（七六―八三）は、漢明永平十年（六七）後、間もないことであるから、本寫本に關係がないとして、第一、晋惠帝太安二年（三〇三）に、後蜀李氏が建初（三〇三）といつたのと。第二、東晋孝武帝の太元十一年(三八六)に後秦姚萇が長安を常安として之に都し、改元して建初（三八六―三九三）といつたのと。第三、東晋安帝義熙元年（四〇五）に、西涼李暠が建初（四〇五―四一六）といつたのと、合せて三つの建初の中で、この寫本の建初元年は干支の推算上から、西涼の建初元年、即ち東晋の義熙元年（西紀五〇四年）である。

李暠は初め北涼王段業に事へて燉煌太守となつたが、晋安帝の隆安四年（四〇〇）自ら涼公と稱し又王に進み、燉煌酒泉の二郡に據つて藩を晋に稱した。東晋義熙元年（四〇五）に元を改めて建初と云つたが、同十三年に暠が死んでその子の歆が立つて、北涼王蒙孫の爲めに亡ぼされた。だからこの西涼建初は僅か十餘年の短日月の間で、支那の佛敎史藉に親しい後秦の建初（三八六—三九三）元年は西凉のそれを距る約二十年前であつた。本寫本殘篇中、九十波逸提の下で、麻油蘇の註に「麻油蘇者非₂是秦地麻油蘇₁也」とありて、晋代の寫本であると一見秦本のやうでもあるが、同じく七滅諍の下で、「阿提迦羅尼晋言七〇〇法也」とありて、晋代の寫本であることを語つてゐる。しかし後秦の建初元年（三八六）は丙戌で、乙巳に合うのは西凉の建初元年（四〇五）のみである。年號は西凉に依つたが、中土を晋と言つたり秦と言つてる所にも興味がある。そこで西凉の建初元年即ち東晋の義熙元年（姚秦の弘始七年、四〇五）とすると、法顯が長安を發して印度に向つたのがその七年前の隆安三年で、羅什が長安に來たのが、その五年前の弘始三年（隆安五年）で、特に罽賓僧、弗若多羅が、長安で十誦律五十八巻を譯したのが、その前年の弘始六年（元興三年）で、秦主、姚興が逍遙園で羅什から佛經を説くを聽いたのが、義熙元年（四〇五）即ち姚秦の弘始七年であつたから、恰かも支那佛敎史が色々な意味で、漸くその本舞臺にかゝり始めた時で、秦僧順道が、秦主符堅の命により、佛像經論を齎して初めて高勾麗に佛敎を傳へたのが、西紀三七二年であつたから、第四世紀末から第五世紀初頭に於ける、燉煌から朝鮮までの佛敎文化東漸史を念頭に置いて今この寫本を觀ると、活きた聖劇を眼前に髣髴さするものがある。要するに羅什譯經時代の筆寫殘本であるから、洵に稀覯の珍寶と謂つても過言ではあるまい。

三、

それから次に筆寫の成具のことであるが、全體支那僧傳では、燉煌や龜玆から來て中土で活動した高僧や學僧にはそれぞれ傳記が殘されてゐるが、その地で歿した人々に就いては今日まで明かにされてゐないものが多かつたやうである。彼の金剛、起信、百法等の經論に注釋を書いた曇曠の如きもその一例である。(四) 從つて上記の跋文に出てゐる人名が合せて七人であつて、それ等は傳記を殘すに足るだけの高僧でなかつたのかも知れないが、何れにしてもその傳記が判然しない、が姑らく成具といふ名の高僧を支那僧傳中に捜ることにする。

慧皎の高僧傳は漢明の佛教初傳以來、梁の天監十八年に至る四百五十三年間の高僧、二百五十七人、傍出附見二百餘人、併せて五百人足らずの傳記を錄したものである。その第十一卷明律篇に本傳十三人を傳へてゐるが、その內、釋僧隱傳附見に成具の傳片を載せてゐる。

時江陵上明寺、復有二成具律師一、亦善二十誦及雜心阿毘曇等一(六)

この成具律師が果して本寫本の寫手であつたかどうか。

僧隱は一時江陵の琵琶寺に居り、成具は江陵の上明寺にゐたから、同時同處にゐた關係で、成具が僧隱の附見に載つたものであらうが、同じ明律篇、智稱の傳に、稱が、

後東下二江陵一、從二隱具二師一更受二禪律一、値二義嘉構亂一、乃移二-居京師一、遇下穎公於二興皇一講上レ律、稱諮二決隱遠一、發レ言中レ詣、一時之席莫レ不二驚嗟一(七)

と云つてる。この隱具二師といふのは、言ふまでもなく僧隱と成具とを指したもので、穎公は、齊の建元四年(四八二)に六十七歲で歿した法穎を指したものである。法穎は十誦戒本及び十誦羯磨を撰した人で十

誦律を弘むる上での功績者であつた(八)。それ等の事情からすると成具も當時に於ける明律の代表であつたと謂つてよい。

全體、智稱は、高僧傳の著者（慧皎）をして、「齊梁之間、號稱二命世之學徒一(九)」と讚せしめた人で、元と武人で、頗る弓馬を好み、十七歳で王玄謨申垣に隨つて、北方の獫狁を討伐したが、兵を交へ刄に血ぬる毎に「人を害して自ら濟ふは仁人の志に非る」を嘆じ、後ち瑞應經を讀んで深く感悟し、「百年期せず、國城重きに非るを知り」、南㵎の禪房宗公に就いて五戒を受け、宋孝武（四五四―四六四）の時に三十六歳で益州の仰禪師を師として蜀裴寺で出家した。隱具二師を尋ねたのも、法穎に師事したのもその後のことであつた。それから成具が止住した江陵（湖北道荊州）上明寺は、その昔慧遠が居つた寺である。慧遠がその師、道安と共に襄陽の檀溪寺にゐた際、偶々、秦主符堅が長安から、その將、符丕を遣して襄陽を陥れた爲め、道安はその友、習鑿齒と倶に北行を強いられて長安に去ることとなつた。その折、慧遠は慧持、曇邕等と共に荊州に下り、上明寺に留まつた。後、羅浮山に向はんとして、途中、潯陽で、廬山に永住の決心をするやうになつたもので、遠が道安に袂れて荊州に入つたのが、東晉孝武の太元四年（三七九）、四十六歳の時で、廬山に隱れたのが太元九年（三八四）五十一歳の時であつた。慧遠は義熙十二年（四一六）八月六日に八十三歳で歿したが、その臨終に方りて、耆德が豉酒を飲んで病を治せんと請ふたが、「許さず」。そこで米汁を飲むことを請ふたが、又「許さず」。更に密和水を飲まんことを請うたが、律師に命じて律文を探らせ、「卷未だ半ばならずして終ふ(一〇)」と傳へられてゐる。當時傳律尚未だ備らなかつた時代に、慧遠が持律を重んじたことはこれでつてよい。偖て、高僧傳の成具と同時代の高僧から見ると、僧隱は「春秋八十」といふの外、寂年は判然しないが、涼州の玄高法師を師としたから、燉煌出の成具とは生地が近かつた人である。智稱は齊の永元二年（五〇〇或は同三年）に七十二で歿したから、その出家の三十六歳は宋の大明七年（四六三）頃となる。若し寫本の成具だとすると、智稱が尋ねた時は可なりな老僧であつたことになる。寫本の後記から見ると成具は燉煌の人であつたらしいが、前の法顯も亦「姓は索、燉煌人」十三で出家して涼洲の公府寺に住し、「同學法力と倶に律藏を以て名を知らる」といひ、元嘉の末、孝武の時、都邑僧正となり、齊高の卽位するや、勅により て僧主となつたといふから、燉煌から出て來て、律僧として中土に名を成したことには別に異しむべき筋はない。から考へると、寫本の成具は、後の上明寺の成具であつたと推定しても可いやうである。併しこれは姑らく西涼建初元年（四〇五）說に依つて、其頃、成具は大戒を受け得る年齡に達してゐて、宋の大明頃に江陵に來てゐたものとしての推測である。尤も僧傳の成具と寫本の成具とは全く別人だとすれば、問題はないわけだが、成具といふ名は餘り有り觸れた名でないから、一往、明律篇の成具として置く。

四、

漢譯律藏に使用されてる重要術語は殆んど一定して居て、單に音譯義譯の相違から、譯人や譯時の疑はしいのを判定することは、普通に困難とされてゐる。この點から視ると、燉煌本に使用されてる術語の音義譯には珍らしいものが多い。

燉煌戒本の結文に

佛言我已說二戒經一、尼塡尼法已說、四波羅移法已說、十三僧迦衞尸沙法、二阿尼竭法、三十尼薩祇波失提法、九十波失提、四波梨提舍尼、憎祇羅識叉憂摩法、七阿提迦羅尼法、此法悉入二諸經一云云

とありて、

一、波羅夷（pārājika 斷頭或は棄）を波羅移とせること。二、僧伽婆尸沙（梵 Saṁghāvaseṣa 巴 Saṅghādisesa 僧殘或は衆殘）を僧迦衞尸沙とせること。三、不定（Aniyata）を阿尼竭とせること。四、尼薩耆波逸提（梵 Naiḥsargikaprāyaścittika 巴 Nissaggiyapācittiya 捨墮）を尼薩祇波失提とせること。五、波逸提（梵 prayaścittika 巴 pācittiya 單墮）を波失提とせること。六、波羅提提舍尼（梵 pratideśaniya 巴 pātidesaniya 向彼悔）を波梨提舍尼とせること。七、衆學（梵 Śikṣākaraṇīya 巴 Sikkhākaraṇīyā）を僧祇羅識叉憂摩或は衆學として、「僧祇羅多識叉學也憂摩者法也」と註し、衆學法 第一條に「不得下著泥洹識叉迦羅尼」とあるに對し、「識叉學也迦羅尼習也」と註してゐる。八滅諍 Adhikaraṇa samathā を阿提迦羅尼としてゐること。其他、經末に過去佛の偈を擧ぐるに當り、七佛の名を惟衞佛、式佛、隨葉佛、拘樓秦佛、拘那含牟尼佛、迦葉佛、釋迦文佛としてゐるなども、古譯經の面影を留めてゐる。(二一)

後漢安世高譯と稱せらるゝ、犯戒罪報輕重經には、波羅夷、僧伽婆尸沙、偸蘭遮、波夜提、波羅提提舍尼、衆學戒となつてゐる。又姚秦竺佛念譯の鼻奈耶十卷中には、（一）波羅移（或は夷）、（二）僧殘或は僧伽婆施

（或は尸）沙（秦言衆妾斷）、(三)不定或は阿尼竭、(四)捨墮或は尼薩耆（或は祇）貝（或は波）逸提、(五)波逸提或は貝夜提、(六)跋（或は駿）羅提舍尼或は悔過、(七)尸叉罽羅尼或は不應戒行、悔過となつてゐるが、犯戒罪報經の安世高譯については疑があるが、佛念譯の鼻奈耶の譯語は本寫本と併行して古譯の口吻を存するものと謂つてよい。出三藏記集十一に比丘尼戒に就いて、跋（或は駿）賴夷、僧迦衞尸沙等の音譯語を傳へてゐるのも同様である。

又具足戒の分類に就いては、普通に五篇七聚の名目がある。五篇は波羅夷、僧殘、波逸提（尼薩耆波逸提を含む）、提舍尼、突吉羅（梵 Duṣkṛta 巴 Dukkaṭam）で、五篇の第三位に偸蘭遮（梵 Sthūlātyaya 巴 Thullaccayā 大障善道）を加へて六聚となし、突吉羅の一を惡作（身）と惡說（口）とに分けて、六を突吉羅、七を惡說（梵 Durbhāṣita 巴 Dubbhāsita）となして七聚とする。そして本寫本にも突吉羅の譯語が出てゐる。然るに本寫本末尾、跋の直後に、戒三誦と戒五偏のことを附記して、

戒五偏者、四事一、十三事二、三十事九十事三、波利提舍尼第四、衆學法乃至釋迦文佛說是第五偏也

といつてゐるのは、初四篇は普通であるが第五偏は少しく異つてゐる。

五、

以上數節の叙述に於て、本寫本が十誦比丘戒本だと云つたが、失題殘卷たる寫本の何處にも十誦比丘戒本と明記してゐない。だから次に之を十誦比丘戒本だと斷定する内容上の調査をする必要がある。それには諸

部の廣律や戒本の戒數や戒相の比較をする必要がある。しかしそれは一々本文の對照をしなければならないので、本篇では單にその輪廓に過ぎない概略を擧げるに止め、詳細は本文公刊の時に讓ることにする。

支那に傳はつた比丘戒卽ち比丘の波羅提木叉は普通に二百五十戒といはれてゐるが、それは正確に定まつた數ではなかつた。だからその總數を定むるに就いては、次節に述べるやうに傳律の初めに疑議があつた。先づ諸部戒本の比丘戒の數からすると、（一）波羅夷に四、（二）僧殘に十三、（三）不定に二、（四）捨墮に三十、（六）提舍尼に四、（八）滅諍に七は、十誦も四分も五分も僧祇も乃至は善見律や巴梨律でも皆同數であるが、（五）單墮と（七）衆學とは諸部の廣律や戒本がその目數に一致を缺き、從つて內容も少しく異つてゐる。一體、衆學法には定まつた數が擧げてないのが通例であつた。だから二百五十戒は四分の說で、十誦では廣律が二百五十七戒、戒本は二百六十三戒となつてゐる。五分は二百五十一戒或は二百五十八戒。僧祇は二百十八戒、根本說一切有部では二百四十九戒、巴梨戒本は二百二十七戒、善見律は二百二十五戒となつてゐる。この燉煌本は（一）四波羅移、（二）十三僧殘（僧迦衞尸沙）、（三）二不定（阿尼埵）、（四）三十捨墮（尼薩祈波失提）、（五）九十單墮（波失提）、（六）四提舍尼（波梨提舍尼）、（七）衆學（識叉孌摩）、（八）七滅諍（阿提迦羅尼）として、衆學が百八戒だから、戒の前後や內容は必ずしも同じでないが、戒條の數からだけ云ふと、總數二百五十八戒で、十誦廣律の二百五十七戒に最も近いものである。左に便宜上、諸部諸本の戒數に一致を缺いてゐる（五）單墮と（七）衆學との擧數不同を表示する。[二三]

	四分戒本	十誦戒本	十誦廣律	燉煌戒本	五分戒本	彌沙塞戒本	僧祇戒本	有部戒本	巴梨戒本	善見律	梵本(1)	優婆離問(2)	鼻奈耶(3)	解脱戒本(4)
單墮	90	90	90	90	90	91	92	90	92	90	90	92	90	90
衆學	100	113	107	108	108	100	66	99	75	75	113	缺	113	96
總數	250	263	257	258	258	251	218	249	237	225	263	215	263	246

(1)ペリオ本、(2)劉宋求那跋摩譯、(3)姚秦、建元十八年)竺佛念譯(十誦廣律の異譯)、(4)元魏瞿曇般若流支譯

等であつて、比丘の具足戒は、古譯の多くが二百五十戒以上になつてゐる。この中で五分戒本のみが、燉煌本と併行して、相倶に單墮と衆學との數も等しいし、總數も同じであるから、當然、燉煌戒本はこの五分戒本の異出ではないかといふことになるが、戒條の內容からすると、燉煌戒本は十誦戒本であつて、五分戒本ではない。[三]

元來、僧祇と五分とは單墮にそれぞれ九十二、九十一(或は九十)を數へ、その第九十一廻僧物與餘人戒は、十誦と四分とが倶に九十を數へて、この第九十一戒を缺いてゐることになつてゐるが、燉煌本も單墮九十戒で、先づ僧祇や五分の戒本でないことを語つてゐる。それから五分律に特有な單墮第五十八の輕師戒も本寫本には缺けてゐる。又僧祇では單墮中の第六十七に以指相指戒があつて、十誦、四分、五分に缺けてゐるが、同じく燉煌本にも闕けてゐる。だから燉煌本は僧祇、五分でないことは明かで、更に四分は衆學法が

百事であるのに、燉煌本は一百八を擧げてゐる。これは十誦律の一百七衆學法(但し羅什譯戒本は一百十三)に近似してゐる。だからこの點だけから見ても、燉煌本は最も薩婆多部系十誦戒本に近いもので、文章は符節を合するやうには往かないが、先づ戒數や存缺から見て、十誦比丘戒本と斷定すべきである。尙、當時の事情からしても、十戒比丘戒本と推定すべきものであることは、姑らく次節に讓る。

本寫本の現存部は四波夷、不婬戒の一部以下を存し、同じ十誦比丘戒本でも羅什譯に比べると、文相が頗る簡古である。姑らく四波夷の第三不殺戒文を取りて兩者を較べると。羅什譯では

若比丘、若人若似人、故自手奪命、若自持刀與、若敎人持與、若敎死若讚死、若如是語、咄人用惡活爲死勝生、隨彼心樂死、種種因緣敎死讚死、是人因是事死、是比丘得波羅夷罪、不應共事。

とあるが、燉煌本では

若比丘、自手殺傷人命、持刀授人、敎人自殺、嘆死惡活、常懷殺意、若干方便、務欲成殺犯、如是者波羅夷

となつてゐる。又十三僧殘の第二摩觸戒文を比較すると、羅什譯では

若比丘、婬亂變心、與女人身共合、若捉手、若捉臂、若捉髮、若捉一一身分、若上若下摩著細滑、僧伽婆尸沙

とあるが、燉煌本では

若比丘、亂意起手、觸女人處身體、第一僧迦衛尸沙

となつてゐる。尤も燉煌本が毎時でもこのやうに簡潔とは定つてゐない。例へば十三僧殘の第十破僧違諫戒以下の四戒の如きは詳かにその戒相を說いてゐる。しかし概括していふと、文相が簡略であり、語句が古風である。譯文上からすると十誦戒本の別本異譯と謂つても可い。左に本寫本の九十單墮中、第九十戒を比較すると、羅什譯では

若比丘、佛衣等量作衣、若過佛衣量、波夜提、是中佛衣量、長九修伽陀磔手、廣六修伽陀磔手、是名佛衣量

とあり、燉煌本には

若比丘効如來作衣、與如來衣等、波失提、如來衣者、長十肘廣六肘、此是如來衣

として「出二雪山一以南言二佛衣十肘一」、「月氏言二九肘一」等と頗る興味ある附註を加えてゐる。

六、

終りに、この燉煌本は十誦比丘戒本だとして傳律史上にどんな地位を有つてゐるかを搜ることにする。現在、十誦比丘戒本と名けらるるものは藏經中に羅什譯の一卷本のみであるが、ここに問題は前述の通り、燉煌本は羅什戒本でないとして、先づ經錄や僧傳などから見て、十誦比丘戒本は羅什譯以外に、果して幾種あつたか。又この燉煌本はその何れかと關係づけらるるかどうかといふことこれである。

比丘戒本の漢譯に就いて、先づ十誦律系の法顯の弟子、僧祐の出三藏記集には梁代に六種の異出本があつ

たと傳へてゐる。それは

曇摩持誦　　十誦比丘戒本一卷

羅　什　譯　　十誦比丘戒本一卷[一四]

佛陀耶舍譯　　曇無德戒本一卷

法　顯　譯　　僧祇比丘戒本一卷

佛陀什譯　　彌沙塞比丘戒本一卷

と、外に譯人の名を缺いた一本があつて、「校二衆錄一幷云、二百五十戒、有三六種異出一、其一本無二譯名一、入二失源錄中一」と註しゐる。僧祐が異出といつてゐるのは大躰、廣義に於ける「胡本同にして漢文の異る」場合の意味で、失源といつてゐるのは「異出雜經にして譯名（譯者の名）を失するもの」を指したのである。そうして支那に傳へられた比丘戒本は十誦戒本（薩婆多部の戒本）、曇無德部戒本（四分戒本）、僧祇戒本（大衆部の戒本）、彌婆塞戒本（化地部の五分戒本）、解脫戒經（加葉毘部）とで、古來、律の研究上、重要聖典たる四律五論の中、十誦と四分と僧祇と五分との四部の戒本が普通に流行してゐた。さて梁代の僧祐によつて失源錄中に入れられた一本は何部であつたか、ここに明文はないが、當時の事情かちして恐らく十誦戒本であつたらうと推測さるる。

全體、南北朝の終り頃迄、最も流行したものは十誦律であつた。大英博物館藏、燉煌出土、毗尼心一卷[一五]は未傳佛藉の一で、學戒法第一より護持法藏第八までの八章から成つてゐる。その學戒法中に五部律の支那傳[一六]

來を叙べて、その内に十誦律の傳來に關して左の如く云つてゐる。

十誦律、律主名二薩婆多一誦二出此律一、以二秦弘始八年一、有二罽賓國三藏法師一名二弗若多羅一、誦二出十誦律本一、來到二長安一、共二羅什法師一飜二出此律一、譯二一分一未レ竟而弗若多羅身亡、有二廬山遠法師一與二曇摩流支一續飜二出未レ譯者一、後復有二三藏律法師一名二毗摩羅叉一、又亦是羅什先求尋師、自來到二壽春一在二石澗寺一、重校二律本一後出二三卷律一、序置二之後一、此土有二律十誦一爲レ初也

と記してゐる。但しここに云つてる三卷律に關して、費長房は、それは毘尼誦三卷のことで、什譯十誦五十八卷を六十一卷としたのがこの毗摩羅叉であつたと云つてゐる。(一七) 又弘始八年とあるは、普通に弘始六年に始まつたことになつてゐる。又此の記事は別に珍らしい記述でもないが、未傳佛籍の一として克く十誦廣律傳來の始終を約言してゐる。

僧祐の十誦義記目錄序の中に、「仰惟、十誦源流聖賢繼レ踵、師資相承業盛二東夏一」として、十誦律が六朝時代に特に支那に因緣の深かつたことを述べてゐる。(一八)

梁高僧傳の明律篇には本傳十三人、それに附見を合せて二十八程の傳を載せてゐるが、一二の例外を除いて皆十誦律に通じた人々であつた。慧皎がこの明律篇の總評(論曰)に、印度に於ける五部分裂の由來を叙べ、次に支那に於ける梁代までの傳律を概括して

自二大敎東傳一五部皆度、始弗若多羅誦二出十誦梵本一、羅什譯爲二晉文一、未レ竟多羅化焉、後曇摩流支又誦二出所レ餘什譯都竟。曇無德部佛陀耶舍所レ飜、卽四分律也、摩訶僧祇律及彌沙塞部幷法顯得二梵本一、佛陀跋陀

羅譯二出僧祇律一、佛陀什譯二出彌沙塞部一、卽五分律也、迦葉毗部或云梵本已度未二彼翻譯一（中略）、雖二復諸部皆傳一、而十誦一本最二東國一、以昔卑摩羅叉律師本西土元匠、來入二關中一、及レ往二荆陝一、皆宣二通十誦一、盛見二崇錄一、曇猷（慧猷）親承二音旨一、僧業繼レ踵弘化二其間一、璩儼隱榮等、并祖二述猷業一列二奇宋代一、而皆依レ文作レ解未二甚鑽研一、其後智稱律師竭有二深思一、凡所二披釋一並開二祐門戶一、更立二科目一、齊梁之間號稱二命世學徒一、傳二記于今一尙焉、

といつてる。これは主として四部の廣律に就いていつたのであるが、十誦義疏八卷の著者で、「陝西律師莫レ不レ宗レ之」といはれた慧猷、羅什をして「後世之優婆離也」と嘆ぜしめた僧業、道場寺慧觀に十誦律を傳へた慧詢、僧業の弟子で「總銳二衆經一尤明二十誦一」といはれ、現に十誦比丘羯磨要用を殘した僧璩、「常遊二心律苑一妙通二十誦一」といはれた僧隱、十誦比丘尼戒本並に十誦羯磨を撰した法穎、法穎の弟子で十誦義記八卷の著者であつたと傳へられてゐる智稱、出三藏記集、弘明集等の著者で知らる僧祐も、智稱と同じく法穎の弟子であつて、僧祐自ら「屆錫待筵二十餘載」といつてゐる。[二〇]僧祐も十誦の學匠であつた。その他、明律篇に本傳のある道儼も法琳も亦十誦派で、偶々道營と慧祐とが僧祇に通じ、慧詢が兼ねて僧祇を善くしたと傳へられてゐる以外は、殆んど皆十誦律を依據とした。[二一]だから、この比丘戒本が建初の筆寫で、十誦律の戒本であるのは、克くこの當時の事情を物語つてゐるものと謂つてよい。戒本では僧祇戒本が曹魏に譯されたし、安世高や支謙や康僧鎧や曇諦などにも、戒律に關する飜譯があつたことになつてゐるし、又古くから羯磨作法は四分に依つたやうであるが、支那に於ける傳律の初期は主として十誦律が流行した。十誦廣律

に就いては高僧傳其他に傳へてゐる通りであるが、さて十誦比丘戒本は、前に引いた出三藏記集の記錄のやうに、曇摩侍と羅什との兩本だけであつたかどうか。そして藏經中には、羅什譯の誤寫だといふ傳說のある五分戒本との關係を別とすると、什譯の一本が現存してゐるのみである。[二二] 然るに高僧傳僧業の條下に[二三]

昔什公在レ關未レ出二十誦一、乃先譯二戒本一、及二流支入レ秦方傳二大部一、故戒心之與二大本一其意正同在レ言或異、業乃改正一依二大本一、今之傳誦二本並行

と云つてる。ここに戒心とは戒本のことで、戒規の條文のみを列記したものが戒本で、受戒の作法や儀式を記したものが羯磨で、廣律の中にはこの二つともに收められてるが、それを別々に摘記したものが所謂、戒本と羯磨とである。さて此の傳文によると十誦戒本は、元嘉十八年（四四一）に七十五で卒した什門下の僧業が

(一) 廣律によりて改訂した戒本と、その

(二) 底本である什譯その儘のものと、合せて二本あつたことがわかる。羅什と覺賢とはその系統上、色々な對照をなしてゐるが、覺賢は僧祇律や戒本を譯したのに對し、羅什は十誦律並に戒本を譯した。羅什は嘗て龜玆で「至二年二十一、受二戒於王宮一、從二卑摩羅叉一學二十誦律一」[二四]とあるから、十誦律とは親緣があつた。しかし十誦戒本の飜譯は關中に來てからのことと傳へられてゐる。若しそうだとすると、羅什が長安に來たのが後秦弘始三年[二五]（四〇一）であつて、弗若多羅が十誦廣律を譯し出したのが、弘始六年（四〇四）で、その完譯者曇摩流支が長安に來たのが弘始七年[二六]（四〇五）であつたから、燉煌戒本の筆寫年時たる西涼建初元

年（四〇五）と殆んど同時であつた。上述僧業の傳文に依つて、什譯戒本は十誦廣律の譯出前だとすると、弘始三年（四〇一）から弘始六年（四〇四）迄の間であつた。そこで燉煌戒本は譯年が不明であるが、筆寫の年月から推して恐らく什譯以前のものであつたらうと推測さるる。出三藏記集二には燉煌菩薩たる竺法護に、「比丘尼誡經一卷」の譯があつたことになつて居り、歴代三寶記六には、「比丘尼戒一卷十誦本、或有二經字一、與二曇摩持所出一小異」といつてるから、燉煌邊には此種の失譯經が餘程古くから存在してゐたのだらう、同時に、長安と燉煌と土地は異つてゐても、當時の交通系統からして什譯戒本とも何等かの關係があつたのではないかと推測さるる。尤も燉煌本は什譯の特長たる譯文の流暢を缺いてゐるし、前節の比較で例示したやうに、什譯でないことは確かであるから、この十誦戒本は全く燉煌地方で譯出或は撰出されたものとして、兎に角、異出の一本である。法顯傳にあるやうに、法香、法力などといふ十誦律師が燉煌や凉州にゐたのだから、その戒本が燉煌にあつたのも毫も異とするを要せない。

抑も支那での十誦戒本の飜譯は前に出三藏記集を引いたやうに、羅什譯戒本よりも以前、道安の頃、曇摩侍譯の十誦戒本が既に存在してゐたが、更に曇摩侍戒本の前にも十誦比丘戒本があつた。道安の比丘大戒序[一七]に

外國重レ律毎寺立二持律一、月々相率說レ戒、說戒之日、終レ夜達レ曉諷二乎切教一、以相維攝犯レ律必彈、如二鷹隼之逐二鳥雀一也、大法東流其日未レ遠、我之諸師始染受レ戒、又之譯人考校者尠、先人所傳相承謂レ是、至二澄和上一多レ所レ正焉、余昔在レ鄴少習二其事一、未レ及レ檢レ戒、遂遇二世亂一每以怏怏不レ盡レ於レ此、至二歲在二鶉火一

自二襄陽一至二關右一、見下外國道人曇摩侍諷二阿毘曇一於レ律特善上、遂令三涼州沙門竺佛念寫二其梵文一、道賢爲譯、慧常筆受、經レ夏渉レ冬其文乃訖、考二前常行レ世戒一其謬多矣、或殊二文旨一、或粗二擧意一、昔從二武遂法潛一得二一部戒一、其言煩直意常恨レ之、而今侍戒規矩與同、猶如下合レ符出レ門應上レ轍也、然後乃知、淡乎無味乃直道味也、而慊二其丁寧文多反覆稱一、卽命二慧常一令三斥レ重去レ復、常乃避レ席謂、大不レ宜レ爾、戒猶レ禮也、禮執而不レ誦、重二先例一也愼二擧止一也、戒乃逕二廣長舌相三達心制一、八輩聖士珍レ之寶レ之、師師相付、一言乖レ本有レ逐無レ赦、外國持レ律其事實爾、此土尚書與二河洛一、其文樸質無二敢措一レ手、明祇二先王之法言一而順二神命一也、何至二佛戒一聖賢所レ貴、而可三改レ之以從二方言一乎、恐失二四依不嚴之教一也、與二其巧便一寧守二雅正一、譯レ胡爲レ秦、東教之士猶或非レ之、願不レ刊二削一以從レ飾也、衆咸稱レ善、於レ是按二梵文一書、唯有二言倒一時從レ順耳

と云つてる。この一文は戒律の正文を求むる熱心さと、その傳譯の愼重さとを知ることが出來るが、この道安の記錄からすると、正式な受戒の始めは秦代からといふことになる。勿論、戒律の傳譯は魏から始まつてゐるが不明の點が多かつたことは、佛國澄が「正す所多し」といひ、曇摩侍の戒本を譯する當時の事情からも想像さるる。道安が翌鑿齒と共に苻丕に獲られて五級（重）寺に入つたのが、晉孝武太元四年（秦建元十五年三七九）[二八]で、この年

（三）曇摩侍、佛念、道賢、慧常を煩はして、夏から冬までに十誦比丘戒本の譯了を見た。佛念譯、鼻奈耶の如きも道安は曇摩侍譯の十誦比丘戒本と符節を合するが如しといつてゐるし、[二九]曇無蘭の三部合異序に、曇

摩侍の戒本は施（衆學）に百十事あるから二百六十戒となつてゐるといつてるので略ぼその內容がわかる。

然るに道安はこの侍譯十誦比丘戒本に對して

（四）「前常行世戒」として、十誦戒とは記してゐないが、前後の文體からすると、十誦戒本であつたやうである。然るに又道安は嘗て

（五）武遂の法譜から一部の戒本を得たが、「其言煩直意常恨之」、しかし今曇摩侍の戒本と較べると戒規の樣子が符節を合するやうによく似てゐる。そこで文句の重複を避けしめんがために、慧常をしてその「丁寧文多及覆稱」を改めさせやうとしたが、慧常が之に反對したので其儘にしたといふのが、上記引文の要旨である。そうすると十誦戒本が東晋道安の頃に曇摩侍戒本の外、少とも二部あつたことになる。但し曇摩侍等はこの時十誦比丘戒本一卷の外に、比丘尼大戒一卷、敎授比丘尼二歲壇文一卷をも譯した、現に出三藏記集十一にはこの比丘大戒序の外に、「關中近出尼二種壇文夏坐雜十二事並雜事共卷前中後記」といふのがあつて

卷初記云、太歲已卯、鶉尾之歲十一月十一日、在長安出此比丘尼大戒、其月二十六日訖、僧純於龜茲佛陁舌彌許戒本、曇摩侍傳、佛念執胡、慧常筆受

として、後に開元錄がこの翻譯年時を建元四年としたのは誤りであることを語つてゐる。[50] 要するにこの燉煌出土戒本の筆寫されし前後に、（三）建元或は太元の已卯の歲（三七九）に、十誦比丘戒本が譯されてゐたし、當時、この外に（四）別に流行本があつたし、又（五）法譜が道安に與へた戒本もあつた。そして道安の比丘大戒序に

外國云戒有二七篇一、而前出戒皆八篇、今戒七悔過後曰二尸叉罽羅尼一、尸叉罽羅尼有二百七事一明也、如レ斯則七篇也、又傳尸叉罽羅尼有二百一十事一、爾乃知其㝡不多也、然則比丘戒不レ止二二百五十一、阿夷戒不レ止二五百一也、

とあるから、曇摩侍戒本は七篇で衆學百十戒、前出戒本は八篇で衆學百七戒となつてゐたことがわかる。然るに比丘戒二百五十となるには衆學が百でなければならないから、當時、曇摩侍本の二百六十戒本以外に、衆學百七の二百五十七戒本と更に又二百五十戒本とが各その戒數を異にして流布してゐたと推定さるゝ。若し法讃本が二百五十戒で、前出戒本が二百五十七戒であつたとすれば、その前出戒本は恐らくこの燉煌戒本に近いものであつたかも知れない。

出三藏記集十一には、晉の孝武帝の世に出た比丘尼戒本の前に附いてゐた、比丘尼戒本所出本末序(三一)を載せてゐるが、それによると、拘夷國卽ち龜茲に於ける四僧寺、三尼寺の持律の嚴格であつたこと。當時、戒師として佛圖舌味なる高德がゐて數百の僧尼を統べてゐたこと。比丘尼戒本は僧純が强いて佛圖舌彌から請ひ受けて中土に傳へ、それから佛念、曇摩持、慧常等の傳譯となつた事情を誌るしてゐる。そしてその註に、「此戒文與二今戒一往々不レ同、尼衆學猶作二尸叉吉利一」といつてるから、比丘尼戒本も一つでなかつたことがわかる。これは勿論比丘尼戒本の由來であつて、比丘戒本のそれでは無つたが、比丘戒本、尼戒本の兩本とも、時も人も同じであつたのだから、是に由つて曇摩侍譯の十誦比丘戒本の由來も略ぼ推測され、龜茲から想像して燉煌邊でも、夙に此種の戒本が傳へられ、それが中土の經錄僧傳等に記されてゐなかつたことが推測さ

ゐる。（三二）

— 二 —

現に藏外未傳律典たる十誦比丘尼戒本が燉煌出土本として、大谷大學圖書館に藏せられ、近頃、西山龍山氏編著、燉煌出土十戒比丘尼波羅提木叉戒本並解説として有益なる研究が發表されてゐるのでもわかる。（三三）

然るに又歷代三寶記七に曇無蘭が太元六年（三八〇）に、僧純、曇摩侍、竺僧舒の「三家本」を合して十誦比丘戒本一卷としたと錄してゐる。（三四）曇無蘭には太元六年七月、二百六十戒三部合異二卷を撰したことが、曇無蘭自撰の大比丘二百六十戒三部合異序に出てゐる。（三五）この三部合異序によると、

蘭自染化務以二戒律一爲レ意、昔在二於盧山中竺僧舒許一、得二戒一部一、持レ之自隨近二十年、毎二一尋省一恨二文質重一、會、曇摩侍所レ出戒規矩與同、然侍戒衆多、施有二百一十事一、爾爲二戒有二百六十一也（中略）、余因二閑暇一爲二之三部合異一、粗斷二起盡一、以二二百六十戒一爲レ本、二百五十者爲レ子、以二前出常行戒全句一繫二之事末一、

といつてゐる。此處で施といつてゐるのは、衆學のことで四分でいふ百衆學法である。前にも述べた通り衆學は確數を擧げないのが通例だが、衆學が百以上になつてゐるのが十誦と五分とのみで、曇摩侍戒本が百十法であつたのは百七の十誦廣律とも、百十三の十誦比丘戒本とも異つてゐたことがわかる。次にこの合異の底本であつた三本とは僧舒戒本と曇摩侍戒本と常行戒本との三種を合異したもののやうである。尚この合異は僧祥定が後に長安から戒本を持つて來て重校をしたとも註せられてゐる。全體、歷代三寶記が竺曇無蘭の十誦比丘戒本一卷としてゐるのが、この合異二卷を指したのかも知れない。そうすると三部とは僧純、僧舒、曇摩侍

の三本を合異したことになる。その何れであつたとしても前述の曇摩侍戒本以外に

（六）廬山僧䂮の戒本と

（七）「以前出常行戒」といつてる一戒本と

（八）曇無蘭の合異とがあつたことになる。然るに前述合異序の中に「此戒來至二揚州一、汰法師嫌二文質重一有レ所二删削一、此是其本未レ措レ手向質重者也」としてゐるから、曇摩侍の二百六十戒本には

（九）竺法汰が改删を加へた一本もあつたことになる。

勿論、これ等諸戒本の記傳には重複もあつたであらう。例へば（六）僧䂮の所持本は（三）曇摩侍譯と規矩同じだと云つてるし、（五）法讃の所傳本も、（三）と規矩與に同じだと云つてるから、（五）（六）の兩本は同じものので、それから推すと道安が（四）前常行世戒と云つてるのと、曇無蘭が（七）以前出常行戒と云つてるのとも同じものであつたかも知れない。その上、二百五十戒といつてる所を見ると、十誦以外の他部の戒本がこの間に交つてゐたのかも知れない。併し現存してゐないから判然とは云はれないとして、十誦戒本の譯出に引合に出されたものとして考へると、十誦戒本の異本が仲々多かつたことがわかる。若し本節の始めに列ねた出三藏記集の（一〇）失源戒本と更に此の（一一）燉煌本とを合せるとざつと十一部を數へ、[三六]假りに前後重複があつたとしても、三四部でなかつたことがわかる。

斯くして十誦比丘戒本は現存は僅に（二）羅什譯一本のみであるが、六朝末頃迄に數多の異本があつたことになる。そうして「文の質重を恨む」ものが多かつたので、只管、その定本を得やうとした熱心さは、略ぼ

上述によつて知らるる。だから曇無蘭が折角三部合異を作つたが、尙「賢才聰叡若有ニ攬者一、加レ思爲レ定、恕ニ余不逮一」と云つてゐる。因に戒本に異本の多かつたことは十誦比丘戒本ばかりではなかつた。現に四分戒本は耶舍譯の二本があり、懷素の四分比丘戒本序などにも、比丘比丘尼の兩戒本に異本の多かつたことを傳へてゐる。

要するに燉煌出土戒本は上述の諸種の十誦比丘戒本中、譯出年代からすると、大約、羅什譯以前のもので、恐らく現存最古の十誦比丘戒本と謂つても過言ではあるまい。

註（一）S. 797

（二）大正十二年渡英再調に際し、支那部主任ジャイルス博士も今日までの調査では、有年號佛典寫本最古のものだとされてゐた。

（三）原本、僧性の僧字右側に法字あり、戒和上の名は僧性或は法性であつたか、又は僧字は誤寫であつたかの何れかであつたらう。

（四）スタイン氏蒐集燉煌出土支那古寫本の調査、宗教研究新第五卷第一號（昭和三年一月）一六三。

（五）致二の七九右。

（六）致二の六四左。

（七）致二の六五。

（八）致二の六五右。

（九）致二の六六。

（一〇）致二の三一左。

（一一）僧祐羅は hu の音を缺くも Sambahula にして（荻原博士）、衆學法の衆字に當る。梵本（ペリオ本）も亦同語を使つてゐる。

（一二）近刊書では西本龍山氏著、十誦比丘尼戒本解説に諸部戒數の比較が載つてゐる。特に、比丘比丘尼兩戒に就いて詳細なる對照表を附錄とし、併せて周到なる研究調査が發表されてゐる。

（一三）藏經中に譯人は同じく宋佛陀什等譯としながら、全然異つた二部の五分戒本がある。彌沙塞五分戒本一卷と五分戒本亦名彌沙塞戒本一卷との二本がそれである。上表では便宜上、前者を彌沙塞戒本とし後者を五分戒本とした。そこで古來藏經の編纂者は、五分戒本は羅什譯、十誦比丘波羅提木叉戒本を錯りて重寫して之を五分戒本と稱したもので、五分廣律と比較すると、丹本の彌沙塞五分戒本を取るべきだとして、藏經では先づ彌沙塞五分戒本を舉げて、五分戒本をその卷末に附錄としてゐる。それならこの五分戒本が什譯十誦戒本その儘かといふのに、抄出のやうな形迹もあるが必ずしもそうばかりではない。現に戒數にも相異がある。だから明藏の對校にあるやうに「其間雖レ有二小不同處一、但是寫筆之錯耳」と觀るべきか將たその異本とすべきかは問題である。少くとも什譯十誦比丘戒本の誤寫と傳へらるる程、兩者相似の一戒本が、五分戒本の名で傳へられてゐたことは事實である。更にこの五分戒本は單墮が九十戒で、衆學法が百八戒で、比丘戒總數が二百五十八戒となつてゐるのは、燉煌戒本と數の上だけでは同數であるが。內容上では、燉煌本は矢張り十誦戒本である。詳細は全戒本の比較をしなければならないから玆には略する。

（一四）歷代三寶記八にも同じく之を曇摩侍譯比丘戒本（致六の四八左）に對して、第二出としてゐる（致六の五七右）。

（一五）大英博物館藏、スタイン本、第四九〇號及第二四九一號等。巴里國民圖書館藏、ペリオ本第二一四八號、第二一五八號。

（一六）但し五部の中、第五迦葉惟部に就いては、「此土未感未來渋地」としてゐるが、事實は北魏般若流支譯、解脫戒經一卷が譯されてゐるから、未傳は廣律のことである。

（一七）歷代三寶記七（致六の四九右）。但し現在は六十一卷。

（一八）出三藏記集十二、十誦義記目錄序（結一の七六）。

（一九）致二の六六。

（二〇）僧祐撰、十誦義記目錄序（結一の七六右）。

（二一）以上主として高僧傳明律篇に依る。

（二二）「姑らく古い所で佛念譯、鼻奈耶や宋求那跋摩譯、優婆離問經などは十誦律に近いものであるが、戒本としてはこれだけである。

（二三）致二の六四右。

（二四）高僧傳二、羅什の下、致二の七左。

（二五）或は弘始四年或は太元二十年（三九五）の異説もあるが、梵網經序、智論序、出三藏記、高僧傳等に弘始三年としてゐる。

（二六）高僧傳十一、一説弘始五年佛祖統記三十六。

（二七）結一の六四―六五

（二八）比丘大戒序による。高僧傳には建元九年としてゐる。

（二九）鳩摩羅佛提及び耶舍（罽賓の鼻奈）鼻奈念耶を出だし、佛念が之を漢譯した時、道安は「與二往年曇摩寺（侍）出戒曲一（典）相似、如レ合レ符焉。於二百六十事一疑礙之滯都誤然焉、上聞異要煥乎可レ觀焉、二年之中於二此秦邦一三藏具焉」といつてゐ（鼻奈耶序、大正藏經、一四六四號、八五一頁）。

（三〇）「卷後又記」（結一の六六右）にも（秦建元十五年十一月五日、歲在二鶉尾一、比丘僧純曇充、從二丘慈高德沙門佛圖舌彌許一、得二此授大比丘尼戒儀及二歲威儀一」として、この戒本の傳來には曇充も關係があつたことを傳へてゐる。

（三一）結一の六四左。

（三二）尙ほ關中近出尼二種壇文夏座雜十二事並雜事共卷前中後三記に慧常が涼州で吳譯の五百戒と異つた五百戒一卷を得たこと。又涼州道人竺道曼や燉煌道人の傳などを載せてゐる（結一の六六右）。

（三三）西山氏はこの比丘戒本を羅什譯と推定されてゐる。

（三四）致六の四八左。

（三五）出三藏記集十一（結の六六右）

（三六）法穎の十誦比丘尼戒本は現存してゐるが、高僧傳には十誦戒本と十誦羯磨とを撰したことになつてゐる。十誦戒本は或は比丘戒本であつたかも知れない。

支那佛教史と現存僞經

矢吹慶輝（1879—1939）

《宗教研究特輯號》1931

支那佛教史と現存僞經

（燉煌出土現存僞經を中心として）

矢吹慶輝

——本篇に關する詳細は拙著、鳴沙餘韻解說に讓り、ここには經錄所載の僞經を主として、概括的にその著しい點、數項について述べる。——

一　名教思想

支那は文字の國、名教の國である。一たび文字に現はれ名が立てば、それが一種の信仰となり、神祕の力で人の心を捉へる風がある。胡適氏がその著、胡適文存三集の第一に名教の一篇をものして、中國では儒教も倒れ佛教も衰へ道教も零落したので、中國を以て非宗教的と見るのは當らない。何となれば支那では幾千年間を通じて既成宗教以上に名教なる一種の宗教があつたからだとしてゐる。

名教便是崇拜寫的文字的宗教、便是信仰寫的有神力、有魔力的宗教、這個宗教、我們信仰了幾千年、却不自覺我們有這樣、一個偉大宗教

と記してゐるが、支那に於ける宗教、哲學、倫理の考察をなすものに取つて、頗る興味ある示唆たるを失はない。尚之には紅紹原、馮友蘭、Ogden, Richards, Conybeare 諸氏の論著を參攷としてゐる。胡適氏

はその末尾に、

打倒名教、名教掃地、中國有望

と歸結してゐる程、名ある所に魂がありと信じ、文字（名）に神秘の力を認めて、古代の聖賢以來理智化された名を迷信する習俗が、今尙牢として破るべからざる勢力がある。

佛教の支那に入るや一面では盛に這の種、支那の常習を打破して、人生觀世界觀の見直しを迫つたが、他面では何時しか支那特有の名教思想に捕はれ、特に秘密教は却つてこの名教の思想を助長し皷吹した。ここに名教思想の是非に就いて云爲するのではないが、名教思想と佛教傳播とが幾多の交渉を有つた事は爭はれない。そして佛教經典中に數多の疑僞經を混へたのも一面この名教思想の影響と見られる。

だからある僞經の如きは一見して佛經でない事が判然たるばかりか、その內容も殆ど見るに足るべきもののないにも拘はらず、尙佛教經典を粧つて民間に流布したのは、全くこの名教思想に禍せられ、經の名だにあれば、その誦讀流布に數多の功德ある事を信じたためである。つまり實なき名が、單に名あるの故をもつて實ある如く考へられたことが、支那で僞經を續出せしめた一原因であつたと謂つて可い。

二　疑僞佛典

表に佛教經典を粧つてもその內容體裁が佛典にふさはしくない、いはゆる僞經もしくは疑經は、支那漢魏の代から始まつたとも傳へられ、[一] 道安は夙に二十六部三十卷の疑經を錄してゐるし、宋の經錄には十七部二十卷を數へ、梁の經錄中、出三藏記集は四十六部五十六卷、(道安錄合計)、衆經目錄には六十二部六十七卷、阮孝緒の七錄には四十六種四十六帙六十卷を擧げ、魏の經錄には經に六十二部の僞似を列ねてゐる外、論に四部を標し、更に「全非經愚人妄稱經」に十一部を列擧したと傳へてゐる。そして齊の經錄には入作經卽ち僞經が五十一部一百六卷あつたと記されてゐるから、六朝時代に疑經僞經が濫出した痕迹を殘してゐる。しかしそれ等の疑僞經は殆んど現存してゐない。

佛敎の弘布がその廣さと深さとを增すに從つて、疑僞經典が續出するやうになつたもので、疑僞經の增加は同時に佛敎傳道の史實を裏書してゐるものと謂つて可い。だから隋朝の興佛以後は特に目立つて僞經が殖えてゐる。卽ち隋開皇十四年(五九四)の衆經目錄は疑惑と僞妄とを合せて百九十六部三百八十一卷となつてゐて、大小乘經律論の正しき佛典に對する比率は約一割になつてゐる。然るに隋仁壽二年(六〇二)の經錄には疑僞合して二百九部四百九十卷となつてゐる。唐代の經錄中、道宣の大唐內典錄(六六四年撰)には疑僞合して百五十餘部二百餘卷で、正典對僞典の比率は十五と一の割合になつてゐるし、大周刊定衆經目錄(六九五年撰)には僞典總數二百二十八部四百十九卷になつてゐる。開元釋敎錄(七三〇年撰)には、疑僞合して四百六部一千七十四卷に達し、正典に對し疑僞佛典は、部數に於て約五分の一、卷數に於いて約七分の一を算してゐる。

一體支那に於ける佛典特に經論正僞の判定は主として經錄家の批判に待つから、前後定準があるわけではなかつた。隋法經等の撰んだ衆經目錄では、梵網經、仁王經、占察經、藥師經、隨願往生經等の經や、大乘起信論、遺教論などを疑僞中に收めてゐるが、その後の經錄では之を正典中に收めた。だから眞僞の標準が何時でも確定してゐたわけではない。現に起信論の印度撰述か否かは今日でも問題となつてゐるわけである。だが疑似經中の曖昧なものは別として、一見僞妄佛典たることの炳かなるもののみに就いて、即ち歷代の經錄家が等しく皆疑僞佛典だとしてゐるものの內で、先づ特に注意せられる事は、僞經の激增は隋代と武周代の經錄上に多かつたことで、兩朝俱に佛教興隆の時代であつたといふこと是である。

唐開元の頃に、疑僞合して四百六部一千七十四卷に達した程であるから、歷代經錄の編纂者が見付け次第に之を棄却することに努めたが、それでも今尙殘存してゐるものがある。筆者はスタイン、ペリヨ兩氏の蒐集にかかる燉煌出土古寫本を涉獵して、大正五年に約二十數部、大正十一年に更にその餘の二十部程を搜出した。この中第一回に蒐めた分は曾て宗教研究第拾號に「燉煌出土疑僞古佛典に就て」と題し、その一々に就いて大要を紹介したが、こゝには前後に集めた四十數部の中で、歷代經錄にその名が載つてゐるものだけに就いて、その一班を述べやうとする。先づ叙述を簡明にするために、(一)經錄に載つた僞經で、(二)まだ公に知られてゐない燉煌出土寫本で、即ち現存のもので、(三)筆者の搜出したものだけを左に表示する。

	隋衆經目錄	歷代三寶記	大唐內典錄(疑僞)	大周刊定錄(僞)	開元釋敎錄(僞妄亂眞)
救疾經	救護衆生惡疾經一卷(僞小)		同	同	同 一卷
清淨莊嚴敬福經	敬福經一卷(僞小)		金棺囑累經	金棺敬福經 一卷	如來在金棺囑累清淨莊嚴敬福經(二)
天公經	同 一卷(僞小)		同	同	同 一卷
呪魅經	呪媚經一卷(僞小)		同	同	
妙法蓮華經度量天地經	同 一卷(僞大)	同	同	度量天地經 一卷	同 一卷
普賢菩薩說此證明經附馬明菩薩品附證香火本因經	同 一卷(僞大)	同	同	普賢菩薩說證明經一卷	同 一卷
華嚴十惡經	同 一卷(僞大)	同	同、	華嚴十惡品經	同 一卷
首羅比丘經	首羅比丘見月光童子經一卷(僞大)	同	同	同	同 一卷
太子讚經	同 一卷(僞小)	同	同		同 一卷
救護身命濟人病苦厄經	同 一卷(疑小)		救護身命經	護身經一卷(?)	同 一卷
大通方廣經	同 三卷(疑大)		方廣滅罪成佛經三卷	同 三卷	大通方廣懺悔滅罪莊嚴成佛經
法句經			同 二卷		同 二卷
究竟大悲經			同 三卷		同四卷或三卷亦云八卷
大威儀請問經			大威儀請問論		同 一卷
法王經				同 一卷	涅槃般若波羅密經一卷

佛性海藏經			同　二卷	同　二卷
佛爲心王菩薩說頭陀經			心王菩薩說頭陀經一卷	同　一卷
延壽命經			延壽經　一卷	延年益壽經　一卷
續命經			同　一卷	同　一卷
如來成道經			同　一卷	同　一卷
阿彌陀佛覺諸大衆觀身經			同　一卷	同　一卷
太子成道經			同　一卷	同　一卷
現報當受經			同　一卷	同　一卷
無量大慈教經			慈教經一卷	同　一卷
大辯邪正法門經			同　一卷	同　一卷
禪門經				同　一卷五紙
示所犯者瑜伽法鏡經				瑜伽法鏡經二卷
要行捨身經				同　一卷三紙
三厨經				同　一卷
七千佛神符經			七佛神符經　一卷	益算經　一卷

（一）內典錄、開元錄に依る。（二）異名の內、特に他錄に記載せざるものを揭ぐ。（三）具體云蹬刀梯解脫道甘露藥流涤泉如來智心造服者除煩惱法王經。

三　僞經研究の史的興味

佛敎傳道史上、古いところでは傳道書留が極めて稀であつたが、その代り個々の經典が夥しき數に達した。そこで僞經もその一々が時代と思想と、時には故意の陰謀などもあつて、何等かの意味を以つて生れたものである。出三藏記集や隋唐の諸經錄などに、この僞經製作に關する記傳の幾らかが傳つてゐるが、その本文が失はれてゐるために、詳しい事情が的確にわからないのが多いが、今現存僞經の內容からすると、そこには支那佛敎史上の斷片挿話を傳へてゐるものが少くない。概括して見て僞經は每時も道家や神仙家——寧ろ支那民間の雜信と言つた方が適切だが——の思想なり口吻なりを現はしてゐるものが多い。

そして隋代や武周時代に特に目立つて僞經が出て、それが道敎の口吻を洩らしてゐるのは、一面では道佛二敎の優劣若くは先後の爭ひで、先づ民間信仰の實際上に於て、佛敎に似せて道家思想を宣傳しやうとしたものもあつたらしい。六朝から唐にかけてこの道佛二敎の交涉、抗爭、接近の痕を考へると、僞經も亦その一研究資料であることは爭はれない。

唐朝は李姓なるを以て佛敎よりも道敎を尊び、道先佛後としたが、武周朝はその革命に佛敎を利用したがため、前朝の例を改めて佛先道後とした。彼の大雲經が曲解されて革命の階とされたといふ記傳が、スタイン氏蒐集燉煌出土本によりてその眞相が明かにさるるに至つた。(二) 則天武后と因緣の深かつた賢首大師の華嚴經傳記(三)にも「大雲授記」と「河圖應錄」とを擧げて居る所を見ると、當時公知の事實であつたことは爭はれない。けれどもそれは大雲經中の僅か一部分を捉へて、しかも之を曲解して則天武后が帝位に卽くことの豫言に擬したに過ぎない。だから大雲經を僞造したとも傳へられた。然るに燉煌出土本によると、大雲經や河圖ばかりでなく、『普賢菩薩說此證明經』といふ僞經が武后を彌勒の下生とする有力なる文證として濫用されてゐる。尤もこの僞經は隋の經錄以來歷朝の經錄にその名が傳へられてゐるが、古い僞經が武后をして「慈氏」と自稱せしめた原因となつたことは、燉煌出土本たる證明因緣疏とこの僞經の本文とが現はれるまでは判らなかつたことである。これなどは一僞經が偶々武周革命の口實となつた例である。

それから後にも述べるやうに、諸僞經が說時說處を佛入滅の時處に取つたものが多い。これ等は言ふまでもなく、當時涅槃經の讀誦講說が盛んな時代の影響を受けたものである。だから法華經や華嚴經の流行の旺んな時代になると、法華や華嚴を經題とするものが現はれてゐる。法華經二十八品以外に『妙法蓮華經度量天地品』第二十九や、『妙法蓮華經馬明菩薩品』第三十などの僞經は法華に假託した場合であり、『華嚴十惡經』は華嚴にかこつけた例である。又『普賢菩薩說此證明經』は華嚴經の流行に伴ふ普賢信仰の影響であり、彌勒と阿彌陀佛とは殊に屢々引用され、經によつては觀音、文殊の名を假りてゐるものもある。時代思潮と僞經製作——名を佛教に假りて、實は非佛教的術語と思想と名數とを勝手に列べ立てたものだが——とが互に駢行した事實を裏書してゐる。『大辯邪正法門經』に十地品といふ品名があるが、その名目は乾慧等の十地でもなく又歡喜等の十地でもない、全く新奇のものだが、これも勿論華嚴經の十地品の名を採つたもので、全卷十一品中その六品名に文殊師利菩薩の名を列ね、その上、「煩惱與菩提亦成爲一」などと言つてゐる。そこには華嚴經や涅槃經その他の重要語若くは思想を轉用した實例を示すと共に、禪家の接頭に伴つて禪の口吻を眞似たやうにも見られる。道宣の內典錄に初めて記された『究竟大悲經』なども禪家の香りがしてゐるやうに思はれる。

正經の經名やその思想や、又はその中に出て來る菩薩などに假託すると同時に、翻譯者として著名な三藏を引合に出してゐるものもある。現に『大辯邪正法門經』は玄奘が如來七寶窟中で獲た經典だとし、開元錄に依ると『要行捨身經』も玄奘譯だとしたと傳へてゐる。この他に實叉難陀をその經の譯者だと銘打つてゐるのもある。

彼の僞經を作つた外に譯者の名を僞つたので、開元錄の著者智昇をして「僞上僞を加ふ」と評せしめた、『示所犯者瑜伽法鏡經』の如きは、この點で甚だ手數をかけた僞經である。

開元錄に依ると、この僞經は玄奘譯、佛臨涅槃法住經(僞經では之を佛臨涅槃爲阿難說法住滅品と改題)と舊くからあつた常施菩薩所問品(僞經では地藏菩薩讃嘆法身觀行品と改題)と、更に隋代の僞經たる像法決疑經とを取り混ぜて一經としたもので、之に僞序を加へて、その中でこの經は菩提流志と寶思惟等が、崇福寺で譯出したものとした。けれども僞造の形迹が判然たるため、智昇は親しく菩提流志並にその弟子の般若丘多に事の眞僞を確めた結果、全く事實無根だといふことがわかつたと記してゐる。現存寫本では第二品が中間以後、第三品が常施菩薩所問品で、この第三品だけがその全部を保存してゐるに過ぎない。現存本には後記があつて、それによると當代知名の昭文館學士等の名を列ね、特にこの經の譯者として三藏法師室利末多（唐云妙惡）の名を擧げ、時は景龍元年十二月廿三日、處は崇福寺としてゐる。だから智昇の見た瑜伽法鏡經とは所傳の一致を缺き、恐らく異本があつたと解すべきだらう。一體なぜこんな僞經を作つたか。

それは三階僧の師利が三階敎の敎義に新たな經證を得やうとしたためで、師利は鬪諍のため還俗を餘儀なくされ、その臨終には惡徵を得て死んだと傳へられてゐるが、兎も角、師利の身上に就いて、開元錄には「聖躬親慮」とあるから、玄宗皇帝が心配されたといふのである。仍て以てこの僞經製作にまつはる反面には種々の事情があつたことが推測される。(四) かうした事實から僞經も亦た支那佛敎史研究の一重要資料たることが知られる。

四　道家の口吻

道家が佛敎經典に模倣して、數多の道敎經典を製作したことは隱れもない事實で、華嚴、法華、涅槃、金光明、維摩、藥師の諸經文を轉用して諸種の道敎經典を作つた。單り經のみでなく佛敎に律あれば道家にも眞人內朝律あり、佛敎に論あれば道家にも十二門論があり、佛敎に三藏あれば道家に三洞があつた。

そこで法華經に模して造つた靈寶妙經について、道家は羅什が姦妄にして道經を改作したもので、法華經が元ではなくくして靈寶經がその原典だと强辯するものもあつた。しかし道經中にも佛教尊重の口吻を洩らした經文も少くなかつた。(五) 道家が佛教に擬して盛に經典を作り、その中に佛語を剽竊したことは顯著な事實であるが、佛教所屬の僞經がその反對に道經の口吻を洩らしてゐるものも少くない。

『僧伽和尙欲入涅槃說六度經』は寫本にて僅々十六行の短篇で、未だ諸經錄中に收錄されてるのを發見しないが、僧伽和尙といふのは恐らく老子を指したもののやうである。道教經典では普通に老子が釋迦佛に代現或は師となつたとしてゐるが、又釋迦佛が反つて老子の師であつたとしてゐる所もあるし、現存はしてゐないが、これも僞經である天地經、清淨法行經、空寂所問經には佛が迦葉をして支那に在つて老子たらしめたとしてゐる。(六) 又化胡經には「老子知佛欲入涅槃、復迴在世號曰迦葉、於娑羅林一爲衆發問」とあるから、(七) 老子を佛弟子迦葉に假託して僧伽和尙を濫稱したもののやうである。現に僧伽和尙(迦葉)は佛教の通說に從つて彌勒成佛の時、復び世に出現することになつてゐる。隋代の僞經たる『救護身命濟人病苦厄經』は、經末に「受天尊教」と言つてゐるやうに、露骨に道教思想を公言してゐるにも拘らず、一面では文殊や阿難を對告衆として二十五菩薩のことや佛經らしい口吻を洩らしてゐる。恐らく僞經作者の腦中には道佛二教を混成せしめてゐるやうである。又武周代の僞經たる『佛爲心王菩薩說投頭經』には、「至道圓明虛無滿極」と言つたり、「大乘亦名無乘」と言つてゐるのは、明かに道教思想である。又同じく武周代の僞經たる『大辯邪正法門經』には、華嚴經に擬して文珠を假り十地を擧げ、禪家の口吻を模倣して煩惱卽菩提などの教義を說いてゐるが、末段には「無爲大道始名無言無說」として道家の口調を洩らしてゐる。

五　延命長生

支那の民間信仰には福壽の思想がその特長をなしてゐる、特に不老長生、延年轉壽の思想は道家や神仙思想と結び付いて、支那思想の一大特長を示してゐる。勿論何れの國民も不死の神を信じた反面には、此の世で長生を祈願したことを現はしてゐるが、支那では今でも相當の信仰を繫いでゐる。だから二百五十二歲(昭和四年)、つまり二世紀半も生き延びて、今尙矍鑠として壯者を凌いでる慶雲翁が、四川大學の醫學部の研究問題とされてゐるなどといふ報道もあるわけである。秦皇漢武が不老長壽の靈藥を求めた話は、人口に膾炙してゐるし、不老長生藥としての金丹の傳說は古い話だが、延壽丹、接命丹、萬壽丹、固本丹、斑龍丸など、歷代この種の靈藥を傳へたことはめづらしくない。

單に藥ばかりでなく長生の方法に就いても昔から種々の記錄が存在してゐる。從つて僞經には此岸に於ける不死の思想は判然しないが、延年長生の思想は到處に散見してゐる。

隋衆經目錄にその名を載する『救疾經』、『救護身命濟人病苦厄經』の如き、又大周刊定錄所載の「延壽命經」(又延年益算經ともいふ)、『續命經』の如きは、長生延壽を主說せること先つその經題から見ても明かである。この他の僞經類も多くは延命長壽に關說せざるもの稀である。

この外、經題だけでは判然しないが、『三厨經』『七千佛神符經』『僧伽和尙欲入涅槃經』の如きも長生思想を經旨としてゐる。開元錄に初出の『三厨經』は、西國婆羅門、達多羅及び闍那崛多等が詔を奉じて譯したと傳へてゐるが、智昇は疑錄中に收めてゐる。三厨とは、一慈悲自覺自然厨と、二辟支四果聲聞天思厨と、三非有非無非神自然厨を指し、一日三日十年百年千年萬年、微塵劫の間、この三厨を念ずれば延年長生を得て、恰かも阿彌陀佛無量壽國等の如く、「常住不動不思飮食」の妙境に達し得べしとし、又見佛（阿彌陀佛）し得べしとしてゐる。次に『七千佛神符經』は大周錄記載の七佛神符經（益算神符經）、開元錄所收の益算經であるらしいが、七百七十佛、五十三佛、三十五佛、六佛、七佛、千佛等の名數を擧げ、これ等諸佛の下生によりて或は益算或は強健の利益あることを擧げ、神符中には第一心開符、第二益算符、第三救護神命符などを數へてゐて、要するに延年益壽の法を說いたものである。この經は明かに道佛二敎の混淆に成つたものであるが、多佛を假りて長生思想を取扱つたものに過ぎない。この外、僞經は宿殃重罪の消滅を說けるもの多く、『救疾經』の如きは阿闍世が瘡痍を癒せし因緣を揭げて、若し人ありて日々七佛と密迹金剛と無量壽佛とを禮すれば、宿殃を除き得べきを說いてるが、他の僞經とても滅罪を說くもの多く、滅罪によつて疾患を免るとしないものが稀である。これも亦た長生延壽に連鎖の思想である。

大周錄に初見の『如來成道經』には「如來槃而不死涅而不生、攪之不濁證之不清」といひ、「家富豐財」「橫病不來」の利益を說いてゐる。蓋し佛敎經典は三法印の一たる諸行無常を一般的通念とするが故に、彼岸の永生若くは無量壽を說くことあるは勿論なるも、此土に於ける單なる長生のための長生を奬勵し若くは主說すべき謂れがない。そこで支那流の長生不死を欲するものは、自ら普通の佛典に不足を感じたと想像さるゝ理由がある。

六　彌勒と彌陀

隋代の經錄に載つた『救疾經』即ち救護衆生惡疾經には、宿殃の惡疾を除かんためには、七佛名字と共に日々に無量壽佛を禮すべしといひ、同じく隋代の偽經たる『普賢菩薩說此證明經』には、四維上下の九佛、過去七十七億佛等の稱呼と共に、彌勒の信仰を傳へ、同じく隋代の偽經たる『首羅比丘經』は、月光菩薩の出世のことを述べたものだが、中に妭邪(旱魃の神)の災を免れる方法を說き、兜率城の構成を述べてる點は矢張り彌勒の信仰と關聯せるものである。又同じく隋代の偽經たる『太子讚經』は、成道以後の釋迦佛を讚歎するを主眼としてゐるが、中に「常念彌陀轉法輪、救度世間人」などの句がある。これも亦隋代の偽經であるが、『救護身命濟人病苦厄經』には、「現世安吉、將來往生無量壽國」といつたり、「即生蓮華軀體金色」としたり、特に「身相具足、智慧勇健、如上邊者」などゝ言つてゐるのは、無量壽經の片鱗を取つたものである。

武周代の偽經たる『續命經』には阿彌陀佛觀音勢至二菩薩の名を誦して解脫を得となし、同時に「惣願當來値彌勒」として、彌陀彌勒の併信を說いてゐる。同じく武周代の偽經たる『阿彌陀佛說諸大衆觀身經』即ち山海慧經は『十往生阿彌陀佛國經』の廣本と稱せられ、兩者共に二十五菩薩名を列擧してゐる。(八)(本偽經にては二十五菩薩は會座の大衆たるに、十往生經にては阿彌陀佛を念ずるものを迎ふる聖衆とされてゐる)。十往生經が彌陀と極樂とを主說せる經典たるは周知の事であるが、その一異本とも見らるべき本經が同じく彌陀信仰を主說せるものであることは言ふまでもない。

次にこれも同じく武周代の僞經であるが、『無量大慈敎經』にも阿彌陀佛國を念ずるものは一斷酒肉、二斷五辛、三斷殺生、四斷邪行によりて、受福無量だとしてゐる。この他『三厨經』にも、阿彌陀佛無量壽國を理想鄕としてゐることは前に述べた通りである。

六朝から唐にかけて死後彼岸の理想境を兜率上生と極樂往生とに求めたことは、支那高僧傳に炳かなことである。上生思想と彌勒信仰、往生思想と彌陀信仰とは互に駢行して支那佛敎史上の實際信仰を支配したが、僞經中に彌勒(兜率)と彌陀(無量壽國)とを引用してゐるのは勿論當時流行の信仰を受け入れたものである。

一體彌勒信仰(兜率上生と龍華三會)にしても長生思想と關係してゐるが、中でも彌陀思想と極樂往生とは長生不死の思想に最も深い關係を有つてゐたやうである。支那淨土敎發展史の反面には、支那人固有の福壽思想、特に長生不死の思想が與つて力あるものであつたやうである。支那思想の地味が無量壽國たる極樂信仰を培養するに頗る好都合であつたことは爭はれない。

彼の曇鸞が大集經六十卷の註釋を試みんとして、中途で病にかゝるや、短命ではこの大業を果し難きを知り、世に不老神仙の術あることを聞き、偶々南方茅山に陶隱居(弘景字は通明)なるものあり、神仙養生の術を能くすと聞き、往いてその術を傳へ、仙經十卷を得たが、後ち菩提流支に會ひ、「佛法中、若し長生不死の法、此土の仙經に勝るものあるか」を尋ねたところ、流支は地に唾して、「これ何の語ぞや、相比すべきものにあらざるなり」とて、觀無量壽經一卷を授けた。(九) それから曇鸞は仙經を燒き棄てゝ淨土門に歸したといふ傳說も、不老長生思想と淨土敎との交涉を語つてゐる。曇鸞の著作として傳へらるゝものに『往生論註』二卷、『讃阿彌陀佛偈』一卷、『略論安樂淨土義』一卷等の外、今その著作を傳へざるも、隋書や新唐書や宋史などに鸞の著述として『論氣治療方』一卷、『療百病雜丸方』三卷、『調氣方』一卷、『服氣要訣』一卷が傳へられてるのは、長生に關する研究著述があつたやうに思はれる。然るに陶隱居も曾て夢に佛に會うて記別を受けたと傳へられ、又鄮縣の阿育王塔に詣でゝ自誓受戒し、茅山では佛道二堂を立てゝ隔日に朝禮したとも傳へられてゐるから、單に神仙や道敎だけを學んだ人ではなく、同時に佛敎を兼信した人であつた。こは僅かに一例に過ぎないが、僞經から推測して往くと、支那に固有の長生不死の思想と無量壽國心の往生を念とする淨土敎とは密接なる關係を有つてゐたことが判る。

七　涅槃時

曇無讖が北凉元始十年に大般涅槃經(北本)を翻譯してから、六朝の佛敎史上、涅槃經の研究が如何に重要な地位を占めたかはこゝに絮說する迄もない。隋朝に天台宗が興つてから唐にかけて、次第に天台敎學に併呑されたが、それでもその餘波は日本の奈良大安寺の眞言院で、常修多羅宗として涅槃經の講義が行はれた程であつた。出三藏記集中の經記序類から始めて梁唐の高僧傳や佛教書籍目錄や特に現存の章疏類を見ると、研究信仰兩方面に亘りて略ぼその流行の一斑がわかる。つまり佛が最後の說敎である涅槃經に、佛敎最高の理想を認めやうとしたもので、その悉有佛性、涅槃常住の教義が頗る時代思潮に應ずるものがあつたからである。そはこの經の翻譯される前に既に道生の闡提成佛說があつたのでもわかる。そこで涅槃に假託すればそれで重要經典とさるゝ積りで、多くの僞經はその說時を特に佛臨涅槃時にかこつけることゝなつたものと思はれる。

先づ『淸淨莊嚴敬福經』は詳しくは如來在金棺囑累淸淨莊嚴敬福經といひ、(二〇)隋代經錄に敬福經として傳へられたもので、この具題からすると佛の入涅槃時を取つたもので、本文如是我聞の次に、「一時佛在拘戸那城娑羅雙樹間、說涅槃經竟」とあつて、僞作者はこの經を以て涅槃部類の一經に擬したものである。同じく隋代僞經の一たる『救護身命經』も說時を「娑羅雙樹間、臨涅槃時」としてゐる。次に大周錄に載つてる『法王經』一卷の現存本には、その末文に「是經名涅槃莊嚴般若波羅密無碍解脫」とあり、この經は涅槃、佛性、一乘、如來藏等を說き、涅槃經を豫想せしむる筆體である。『佛性海藏智慧解脫破心相經』は大周錄に始めて記載された唐代の僞經であるが、その說時を涅槃時の二月十五日とし、說處を拘尸那國としてゐる。これも大周錄に初見の『延壽命經』卽ち『延年益壽經』は、說時を「娑羅雙樹間臨般涅槃」としてゐる。『僧伽和倚欲入涅槃說六度經』は經錄には名が出てゐないやうだが、經題に既に涅槃時を連想してゐることは敢へて蛇足を要しない。この他に『佛母經』は佛(釋尊)母に關する經典で、これも亦「爾時世尊、入般涅槃倚臥雙林」と言つて涅槃時を取つてゐる。

特に隋代の僞經たる『華嚴十惡經』には、不斷善根の五善を擧げ、不飲酒不食肉を重視し、一經の首尾を通じて迦葉菩薩を對告衆としてゐること。「善男子一切衆生若受『大乘大般涅槃』」の語あること。並に不食肉の說意などからすると、大乘涅槃經の一節を增減した痕迹が歷然たるものがある。

(一) 開元錄(僞妄亂眞錄)、無爲道經の附註。

(二) 三階敎之硏究、第三部附篇二、大雲經と武周革命(六八五—七六一)。

(三) 大正藏經五一卷一六四上。

(四) その詳細は三階敎之硏究八一—八五並に別篇二三一—二五四參照。

(五) 拙篇、「道家の僞經に就いて」の三、道經文中の敬佛語錄、四、道家の僞作と佛語剽竊、參照(宗敎界第十四卷第九號)。

(六) 辯正論五(露八の四六)。

(七) 二敎論(露五の四七)。

(八) 開元錄はこの兩經を廣略の相違としてゐるが、處々廣略以上の相違がある。

（九）この時、流支から受けた經典について或は阿彌陀經といひ、或は往生淨土論（菩提流支譯）といふ。

（一〇）開元錄（僞妄亂眞錄）

本篇には僞經中でもその内容が稍々見るに足るべき『法句經』、『佛性海藏經』、『大辯邪正法門經』、『山海慧經』、『究竟大悲經』、『示所犯者瑜伽法鏡經』等に就いて、教義史上の觀察を試みることゝ、僞經中の佛敎術語の曲解附會それに伴ふ僞作の暴露と及び譯經の體裁を粧ひながら、支那に關する事項の多い點との三項を附說する積りであつたが、締切時日切迫のため後日に期することゝした。

燉煌出土稀覯古寫本に就いて

矢吹慶輝（1879—1939）

《宗教研究》"宗教學紀要" 1931

燉煌出土稀覯古寫本に就いて

矢吹慶輝

燉煌は現世紀に入つて僅々二十餘年間に遽かに世界の東洋學者の注意を喚起するやうになつた地名で、その石室から出た夥しき古寫本は現に英、佛、支、日の間に分散してゐる。そしてスタイン氏蒐集燉煌石室本は零簡殘篇までも合すると約八九千點になるさうだが、その中で佛教に屬するもので、且つ序か跋かに年號を有つてゐる寫本の最古のものでは、建初元年筆寫の十誦比丘戒本がある。これは大英博物館東洋部副主任のジャイルス氏もさう云つて居られたし、自分の調べた中でもさうであつた。この建初は「建初元年歲在乙巳」といふ干支からすると、佛教が支那に渡來してから建初といふ年號が前後三回ある中で、後蜀李特と後秦姚萇との建初（前者は癸亥で西紀三〇三、後者は丙戌で西紀三八六の改元）ではなくして、西凉李暠の建初（乙巳西紀四〇五改元）と推算される。李暠は初め效穀令から身を起し、北凉王段業に事へて燉煌太守となつたが、晋安帝の隆安四年（西紀四〇〇）に自立して凉公と稱し又王に進み、燉煌酒泉二郡に據つて藩を晋に稱した。そして東晋義熙元年（西紀四〇五）に改元して建初と云つたが、同十三年に暠が死んでその子の歆が立ち、間もなく北凉王蒙孫のために亡ぼされたから、この年號は僅か十餘年間續いた地方的のものであつた。この寫本の中で梵語の飜譯に當時の支那を指して「秦」と云つたり「晋」と云つたりしてゐるにも拘らず、年號だけはその地の支配者李氏の建初の年號を使つたことがわかる。

昺は文學を好み令名があつたので、偶々今の西安府即ち當時の晋昌の太守であつた唐瑤が叛した際、その打手の側に在りて次第に勢力を加えたが、自ら凉公と稱したのは術數家から「君、位人臣を極むべし」と言はれたのに起因する。この西凉建初の十餘年間に後燕、南燕、南凉、後秦など相次いで亡び、兩晋を合せて十五主百五十六年の晋室の亡びたのが、この西凉の亡びた西紀四二一年の前々年であつた。

羅什は初期に於いての佛經飜譯に一期を劃した人で、今でもその飜譯が現に各宗の間に行はれ、その中でも有名なのが阿彌陀經、妙法蓮華經等であるが、羅什が長安に入つたのが弘始三年（西紀四〇一）で、法華經を譯したのがこの寫本の書かれた建初元年の一年後であつた。所が秦僧阿道が高勾麗に傳道に來たのが前秦建元十年（西紀三七四）であり、魏の曇始が經律數十部を齎らして遼東に傳道に來たのが四世紀末だから、恰かも遼東や朝鮮に佛敎が傳はつた頃の寫本である。それから之を寫した成具といふ僧は、一時廬山の惠遠が止住したことのある江陵上明寺に居つた律學に精通した高僧であつた。又此の寫本の內容は十誦比丘戒本たが、それが又大藏經中に收められなかつた逸典で、十誦比丘戒本として現存のものでは、恐らく最古の未傳逸典であつた。

それから數多の勝鬘經の註釋中で、現存最古のもので且つ未だ曾て世に知られてゐなかつたものに、北魏正始元年（西紀五〇四）に筆寫された勝鬘經の註釋たる勝鬘義記一卷といふのがある。それからそれに次ぐ古い同經の註釋で、北魏延昌四年（西紀五一五）に寫された照法師、勝鬘經疏がある。そしてこの照法師の註釋を寫した人は高昌客道人といふから、今の吐魯番產れの人で、遙かに燉煌に來て居たものであつたことがわかる。曾つて元祿十六年に日本の道空が、吉藏の勝鬘寶窟を本邦で翻刻した時、今や一千餘年を經て、支那で無くなつたものが日本に殘存してゐることは珍らしいことだと記してゐるが、この寶窟が書かれた時より約百年も前に出て支那西陲の石室に埋もれてゐたものが、今復た世に出るといふことは稀有のことと謂つても過言ではあるまい。高昌は最近獨逸のル・コク氏が探檢されて既に大部の報告も公にされてゐるが、スタイン寫本中に延壽十四年鈔寫の維摩經がある。この延壽といふ年號は普通の支那年表に載つてゐないもので、これは一時此地を支配した麴氏の年號であつた。麴氏はこの高昌の地で百四十四年も續いた所謂支那西陲の豪族で、この時、高昌は中原が鼎の沸き立つやうな騷ぎの圈外に超然として小康を得た國柄であつた。延壽は麴文泰の年號で、その十四年（西紀六三七）は唐の貞觀十一年に當り、その後間もなく文泰の子の智盛の時に麴氏は唐室に統一された。これ等の顚末は近く故羅振玉氏の永豐鄕人雜著、高昌麴氏年表に出てゐる。スタイン氏の近著第三回旅行報告たるInnermost Asiaにも延壽の年號を有つたものが載つてゐる。

最近民國の胡適敎授からその近業（昭和五年四月公刊）神會和尙遺集を寄贈されたが、これはスタイン、ペリオ兩博士の燉煌蒐集寫本を基礎とした神會に關する新硏究で、支那の禪宗史を見直すべき幾多重要なる發見が報告されてゐるが、其資料中に引かれてゐる古本六祖慧能大師の法寶壇經は自分から送つた寫眞に據つて硏究されたもので、此古本六祖壇經は現流行本に比較すると、古本は紙數も約半分位で內容も亦頗る簡單であり、胡適氏はこれを神會の編作とされてゐるやうだが、それは兎に角、禪宗史上に重要なる硏究論題を提供するものである。支那の高僧中で最も廣く人口に膾炙した名は達磨大師であるが、その著述があつたか無かつたかが抑も根本問題であるとしても、曾て書名だけは傳はつてゐたのに現存のものがない。然るに眞僞は別としても燉煌本中に共著述と稱するものが現はれて來てゐる。日本佛教では淨土宗、眞宗などに代表さるる淨土教が大きな潮流を作つたが、之を支那佛教史の古い所で纒めたものは北魏の曇鸞であつた。そしてその著述として讃阿彌陀佛偈、略論安樂淨土義、往生論注等が今現に流行してゐるが、この中の或者に對しては、日本の學者の中で和製說を唱へた人もあつた。しかし燉煌から唐景雲の年號付の寫本が出たので、和製說は最早成り立たなくなつた。昨年日本で千二百五十年忌を勤めた唐の善導の著述なども、燉煌本の中に交つて存在してゐる。

支那六朝延いては隋唐の佛教の思想研究には、攝論宗や地論宗や涅槃宗や三階教の各派の研究を必要とするが今日材料の缺乏のために周密に手が屆かない。三階教の如きは全く燉煌本に據つて漸くその教義が明かになつたが、これからは他の佛教諸學派の新研究にも、恐らく燉煌本から光を投ずるやうなことがあるやうに思はれる。支那では道教が盛に僞經を製作したが。佛教內部からも數多の疑僞經が出た。時には佛教聖典中の五分の一が怪しい經典であつた場合もある。だから歷代それ等の疑僞經は除棄したが、その中には當時の思想なり運動なりに重要な役割を演じたものもあつた。だからそれ等の資料は特に重要のものが鮮くないが、惜しいことに散逸して仕舞つた。然るに自分の知つてる限りでも、燉煌から三四十部のこれ等の疑僞經が發見された。彼の武周革命に有力な口實を與へた諸香火本因經の如きは、全く武周革命の隱れた秘史であつた。それから今日では全く亡びて無くなつたが、第三世紀頃の世界的宗教であつた摩尼教の教籍斷篇たる下部讃や摩尼光佛教法儀略がある。その中に今日エスを耶蘇と漢譯してるのが夷數となつてゐる。唐代にはエスを夷數と音譯されてゐたことなども興味あることと謂つてよい。

自分は近くスタイン氏蒐集佛典古寫本の中から現に世に傳へられなかつたもの、(未傳佛籍)、及び古記錄にその名を存して今傳はらないもの(古逸佛典)、その他稀覯寫本類約二百點ばかりを集めて、鳴沙餘韻としてその影印と解說とを岩波書店から公にするつもりであるから、詳しいことはそれに讓ることにする。

神尾氏の観心論私考後記

矢吹慶輝（1879—1939）

《宗教研究》9-5˙ 1932

神尾氏の觀心論私考後記

矢吹慶輝

神尾式春氏が朝鮮總督府學務課長の要職に居られ、公務多繁の中に朝鮮に於ける古逸稀覯の珍藉を調査蒐集されてゐるのは年久しいことである。玆に公表された觀心論私考の一篇も、旣に今日迄に公表された他の研究と共に、實にその一端に過ぎない。

この論考では先づ觀心論に、朝鮮安心寺本、禪門撮要所收本、少室六門集破相論、燉煌本の諸種の異本のあることに注意された。それについて同氏は詳細なる對校を試みられたが此の論文中には省略されてゐる。

諸種の異本に對する新たなる發見にも增して、本論の著者を推定されたことは特に寓目に價する新發見である。由來學界では本書が多くは達磨の眞撰でないとしてゐながら、唯だ傳承的に達磨說として傳へられ、曾てその作者が判然しなかつた。同氏はこの論考で慧琳の一切經音義からして、之を北宗禪の神秀作だと攷定されたことは多とせざるを得ない。

拙編、鳴沙餘韻所收の燉煌本觀心論が、偶々この論考によつてその正體が判然したばかりか、支那禪宗史上の重要にして不明であつた點に、新たな光を投ずるものとして、特に同氏にこの論考の公表を慫慂した次第である。

最近、燉煌出土寫本によりて、倫敦、巴里、中華民國、日本から、それぞれ貴重な研究資料が提供されてゐるが、佛教各宗派中でも特に傳統を重んずる禪宗の史實が判然しないのに對して、幾多の新資料が提出されてゐる。神秀門下淨覺撰(開元時代)の楞伽師資記、その中に引用されてゐる安州壽山寺玄賾の楞伽人法志や、書名だけではあるが達磨撰の集成一卷、楞伽要義(一卷十二三紙)、外に僞撰の達磨論三卷や、又彼の略辨大乘入道四行曇琳序が既に開元時代に流行してゐたことを語つてゐる。それから唐大曆頃の作にかかる曆代法寶記が、前の淨覺とは反對の立場で、五祖弘忍から無住に至る迄の師資の傳法、傳衣の相承を記るしてゐる。それは傳法の袈裟が慧能から智詵の系統に移つたことにしてゐる。智詵には虛融觀三卷等三部の撰者のあつたこと。保唐寺和上傳頓悟大乘禪門を始め、全卷中に從來傳へられなかつたこれ等禪祖の語錄が少からず傳へられてゐる。

次に京北杜(?)朏字方明撰の傳法寶記は弘忍と神秀との間に法如を配して師資相承を傳へてゐる。卽ち達磨から弘忍までの五祖は通說と同じだが、法如を加へて神秀までを七祖としてゐる。

それから又沙門大照居士慧光の大乘開心顯性頓悟眞宗論は全卷六十餘番の問答を載せ、古逸不傳の唐代禪藉の一である。

その他、達磨の製撰と稱する無心論一卷や南天竺菩提達磨禪師觀門の如き、將た又終南山僧慧觀撰序の泉州千佛新著諸祖頌の如き、出土資料が少くない。特にこれ等の內に北宗禪に關する異聞を載せ、從來判明しなかつた禪宗史に幾多の說明材料を供給してゐるものが多い。又南宗系では神會の語錄が可なりに發見され、胡適氏の神會和尚遺集の中に神會語錄第一殘卷、同第二殘卷(南宗定是非論)、同第三殘卷が公刊されてゐる。今その本文の多くが大正藏經の古逸部に收められ、倫敦本の寫眞は拙編、鳴沙餘韻に載つてゐる。詳細は近く公刊の鳴沙餘韻解說に讓るが、今神尾氏の觀心論私考を讀み、所感の一端を記して之を後記とする。

《佛教思想》7-1' 1932

大英博物館秘話

矢吹慶輝（1879—1939）

大英博物館秘話

——三階教の研究生をめぐりて——

風水生

◇物語りの端緒

古來探險物語りがいかに我々の興味を唆り又探險家それ自身の血を湧かしたかは云ふまでもない。學者の學術探險も亦それに劣らぬ興味の外に我々をして一層の驚異と尊敬とを拂はしむるものである。かの英國のサー・アウレル・スタイン(Sir Aurel Stein)氏が中央亞細亞に一大探險をなして莫大なる古寫本や貴重な遺物を持ち歸つた、中で特に所謂燉煌にての一大蒐集の大偉業は餘りにも有名な話である。その際將來せし幾多の斷片殘卷は即ち今大英博物館に未曾有の寶典として奥深く秘められてゐる。スタイン氏の大旅行は前後三回にわたつてゐるが、第一回は于闐地方を中心とするもの、第二回は燉煌を中心とするものであり、燉煌踏査に際して偶然にも莫大なる經卷を蒐集するを得たのである。そしてそれらは大英博物館内にスタイン氏蒐集室(Stein Collection Room)に納められることとなつた。そこはスタイン氏が蒐集した材料を集める臨時の部屋であつて、云はゞ穴倉である。この大寶庫をめぐりていかに興味深き逸話があり、いかに尊き苦心の物語りが藏せられてゐるか。三階教研究の著者として今又鳴沙餘韻にその成果を報告されんとしてゐる矢吹博士は物語る——

◇軍事檢閲を逃れたこと

[illegible]スタイン氏がその第三回の旅行を終へて英國へ歸つた時で[illegible]をしてもらつたが[illegible]沒收か留置になつては駄目なので當時[illegible]あつた。時は正に歐洲大戰中で私は丁度その時ロンドンに居つたのでこのスタインの古寫本を調査させてほしいと云つた。

それで最初は何氣なく一ケ月位の積りでゐたのであつたが調査してゐる間に段々珍しいものが見つかつて、實に貴重なる文獻のあることを發見した。そこで何時しか滯在の費用がすつかりなくなつて困つた。その時折よく臺灣銀行支店の佐々木義彦氏より滯在費用を借用して大英博物館に前後六ケ月の間通つたのであるがその間に私は全く貧乏になつて了つた。

それでもやつとかうしてスタイン氏古寫本のロートグラフを六百枚もつて來たのであるが、さてロートグラフを取つたものの歐洲大戰中なので、戰時中は一切書類、文書といふものを身につけて持つてあるけないので、その持出しに色々と苦心をした。大英博物館から軍事上の秘密文書ではないと證明英國にゐたわが國の色々な人の世話によつて、とにかく軍事檢閲の差押へにかゝらぬやうに非常なる苦心をして日本にとゞけてもらひ、私自身は單身ロシアをまわつてシベリア鐵道で歸國したのであつた。

◇燉煌千年の塵を浴びて

現在ではスタイン蒐集品の調査はスタイン氏がロンドンに持ち歸つた後東洋語學校長デンソンロス氏が一度これを調査し、その後ジャイルス氏が精密なる調査をなして、最近はいよいよその目錄が出されるといふことであるが、總數八九千點にわたる寫本。勿論その中には斷片が多いけれども、とにかくその整理は一通りではない。私は大正五年六月から十一月までロンドンにあつてこの調査をしてゐたのであるが、初めて調査にかゝつた時は燉煌から持つて來たばかりの荷造りのまゝのものが多かつたので、小口から調査を初めてゐたが何しろ十二世紀頃に一度石室内に封じこめられてから近頃になつてやうやく明るみへ出された狀態であつて卷子本の寫本は大抵みな塵まみれになつてゐたのでその一つ一つの卷物を開いて見ると、燉煌千年の塵が一時にパツと花の都ロンドンで飛び出す有樣で紺地の洋服を着て朝から夕まで調査をしてゐると始終赤茶けて塵におほはれた。その結果咽喉を害して下宿に歸ると何時も含嗽をしなければならなかつた。

◇閲覽時間を過して

寫本調査の間は日本にゐるとは違つて身邊に大藏經も何もないので分らない斷片の鑑別が困難であつた。英國には今は大正大藏經も行つてゐるが大正五年頃にはオツクスフホードに縮刷藏經あり大英博物館に卍藏經と續藏經があり、印度省圖書館に宋版藏經（岩倉大使寄贈）があつただけで、殊に續藏經がこの寫本の調査には大いに必要であつたので圖書閲覽室でこれを借り出して調べながら下のスタインコレクションルームで調べたが珍らしい寫本の調査に氣をとられて時間がたつのを覺えなかつた程であるその穴庫に行くためには管理人の同行を求めてゆかなければならなかつたので、或時閲覽室の閉鎖時間に遲れて借り出した本を閲覽室に置いたのでひどくお目玉をいたゞいたことがあつた。

◇マニ教斷片の發見

スタイン、コレクション、ルームに行くためには豫めその部屋の係員に賴んでおいてその人の入る際に一緒につれて行つてもらふ事になつてゐたが、朝の九時に入ると十二時の食事に一度出て又一時頃に入室をさせてもらひ、午後の四時まで居るだけである。その間は室外に出ることは絕對に出來ない。煙草は勿論のめない。毎日こうした事をやつたが初めのうちは非常にそれが苦しかつたが慣れてくると辛くなくなり、殊に珍しいものが出るとそれに氣がとられて非常な興味と勇氣とを出したものである。だがこの穴庫に便所のなかつた事は大いに閉口した。

然し珍しいものが出ると大變愉快なもので就中マニ教の斷片である下部讃と稱するものが出た時、それはマニ教の大切なる禮讃文なることを見出しこれをスタイン氏に報じたところ大いに喜び同時にスタイン氏の方でも出來るならば滯在期間を延ばしてはどうかと云はれたので、その寫本の全部を見たとは云へぬが手當り次第に大抵のものは一通りは目を通したものである。がそれだけにでも實に五六ケ月を費すだけの豐富な材料があつた。

◇再び英國に渡る

大正六年始めに一旦歸國し六百枚のロートグラフに基いて珍しいそして多くは支那日本の學者に知られざる未傳古逸の佛籍を、たとひそれは斷片ではあるが全部日本の學界に研究資料として提供したいと希望したが、これには想當の資金を要するので幸に大正八年財團法人啓明會の補助により、これらの珍篇佚書のロートグラフ撮影に着手したが幾千點の寫本の中からこちらで必要な部分だけを拔き出して寫眞にとつてくれと云ふことは無理な要求であるために、なか〳〵旨くゆかない。そこで大正十一年十二月より更に啓明會の補助によつて再度英國に渡り再調査に從事する事となり、大正十二年の七月までロンドンで調査をした。然し今度はスタイン氏は印度に行つて留守であつたのでジャイルス氏の了解の下に調査をすることになつた。そしてスタイン、コレクション、ルームには入らずに、オリエンタル、スチューデント、ルームで借り出しただけの部分を毎日調査して、その調査の報告をジャイルス氏に提供しながら、主として佛教關係のものと限つて、而もジャイルス氏の承認を經たものをのみロートグラフにとることにして約八ケ月間に六千枚ばかりのロートグラフをとつたが大英博物館專屬の寫眞師（大英博物館の一部に寫眞室があつて貴重なる材料は同博物館の許可を經てこの寫眞室まで持ち出すことが出來る）にこれを急がすのが又一仕事であつた。然しいよ〳〵出來上つた時には、第一回の調査の時とは違つて世界大戰も終り世は平和になつてゐたため寫眞の國外搬出が自由であつたので、これ等は全部船中に持込んで航海中も時々これを引出して味讀することの出來たのは何とも云へぬ喜びであつた。

◇僅に關東大震災を免る

丁度船が着いたのは大正十二年九月一日夜で神戸港外に來た。ところが關東大震災で九月二日の朝八時に船が岩壁に着くや大震災と云ふ大騷ぎで何うなることかと思つてゐると、東京が海底に沒したと云ふ號外が出るやらで、船客は皆どうしていゝか戸まどひをした。午後四時頃に漸く東京全滅でないことが分り、兎に角この寫眞を安全にしなければならぬために神戸藤之寺の望月博士のところに行つた。東京から迎へに二人來たので、一人は船で横濱に向はせ、もう一人は私と一緒に汽車で中央線を廻り九月五日朝川口驛に着いた。東海道線が通ずるに至ると同時に、又二人で神戸へ行き稅關手續きを濟ませて取あへず藤之寺へ荷物の全部を預けて手荷物に持てるだけ寫眞を持つて東京に歸つて來た。當時東海道線には二ケ所徒歩連絡の場所があり重い寫眞を人足にかついでもらひそれを自分で護衛しながら自宅に持ちもどつた。當時は大きい荷物は送れなかつた。それで三度神戸に往復して、漸く寫眞の全部が安全に自宅に歸つたのは十月の末であつた。十月末漸く啓明會に寫眞全部を持ち歸つたとの報告をした。若しこの時船が二日前に着いて居れば無論荷物は横濱に廻送することになつてゐたから横濱の破止場で全部燒けて了つたわけである。この時の航海が一二日の違ひで折角の計劃も水泡に歸せしめたかも知れなかつた。その事を思ふと誠に僥倖であつたのである。

◇寫本閱覽規定

大英博物館のスタイン蒐集寫本は今はその目錄が旣に出來たと云ふことであるが大正十一年には未だ何にもなかつた。大正五年第一回渡英の際はその全部はスタイン氏の管理に屬し博物館の規則に從ふ事なく調査撮影の目的を達したが大正十一年渡英の際はスタイン氏の手を離れて大英博物館東洋部の管理に屬してゐたので、第一回の時とは全然事情を異にしてゐた。即ち總て大英博物館寫本閱覽規定に從はなければならなかつた。ところで寫本の整理方面からすると(1)當時目錄調整ずみのもの(2)表裝ずみのもの(3)まだ表裝の出來てゐない波瀾のまゝのものとの三種のものゝうち、(1)と(2)は見られても(3)に屬するものは閱覽出來ないのみならず又たとひ閱覽は許されても大英博物館が公表する前にその調査の發表を許すか許さぬは別問題であると云ふ狀態であつた。この寫本を見せてもらはぬと本當の調査が出來ぬので調査をする度每に必ず報告をすると云ふ約束でやつと見せてもらつた。

◇斷片鑑別の苦心

經典の斷片は勿論經題も品題もないのでそれらの鑑定は一寸むつかしく見えるものであるが、幸ひに讀み覺えのあるものやその中の文句から推して普現とあれば玄奘譯の大般若經であり、須菩提とあれば羅什譯の般若經であるといふ譯で、その他十の名數が出て來れば大抵は華嚴經であり、佛性といふ文字が多いものは涅槃經であるといふ樣な見方で判斷すると一通りは分るものである。但し小乘部類のお經の斷片になると、そう簡單にはゆかないので、分らないものも可なりあつたので、第二回の渡英のときには縮刷藏經全部をもつて行つたので閱覽中に分らないものが出て來ると下宿に歸つてその斷片の首尾の文を寫し取つたものを一々縮刷藏經にあたつてどのお經の斷片かをきめなければならなかつた。幸に寫本のお經といふものは大抵普通に讀まれたその當時流行の經典を寫したものが多いから大乘部類のものは分り易いが、併し一般的に云ふと一尺四方位のち切れた經典をこれがどのお經のどの部分だと決定することは容易な事ではなかつた。それを見當づけて探し出す爲には大變なる困難と辛抱とをしたのである。時には夜を徹したこともある。分つて見れば何でもないが、寫本調査の目的を達する爲にはこれだけの勞力を提供するのは當然であると覺悟して一大勇猛心を起してかゝつたのである。後にはジャイルス氏もその苦勞の多い事を考へて、簡單に分るものだけを知らして吳れゝばそれでよいとの事であつたが私としては自分自身の調査とは殆んど關係のないかうした仕事をして莫大なる勞力と貴重なる時間とを費した事は今になつて之を考へると實に思ひ出多いことである。併しこ貴重資料を自分の研究の爲に未だ公表の時機に達してゐない前に調査のみならず寫眞撮影をもしようとするのであるから、それを考へるとこれ位の苦勞は忍ばなければならないと思つた。勞力の提供なしに所期の目的を達せんとする事は如何なる場合にも無理なことであると云はねばならない。

◇啓明會の援助

實は第二回の渡英の時、啓明會からは目的さへ達すれば補助金を出すのはよいが、果して所期の通り目的を達し得るか否かといふことについては大いに危ぶまれたものである。瀧博士が英國へ行かれた時も東洋部で私の希望を傳へてもらひスタイン氏からも力添へを得たので何とか出來るだらうとは思つたが自分自身頗る不安であつた。當時啓明會の理事長であつた平山成信男からは駐英林大使に當て、何とか助力をして寫眞撮影の目的を達成さして吳れとの添書をもらつて往つたが林大使はその時丁度ローザンヌの會議に出席せられて留守であり、そこで直接ジャイルス氏に會つて事を運んだ。事業が完成に近づいた頃林大使が偶々ロンドンに來られた上田萬年先生を招かれた際、一緒によばれて事の顚末を語つた。大正十一年末ロンドンに往く途すがらパリーへ行つた時の事であるが京都帝大の羽溪了諦氏に會ひ、故大住嘯風氏の宅で晩餐に招かれた時に羽溪氏の話に、ジャイルス氏より戒本を見せてくれとの約束で大英博物館に行つたが駄目であつた。だから今度の君の寫眞撮影の事は困難であらうと云はれた樣な話で大いに心配したのであつた。最近胡適氏が神會和尚遺集を出したがその序文に六祖法寶壇經の寫眞を自分から贈られたと云ふ事を書いてゐるが、胡適氏は歸國の途上日本に寄つて、大英博物館で撮つて來られなかつた故に私の持つて歸つた寫眞を複寫して送つてくれと云つた。それで私は同氏にその複寫を送つたのであるがその後ジャイルス氏からも寫眞の寄贈を受けた。今に樂に閲覽が出來るやうになるが、未整理寫本を見るのだから今迄は容易ではなかつた。印度に分けて保管されることにもなれば尚更便宜になるわけである。

◇第三回旅行の蒐集品

インナーモスト、アジアが出來たが、寫本のことは一部だけ公表されただけで、まだ整理が出來てゐない。そこには今迄になかつた珍しいものといふよりは、珍しいものが比較的完全に保存されてゐるといふことは學界のために喜ばしいことである。」

◇三階教の研究と鳴沙餘韻

三階教之研究（岩波書店發行）は大英博物館本並にパリ國民圖書館本とで三十點の寫本から材料を取り入れそれにいろ〳〵な資料を取りまぜて研究をしたものであるが、前後兩回にわたつて撮影したロートグラフの中二百餘點をコロタイプにしてそれに解説をつけやうとするのが今着手中の鳴沙餘韻（岩波書店發行）である。燉煌千佛洞は鳴沙山の下にあるのでそれから書名をとつたものである。寫眞は去年の末に出來てゐながらまだ解説が出來てゐないので恐縮してゐる。

摩尼教下部讃に就いて

矢吹慶輝（1879—1939）

《第2回日本宗教學大會紀要》，1933

摩尼敎下部讚に就いて

矢吹慶輝

摩尼敎は Mani（摩尼、末尼、忙儞、末曼尼二一五或二一六——二七三或は二七四）の創めたもので、宗敎信仰に由つて東西兩洋を結びつけようとした世界的宗敎の一つであつた。從つてその擴布區域は歐亞の兩大陸に跨り、特に西南亞細亞、中央亞細亞、支那本土并に歐羅巴に傳はり、到る處でその地に行はれた在來の宗敎と交渉の痕迹を殘した。そこで佛敎とも基督敎ともゾロアスター敎（即ち支那での蘇魯支或ひは祆敎）とも道敎とも混交した。この他にバビロニヤ、カルデヤの神話、グノス派の哲學、ミトラ敎、景敎、マホメツト敎などとも交渉があり、凡そ諸宗敎中、摩尼敎ほど他宗敎を混合し折衷した宗敎は稀であつた程、珍らしい敎義組織を有つてゐた。

姑らく摩尼敎が西域各地を通過して支那本土に傳道されると、摩尼（末尼）、明門、明敎、二宗經、二尊敎などと呼ばれて、支那に於ける史籍雜著などからその關係文献を涉ると、少くとも六十餘件に達する程の夥多の記事があるに拘らず、その敎義や制度などに關する的確なる資料が極めて乏しい。その中で此下部讚は今日迄に知られた他の燉煌出土漢語摩尼敎籍と共に各方面から觀て重要なるものである。

下部讚は摩尼敎の禮讚集であるから長篇、短篇を合せて、二十餘文より成つてゐる。そして現存殘卷の初部に先づ「讚夷數文」がある。この夷數は景敎敎籍での翳數、移鼠に同じく、現時の漢音譯の耶蘇に當り、イエス Jesus のことで場合とがあつて、此處で讃美してゐる夷數は勿論摩尼敎のそれであつて、基督敎のそれではない。同様に佛といふ語も摩尼敎の敎祖や諸尊を呼ぶので、佛敎の敎祖や諸佛を意味するものではない。

下部讃の前後を通じて、基督敎の術語を引用してゐるのは極めて少ないが、佛敎語を利用してゐることが頗る多い。即ち繫縛、無明、輪廻、地獄、夜叉、法身、佛性、涅槃、布施、持齋、盧舍那、方便、如意寶、眞如、佛等、到る處に佛敎語を使つて摩尼敎特有の意義を附してゐる。

二十餘篇の一々の内容及び用語の意義などを詳説することは他篇に讓ることゝして、玆では姑らくこの下部讃が摩尼敎研究資料としての重要なる諸點を略説することにする。

摩尼敎の研究は現在尚未だ資料蒐集の時代と謂ふべき狀態で、今日迄に知られたる範圍からすると、その研究資料は大略五種に分類される。即ち

（一）Aphrates や Ephraim Syrus や特に Theodore bar-khōni 等の殘した文献のやうに東方基督敎中の資料

（二）Eusebius や Lycopolis や Titus 就中 Alchelaus や Augustinus 等の遺篇を含めて西洋に於ける資料

（三）重要文献たる Fihrist や al-Bīrūnī の遺著のやうにマホメット敎中の資料

（四）ゾロアスター（蘇魯支）敎中の資料

（五）數十部に達する近代の著述

となる、以上は從來西洋の學者に知られてゐた研究資料であつたが、その大部分が異敎徒からして摩尼敎に對する論難

や批評のために書かれたもので、摩尼教徒の傳へた摩尼教籍ではなかつた。然るに最近になつて新たに同教に關する新研究資料を發見することゝなり、特に中央亞細亞の學術探檢の結果、少からざる同教研究資料の蒐集を見ることゝなつた。この

（六）新發見資料

の中には、回鶻語や土耳古語や中期波斯語（ペルギー）や漢語やの寫本があり、その中には未だ研究が完了されてゐないものがある。そして大略、これ等新出資料は他教徒の所傳でなく摩尼教教籍としての貴重なる文獻であつた。

下部讃は大正五年（一九一六年）夏、大英博物館で、スタイン氏蒐集燉煌出土寫本の調査中、偶然に自分が發見したもので、スタイン氏の Serindia (vol. II. P. 922) 中にもそのことが記されてゐる。

燉煌出土寫本中で、今日迄に知られた同教の漢語資料中には、北京（北平）京師圖書館所藏の（一）波斯教殘經と、（二）スタイン氏幷にペリオ氏蒐集品中に兩分されたる摩尼光佛教法儀略と、（三）摩尼教讃文集たる上記の下部讃とは漢語の摩尼教籍で、此の他に同じく燉煌出土寫本の（四）老子化胡經も亦道教教籍中に混入せる摩尼研究資料である。此の中、（一）はシャヷンス、ペリオ兩氏の詳細なる研究あり、（二）にはペリオ氏幷に石田幹之助氏の研究があり、（四）も内外學者に知られてゐるが、（三）はペリオ氏（J. R. A. S. 1925）ワールドシュミット、レンツ兩氏（J. R. A. S. 1926）の僅かに一少部分の研究のみが公表せられてゐるのみであつて、その大部分は未だ研究が公表されてゐない。

かうして支那に於ける摩尼教傳道史料といふ點からすると

一、摩尼教籍

二、新舊唐書以下五代史、宋史等の一般史籍の史傳

三、文集、雜著、碑銘中の記傳

四、佛教教籍中の資料

五、道教教籍中の資料

に分かれる内で、下部讃は次の諸點に於いて重要にして且つ興味ある稀覯本である。即ち（1）波斯教殘經や摩尼光佛教法儀略や化胡經などの散文なると異つて、偈讃の形式を取つてゐること。（2）Acta Archelai や augustinus の著述（基督教所傳）などと異り、摩尼教徒の禮讃文たるの外、支那に於ける摩尼教徒の勤行式を傳へてゐること。（3）中期波斯語の漢音譯を保存してゐること。（4）波斯教殘經と共に從來稀に見る長篇の殘卷なること。（5）偈讃の作者や譯者が判明してゐること。（6）可なり多く佛教用語を轉用してゐて、支那に於ける摩尼教傳道と佛教との交渉を明示してゐること。（7）往々基督教用語を混入してゐて、西洋に傳はつた摩尼教との關係を反映してゐること等は何れも興味ある研究題目で、從來の宗教史上に新たなる光を投ずる點が少くない。

左に讃夷數文第一疊、七字一句、四句一行、全四十四行中の初二行について拙篇『下部讃の研究』（未刊）の一節を抄錄してその一端を例示する。

敬禮稱ニ讃常榮樹一　衆寶莊嚴妙無レ比　擢質彌綸充ニ世界一　枝葉花果〇〇〇

摩尼教教義は波斯教の二元觀を基礎とし、その世界觀並に人生觀は悉く明暗、善惡、正邪の二原理對立の思想に成る。而して此二元の生成變化を以て每に樹木の榮枯に比するを例とせり（二元と樹木崇拜の思想より轉化せるもの）。波斯教殘經には寳樹と死樹とを對立せしめ、吾等の心理作用中の相、心、念、思、意に於ける五明五暗の譬說とせり。即ち第一暗相は怨憎を根とし瞋恚を莖とし嗔を枝とし恨を葉とし分析を菓とし消淡を味とし讒嫉を色とし、此暗相に反對する明界相樹も亦怜愍を根とし快樂を莖とし歡喜を枝とし美衆を葉とし安泰を菓とし敬愼を味とし堅固を色となす等、以下暗界に屬する暗心、暗念、暗思、暗意及び明界に屬する心樹、念樹、思樹、意樹悉く根莖枝葉菓味色によりて說明せり。常榮樹は二元對立に於ける明界諸樹の根本たるもの（総極に非ず）所謂夷數を象徵す。Flügel (Mani. P. 10. X.) が、夷數を智惠樹 Baum der Erkenntniss と稱する所傳を載するもの是なり、衆寳莊嚴妙無比以下、常榮樹の樹德に擬して本體光明の勝德を擧ぐ。第三句は下の「璀璨彌綸充世界」に同じく明德を讚嘆せるもの、枝葉花果の下三字脫落。「亦如是」の類か。

〇〇諸佛花間出　一切智惠菓中生　能養五種光明子　能除五種貪

諸佛花間出の上、破爛のため不明。一切の二字か。諸佛は夷數を轉用せしに同じく佛教語を假りて、摩尼教諸神を標示し、一切諸佛は常榮樹の花より出で一切智惠はその菓より生ずるをいふ。第三句の五種光明子とは殘經に五分明身といふに同じ所謂善に屬する五元（氣、風、光、水、火）を指す。是れ明界の五子なるを以つて五種光明子といふ。Fihrist 中、「世界の構成幷に明暗の鬪爭に關する教義」の下に、太初に明暗の二元 Wesen あり、明界王 Der König der Paradiese des Lichts は無始以來、五身 Glieder (Sanftmut, Wissen, Verstand, Geheimniss,

(Einsicht)、五心 Geistige (Liebe, Glauben, Treue, Edelsinn, Weisheit) を眷屬とし、又明界王と共に無始の存在たる淨風(Luftkreis)と善母 Erde とありて各亦五身 (Lufthanch, Wind, Licht, Wasser, Feuer) を具せり云云といへり (Flügel, Mani, P. 86)。本文の五種光明子は最後の五身をいふ。下部讃は明界王を明尊（一六三行）無上光明王（一六七行）無上明尊（二一〇行）明尊父（二一一行）といひ、五種光明子即ち五元を五明（二二三行）五大光明佛（二二四行）善業明兄弟（二三七行）等といふ。波斯語、ソグド語、土耳古語等の斷片或は著述にも見られ、波斯思想よりすれば Ormuzd 即ち原人 l'Homme primitif より流出せる五元の擬人に當る。ギリシヤ、ラテン資料の五元は Cumont に、ペルシヤ語とソグド語本文につきては Müller に、トルコ語所傳は Von le cog の *K*huastuanift 中にあり (Traité P. 513)。此の中ペルシヤ語本トルコ語本は五分明身即ち五種光明子を直に Ormuzd とし、原人と見做せるも定說には非ず。能除五種貪の下二字不明なるも、五種光明子より類推するに、殘經に五類諸魔といひ (Traité. P. 522 に Kessler, Mani, P. 298を引けり)、Fihrist に暗界の五眷屬 (Nebel, Brand, Glühwind, Gift, Finsterniss)といふものならん。摩尼敎に種々の聖數ありしが、就中、五分法を用ゆる場合多し。僧階の如きも五階とせらる。

摩尼教下部讃に就いて（矢吹慶輝）の正誤表

		誤	正
一二二頁	第四行	祅	祆
一二四頁	第十二行	シャヅンス	シャヅンヌ
一二五頁	第二行	宗史	宋史
一二五頁	第六行	augustinus	Augustinus
一二七頁	第一行	(Einsicht)	Einsjcht)
同　頁	第二行	Luchthanch	Luchthauch
同　頁	第七行	le cog	le Coq

燉煌出土本楞伽師資記に就きて

矢吹慶輝（1879—1939）

《宗教學年報》1，1933

燉煌出土本楞伽師資記に就きて

矢吹慶輝

支那に於ける禪祖記傳中、直接資料としては梁寶唱の『續法記』七十餘卷等夙に失はれ、道宣の『續高僧傳』が比較的古傳とせらるゝも、元と禪祖傳を主とせるものにあらず。唐貞元十七年（八〇一）に成りし惠炬の『寶林傳』十卷。會昌元年（八四一）、六十二歲寂の宗密の『禪門師資承襲圖』、『禪源諸詮集都序』、『圓覺經大疏鈔』。降つて唐昭宗光化元年（八九八、一說光化二年）撰、玄偉の『聖胄集』五卷。梁開平四年（九一〇）に成りし惟勁の『續寶林傳』。南唐保大十年即ち後周廣順二年（九五二）に成りし文僜の『祖堂集』等あり。皆禪家の古傳を主叙せるものとして、略ぼ唐より五代に亙りての代表的撰述とせらる。宋眞宗景德元年（一〇〇四）に道原撰、『景德傳燈錄』三十卷出で、宋仁宗嘉祐六年（一〇六一）に契嵩撰、『傳法正宗記』九卷、『定祖圖』一卷等出で、仁宗天聖年中、李遵勗の『廣燈錄』三十卷あり、徽宗建中靖國元年（一一〇一）、惟白の『續燈錄』三十卷あり、續いて宗永の『宗門統要』十卷、祖琇の『僧寶正續傳』七卷等、宋代より淸代に及んで、『聯燈』、『普燈』、『五燈』、『傳燈』、『心燈』、『分燈』、『繼燈』、『補燈』の燈史類、今一々列擧の煩に堪へざるも、唐代の記傳に至つては『聖胄集』夙に散逸し、『寶林傳』は其の殘缺を耳にするも尙未だ公行を見ず、僅かに宋代の撰出にかゝる『景德傳燈錄』以下に引用せられしその鱗片を獲るに過ぎざりき。然るに最近燉煌出土古寫本に依り、倫敦、巴里、民國、本邦より幾多の稀覯資料を提供せらるゝに至れり。此等の資料中、少くとも從來の所傳に對し、補缺參酌の文獻たるもの多し。玆に開元時代の撰出に成れる『楞伽師資記』に據りて其の一班を叙せんとす。

『楞伽師資記』に倫敦本、巴里本の兩寫本あり。(一) 倫敦本は首末を闕く。殘卷首に序あり、次に

楞伽師資記一卷　　東都沙門釋淨覺居太行山靈泉谷集

の題撰號あるに依りて、先づ神秀門下、淨覺の撰にかゝるを知る。全卷の內容は、禪家の師資相承に關し、唐開元の頃、特に楞伽を中心とせる一派の所傳を叙べしものにて、往々普通の所傳と異り、幾多の異聞を傳へし稀覯寫本たり。

一　撰者浄覺と製作年時

浄覺の傳は『全唐文』三二七所載、王維の「大唐大安國寺故大德浄覺師塔銘」中に審かなり、曰く

禪師法名浄覺、俗姓韋氏、孝和皇帝庶人之弟也、中宗之時、後宮用レ事女謁寖盛、（中略）、況乎天倫、將レ議二封拜一、（中略）禪師歎曰、昔我大師、尙以二菩提一釋レ位、今我小子、欲レ以二恩澤一爲レ侯、仁遠乎哉、行之卽是、裂レ裳裹レ足以宵遁、乞食糊口以兼行、入二太行山一削髮受具、尋二某禪師故蘭若居一焉、猛虎舐レ足毒蛇熏レ體、（中略）、聞東京有二頤大師一、乃脫二履戶前一摳二衣坐下一、（中略）、大師委レ運遂廣化緣、（中略）、外家公主長跪獻レ衣、薦紳先生却行擁篲、乞二言於無說一請二益於又損一、（中略）不レ窺二世典一、門人與二宣父一中分、不レ受二人爵一、廪食與二封君一相比、（中略）、於レ是同レ凡現レ疾、處順將終、勿謂二衆人一、有レ疑皆問、我於二是夜一當レ入二無餘一、開口萬言音和二水鳥一、踴レ身七樹光映天人如二霓出行一、泯然趺座、以二某載月日一歸二大寂滅一、某月日遷二神於二少陵原赤谷蘭若一、香油細氎用以茶毗、合璧連珠爲二之葬具一、（中略）、升堂入室之徒數踰二七十一

と。浄覺は中宗の皇后韋氏の弟にして、同上塔銘に「弟在二人間一姊歸二鳳闕一」とあり、中宗は嗣聖元年（六八四）一月、韋氏を立てゝ皇后となし、后の父、韋元貞（京兆萬年の人）を侍中たらしめんとして事成らず。二月、武后のために廢せられて廬陵王となり、韋后と共に房陵に幽閉せられ備さに艱苦を嘗む。神龍元年（七〇五）位に復するや、皇后は必ず帷帳を旋して殿上に坐し、毎に朝政に預れり。是に由つて左右諫めて古來の帝王未だ婦人と政を共にするもの有らざりしを以てせしが、帝は幽閉中の誓約によりて之を聽かざりき。浄覺は即ち此の韋后の弟にして實に中宗の外戚たり。

『楞伽師資記』序に

大唐中宗孝和皇帝景龍二年、勅召入二西京一便於二東都一廣開二禪法一浄覺當二衆歸依一一心承事

といふ。按ずるに景龍四年（七一〇）六月、中宗は韋后のために酖弑せられ、次いで韋后並にその一族も亦臨淄王隆基のために亡ぼされ、景龍四年七月、睿宗位に卽き景雲と改元（七一〇）す。乃ち景龍二年の勅召は中宗の復位後、韋氏の權勢滿廷を壓せし時期なりき。王維の塔銘には浄覺の寂年を明記せず、唯だ「某載月日」と云ふ。『伽師資記』に

安州有二一箇一卽我大和上是也、乃刑類凡聖證同佛地、帝師國寶宇內歸依、[三]浄覺宿世有レ緣新蒙二指授一

と云へる安州大和上は、王維の銘塔に東京の頤大師なるべく、王維は乾元二年（七五九）に歿せるを以て、浄覺の寂年はその

以前とすべく、更に本記中に神秀門下の普寂、敬賢、義福、惠福の四禪師を擧げて未だその寂年を語らず。略ぼ同代の口吻を洩らせり。惟ふに『景德傳燈錄』弘忍傳中、「門人普寂義福等、並爲₂朝野所₁レ重」と云ひ、普寂は『宋高僧傳』九に開元二十七年（七三九）寂とし、『編年通論』十六、「佛祖歷代通載」十七には同二十八年寂とし、義福は『宋高僧傳』九、『舊唐書』九十五に開元二十年寂（一說同二十四年）[三]とせり。又本記を論駁せる『曆代法寶記』（大曆頃の撰出）に、「有₂東都沙門淨覺師₁、是玉泉神秀師弟子、造₂楞伽師資血脈記一卷₁」とせり。今此等の所傳を合せて、要するに淨覺は四禪師と同時代の人たりしを知るべく、從つて本書の製作は略ぼ玄宗の開元（七一三——七四一）時代に在りきとすべし。[四]

二　禪家の楞伽系統

本記は楞伽經に依りて禪家の師資血脈相承を辿り、先づ『四卷楞伽』の譯者、求那跋陀羅を推して支那の第一祖となし、達磨を以て第二祖となし、慧可以下皆楞伽に依つて心印を傳ぶるものとせり。本記卷末に曰く

自₂宋朝₁以來、大德禪師、代々相承、起レ自₂宋求那跋陀羅三藏₁、歷代傳燈、至₂唐朝₁惣八代、得レ道獲レ果有₂二十四人₁也。

と。劉宋より唐に至る八代とは、第一宋朝求那跋陀羅、第二魏朝菩提達摩、第三齊朝惠可、第四隨朝粲、第五唐朝道信、第六唐朝弘忍、第七唐朝の神秀、玄賾、安（弘忍門下の上足十人中の老安か）の「三大師」、第八唐朝の普寂、敬賢、義福、惠福の「四箇禪師」を云ふ。此の中、弘忍傳と神秀傳とには安州泰山和上玄賾の『楞伽人法志』を引用せり。玄賾は弘忍の弟子にして神秀と同學たり。從つてその弘忍と神秀とに關する限り、『楞伽人法志』の所傳は、恐らく『續高僧傳』と共に現存最古の史科たり。而して淨覺は玄賾の門下にして、『楞伽師資記』は實にこの玄賾の『楞伽人法志』を繼承し、當時の異說に對して專ら楞伽中心の傳燈を闡明せるものとす。

現存『楞伽經』には梵本、西藏本を除き、漢譯藏經中、宋元嘉二十年（四四三）、求那跋陀羅譯『四卷楞伽』と、北魏延昌二年卽ち梁天監十二年（五一三）、菩提流支譯『十卷楞伽』と、唐久視、長安年間（七〇〇—七〇四）、實叉難陀譯『七卷楞伽』との三譯のみ。此の中、『四卷楞伽』と『十卷楞伽』とは達磨渡來以前の翻譯にして、達磨が『楞伽經』四卷を慧可に授け、以て心印となすとは、『續高僧傳』、『景德傳燈錄』、『傳法正宗記』等重要たる諸傳の略ぼ一致する所たり。卽ち『續高僧傳』の慧可

（僧可）傳には「初達磨禪師、以二四卷楞伽一授レ可曰、我觀二漢地一唯有二此經一仁者依行、自得二度世一」[五]とあり、『景德傳燈錄』三には慧可の付法傳衣を敍し、『寶林傳』に依つて「師（達磨）又曰、吾有二楞伽經四卷一亦用付レ汝」[六]と云ふ。授經付法の前後に就きては兩記事一致を缺くも、その楞伽經を以て印信となすや一なり。更に慧可傳中に、那禪師並に慧滿等が常に四卷楞伽を以て心要となせしを傳ふ。

抑も南北朝代に於ける『楞伽經』の流傳は、求那跋陀羅譯の四卷本に依り、達磨が一度之を心要として慧可に授けしより、慧可門[七]下に注疏出で、爾來盛に流行を見しが、中唐以後所傳を缺き、宋明に及んで復再び世に行はるるに至れり。『續高僧傳』二十五、法冲傳に據るに、南北朝より唐に至る楞伽經研究の系統に二あり、一は達磨慧可以下禪家の系統にして他は攝論家の系統なり。冲傳、簡にして要を得たり、曰く

冲（法冲）以二楞伽奧典沈淪日久一、所在追訪無レ憚二夷險一、會可師（慧可）後裔、盛習二此經一卽依レ師學、屢擊二大節一便捨二徒衆一任レ冲轉敎、卽相續講三十餘遍、又遇二可師親傳授者一、依二南天竺一乘宗一講レ之、又得二百遍一、其經本是宋代求那跋陀羅三藏翻、慧觀法師筆受、故其文理克諧行質相貫、專唯念レ惠不レ在二話言一、於レ後達磨禪師傳二之南北一、忘レ言忘レ念、無得正觀爲レ宗、後行二中原一、惠（慧）可禪師創得二綱紐一、魏境文學多不レ齒レ之、領レ宗得レ意者時能啓悟、今以二人代轉遠紕二繆後學一、可二公別傳略以詳一之、今敍二師承一以爲二承嗣一、所學歷然有レ據

達磨禪師後、有二惠可惠育二人一、育師受二道心行一口未レ曾レ說、可禪師後、粲禪師、惠禪師、盛禪師、那老師、端禪師、長藏師、眞法師、玉法師 已上並口說二玄理一不レ出二文記一 可師後、善師 出二抄四卷一 豐禪師 出二疏五卷一 明禪師 出二疏五卷一 胡明師 出二疏五卷一 遠承二可師一後、大聰師 出二疏五卷一 道蔭師 抄四卷 冲法師 疏五卷 岸法師 疏五卷 寵法師 疏八卷 大明師 疏十卷

不レ承二可師一自依二攝論一者、遷禪師 出二疏四卷一 尚德律師 出二入楞伽疏十卷一

那老師後、實禪師、惠禪師、曠法師、弘智師 名住二京師西明一身亡法絕

明禪師後、伽法師、寶瑜師、寶迎師、道瑩師 並次第傳燈于今揚化 冲公自從二經術一專以二楞伽一命家、前後敷弘將二二百遍一、須便爲引、會未レ涉レ文、而通レ變適レ緣、寄レ勢陶誘、得レ意如一、隨レ言便異、師學者苦請レ出レ義、乃告曰、義者、道理也、言說已麤、況舒在レ紙麤中之麤矣、事不レ獲レ已作レ疏五卷、題爲二私記一、今盛行之

と。文中、「可禪師後」の粲は僧粲（璨）、那老師は僧那禪師にして、『續高僧傳』慧可の附見に、僧那、惠滿の兩門人を擧げ、

「故使下那（僧那）滿（惠滿）等師、常齎二四卷楞伽一以爲中心要上」と云へり。「可師後」としての善、豐、明、胡、明の諸師も亦慧可の門下なるべく、又「遠承二可師一後」の大聰、道蔭、沖、岸、寵、大明の中、沖は法沖なるべきを以て、略ぼ『續高僧傳』の撰者、道宣頃迄の慧可法孫の楞伽傳燈を知るべし。是に由つて又攝論家の別派に對し、禪家の楞伽系統の綿々、絕えざりしを見るべし。

蔣之奇の『四卷楞伽』の序に、達磨西來して、心印を二祖に傳へ、且つ『楞伽經』四卷を以て如來心地の要門となせしを敍し、次に

至二五祖一、始易以二金剛經一傳授、（中略）、則是持二金剛經一者、始二於五祖一、故金剛以レ是盛行二於世一、而楞伽遂無レ傳焉、今之傳者實自二張公一倡レ之[八]

と云へり。卽ち蔣之奇は、五祖に至りて『金剛經』に易へしが、その以前は『楞伽經』を以て心地の要門となせしを傳ふ。又蘇軾の楞伽經後記に、達磨が『楞伽』を二祖に傳へて心印となせしより、「祖祖相授、以爲二心法一」とし、宋慶曆（一〇四一—一〇四八）中、太子太保樂全先生張公の發願に由り『楞伽經』の弘通を委囑せられ、金山長老了元の勸說に由りて、元豐八年（一〇八五）、刻板に附せし顚末を記せり[九]。卽ち蘇軾は本經の傳承を以て「祖祖相授」とせり。

從來の所傳にては五祖弘忍に至りて楞伽に代うるに『金剛般若』を以てせしと傳へ、『續高僧傳』道信傳に據れば、五祖の『金剛經』使用に前んじて、四祖は『般若經』使用の端を開けるも[一〇]、『六祖壇經』に『楞伽』の變相を黃海東山の壁間に畫かしむとあり、慧能も亦斯經を應用せり。神秀は特に斯經を以て心要となせしこと張說の碑銘に出づ。加之、六祖の弟子、馬祖に「楞伽經以二佛語心一爲レ宗、無門爲二法門一」の語あり、唯だ三祖四祖に在りて楞伽との關係明かならざるのみ。此の間に在りて、本記は三祖四祖の楞伽相承を傳へ、更に遡りて求那跋陀羅に禪要ありしを錄せり。但し求那跋陀羅を禪祖とするは古來未だ曾て聞かず、單り本記のみ。更に攷ふべし。

抑も敎外別傳の禪宗に正依の經典あるは一見矛盾なるが如きも、諸經の間に在りて『楞伽經』は特に禪家の所說に共通點多し[一一]。祖々の傳承果して上述の如くんば、本記の主張も亦一古傳として興味ある參考資料たるべし。

由來、慧可の語として「此經四世之後、變成二名相一深可レ悲哉」と傳へ、楞伽系が動もすれば輒ち文字名相に捉はれ、宗途に遠ざかるの嫌ひありしならんも、『楞伽』に依つての師資相承を拒むべきに非ず。從つて本記の所說も亦寔に所由ありと謂ふべし。

抑も現存の楞伽章疏は唐法藏の『玄義』一卷、智嚴の『註』（卷二及五殘存）、燉煌本『楞伽經疏』殘卷以下、宋、明、清を通じて十六部あるも、六朝の注疏は夙に散佚せるを以て、本記の如きは姑らく教禪を論ぜず、楞伽經研究史上にも重要なる資料たるべし。

三　略辨大乘入道四行弟子曇林序

本記は達磨の渡來並に其の行蹟に關し、「餘廣如ニ續高僧傳所明一」[一二]と云ひ、所謂、楞伽心印の達磨の語を「謂レ可曰、有ニ楞伽經四卷一、仁者依行、自然度脱」と傳へ、次に「略辨大乘入道四行弟子曇林序」を引用して、達磨の言行を錄せり。今此の「略辨大乘入道四行弟子曇林序を以て『景德傳燈錄』卷三十所載、『菩提達磨略辨大乘入道四行弟子曇林序』に比するに、先づ本記は曇林となし、『景德錄』は曇琳となすも、諸傳記に林と琳（琳を彬となすは訛誤）とを混同せるを以て異とするに足らず。又序と本文との連鎖の語句を、『景德錄』には「此略序所出云爾」とあり、本記には「此略ニ所出一意在ニ後文一」とあるの外、多少文字の出入あるも、現に本記は「略辨大乘入道四行弟子曇林序」の全文を引用し、「此四行、是達磨禪師親說、餘則弟子曇林記ニ師言行一」と云へり。

由來此の曇林序は、達磨に曇林（琳）と稱する弟子の記傳なきを以て、多くは後世の製作とせらるゝも、本記は神秀、並に玄賾の弟子たる淨覺が、景龍より開元に至る迄の著述にかゝり、其の所傳の略辨大乘入道四行と共に其の序、達磨傳は少くとも『景德傳燈錄』を遡る二百數十年前、唐開元時代の古傳たり。

惟ふに『續高僧傳』を始め、燉煌本『歷代法寶記』、更に『景德傳燈錄』以下、宋元の諸達磨傳中、曾て達磨門下に曇林の名あるを聞かず。是に由りて「略辨大乘入道四行弟子曇林序」は多く疑義に附せられしが[一三]、本記は新出の一古傳として、炳かに曇林を達磨の弟子としてその略辨に序せるものとなせり。

曇林は恐らく、『續高僧傳』慧可の附見に[一四]、「在レ鄴盛講ニ勝鬘一並制ニ文義一」とある林法師なるべし。その『勝鬘經疏』の斷片が、屢々嘉祥の『寶窟』[一六]に引用せらるゝ「林公疏」、「林公云」の林公なるが如し。古來之を無臂林疏[一五]と云ひ或は「梁林法師（梁代の林法師）疏」と云ふ。曇林にして若し梁代の林法師なりとして、略辨序の達磨傳が果してその眞作なりとすれば、そは現存最古の達磨

傳たるべきも、本記が特に楞伽系に偏し、しかも開元時代の所傳なるを以て尙研究の餘地あるべし。(一七)

又「續高僧傳」に據るに、曇琳(林)は般若流支の譯場にありて筆受たりき。(一八)般若流支は熙平元年(五一六)より興和(五三九—五四二)の末迄、鄴に在りて經論八十五卷を譯せり。同じく『續高僧傳』に據るに大建十四年(五八二)慧哿が建業に栖玄寺曉禪師を訪ふや、「賜與二曇林一、解二涅槃疏一、譯二經後分一」とあり。(一九)曇琳は敎禪倂行の學徒たりき。しかも曇琳と同學の慧可が嘗て向居士に示せる語にも二入四行說あるを以て、達磨門下に曇琳あり、林が達磨の二入四行說を傳へしものと見るべし。契嵩は此の二入四行說の傳者其の人を得ず、曇林は「於二禪者一亦素無レ稱」從つて四行說は「達磨道の極」に非ずとせるも、凡そ達磨より五祖弘忍に至るまでは、上に既に述べしが如く聊か後代の禪風に異り、必ずしも經敎を排棄せざりしを以て、曇琳の如き禪惠倂行の門下ありしを拒むべきに非ず。

四 達磨語錄

本記は開元當時行はれし三種の達磨論に關して

集成一卷名二達磨論一也、菩提師(達磨)又爲二坐禪衆釋楞伽要義一卷一、有二十二三紙一、亦名二達磨論一也、此兩本論文、文理圓滿天下流通、自外更有(人爲告(造)達磨論三卷一、文繁理散不レ堪二行用一

と傳ふ。この他に尙二三の語錄を附記せり。これ等の記傳は悉く達磨傳に參酌すべき資料にして、更に又彼の三種達磨論は開元代に達磨語錄の行はれし確證とすべく、前二者特に『楞伽要義』一卷十二三紙の如きは、從ひそは楞伽系の所傳なりとするも、開元時代の記錄として、倂せて興味ある參考資料たるべし。

達磨は他の翻譯三藏と異り、嘗て一經を譯せず、又講說に努めず、專ら直截簡明の心要を傳へしかば、その遺業として特殊なる禪宗の一派を形成せしめしが、達磨の遺著或は語錄に關する的確の所傳なし。唯だ二入四行說は夙に『續高僧傳』に收錄せられ、恐らく達磨の直說ならんとせらるるのみ。『續高僧傳』の菩提達磨傳には、二入四行說を敍べて、「摩以二此法一開二化魏土一、識眞之士從奉歸悟、錄二其言語一卷流二于世一」と云ひ、當時旣に門下の語錄ありしを傳ふ。

義諦の禪籍志目錄に『達磨妙用記』一卷、『達磨信心銘』一卷、『少室六門集』一卷を擧ぐ。此の中、『妙用記』と『信心銘』とは明經籍志に依つてその書名を揭げしのみ。『少室六門集』は古來本邦に於いて達磨書と傳ふるものにして、(一)「心經頌」、

（二）「破相論」、（三）「二種入」、（四）「安心法門」、（五）「悟性論」、（六）「血脈論」を收む。皆達磨に假託して禪を說けるも此の集の作者判然せず。特に「心經頌」が唐玄奘譯の『般若心經』に依りて、しかも達磨の頌となすが如きは全く『禪籍志』(二〇)に所謂、「其僞不ㇾ足ㇾ論也」。又『破相論』は久しく達磨撰と傳へられし『觀心論』の異本に過ぎずして、但に達磨の作にあらずして神秀の撰たること別篇神尾氏の「觀心論私考」に說くが如し。要するに『少室六門集』所收の達磨の語錄は一として達磨の眞撰と看做し難し。又宋智昭の『人天眼目』（淳熙十五年、一一八八集）卷六に、『達磨眞性偈』（二十字）あるも、固より後代の所傳に過ぎず。更に又朝鮮所傳の『禪門撮要』上下二卷中、上卷に（一）「血脈論、初祖達磨大師說」、（二）「觀心論、初祖達磨大師說」、（三）『菩提達磨四行論』の三篇を收む。『觀心論』は既に達磨の作たらず。又他の二篇中『四行說』は普通の二入四行說を第一門（篇首）に掲げ、第二門以下之を布演して四十四門の長篇となし、老子を引用し(二一)淨土の業を欽ぶ等(二二)、誣加甚しく、『血脈論』と共に現形の成篇を以て直に達磨の眞撰とは看做し難し。『東城傳燈錄』上に「入楞伽四卷經疏五卷、同科文二卷、菩提達磨撰」を擧げ、『諸宗章疏錄』に「大乘坐禪法一卷、達磨述」を列ぬるも、諸將來錄中の達磨撰述と共に、恐らく後代の擬撰なるべし。此の間に在りて、本記の所謂『集成』一卷及び『楞伽要義』一卷が果たして如何なる內容を有せしかを知り得ざるも、從來達磨の眞說と傳ふる以外の未傳書目たるは注意すべし。

五　禪祖唐傳

僧璨（粲）は『續高僧傳』に其の傳を缺き、宋代の『景德傳燈錄』以下に微かに其の事蹟を傳ふるのみなるを以て、時として架空の人物とせらる。『禪學思想史』に、璨に關する唐代所傳として引用せられし典據中、姑らく興隆の『編年通論』(二三)十八所載、獨孤及の賜謚碑を除けば、『舊唐書』百九十一、『內證佛法相承血脈譜』並に『續高僧傳』二十の道信傳に過ぎず。但し此の中、『舊唐書』と『血脈譜』とは、纔に璨の名を傳へ、道信傳は璨の名なく唯だ居所皖公山と道信とにより微かに僧璨たることを推定し得らるゝ(二四)のみ。『支那佛教史講話』には、『續高僧傳』二十五、法沖傳に慧可の後に粲禪師の名を擧ぐるに依りて後代諸傳の根源となす。要するに『信心銘』の撰者として重要なる此の禪祖の唐傳としては僅に其の名を傳ふるのみ。然るに『楞伽師資記』は先づ「按續高僧傳曰、可後粲禪師」として、粲を「第四隨朝舒州思空山粲禪師」として其の略傳を敍せり。玆に『續高僧傳』の典據は恐らく法沖傳に據りしものなるべく、道信の奉事を十二年（『續高僧傳』には十年）となし、その臨終は「以レ手攀二樹枝一奄然氣盡」と傳へ、「終二於皖公山一寺中見有二廟影一」と云ひ、更に『詳玄傳』を引けり。要するに本記は從來動もすれば抹殺の危難に頻せる僧璨をして、玆に新たに唐代の記傳に依て、禪宗史上に判然たる其の足跡を印せしむるに至れり。人名地名に於ける璨、粲、瓈と皖、皖、鯇の異字、特に「隱二思空山一蕭然淨坐、不レ出二後記一秘不レ傳レ法」となして、所謂、『信心銘』を擧げざる點、其の他、璨の教旨等に就きては更に攷ふべし。

道信傳は『續高僧傳』(二五)二十以下の諸傳ありて、比較的詳審なるも、道信の撰著に就きては明かならず、近くは『禪籍志』にも之を記せず。偶々、楞伽經後記に「四組之禪宗論」の語あるも、眞否知るべからず。(二六)然るに本記が道信に『菩薩戒法一本』及び『入道安心要方便法門』の製作ありしを傳ふるは、開元時代の所傳として新たに研究項目を提供せるものと謂ふべし。

本記の第六祖(普通の五祖)、唐弘忍に就き、「蕭然淨坐不レ出二文記一、口說二玄理一默授二與人一、在二人間一有二禪法一本一云、是忍禪師說者、謬言也」として、所謂弘忍說と稱する『最上乘論』(二七)に言及せざるは先づ其の眞僞を疑はしむ。更に安州壽山寺玄賾撰『楞伽人法志』を引いて弘忍の詳傳を傳へ、忍は「生不レ矚レ文而義符二玄旨一」と傳ふ。又荊州の神秀は親しく忍の付矚を受けしが、玄賾も亦忍の門下として

玄賾以二咸亨元年一至二雙峰山一(弘忍の住所)、恭承二教誨一敢奉二驅馳一首尾五年、往還三觀(中略)、蒙二示楞伽義一云、此經唯心證了知、非二文疏能解一

と云はれ、所謂、楞伽に依りて「心證」を受くとなせり。

本記は弘忍の寂年を咸亨五年(六七四)二月十六日、春秋七十四となし、又馮茂山に葬ると云ふ。且つ『至レ今宛如二平昔一』と云ひ、「范陽盧子産、於二安州寺一壁二畫像一」と云ひ、更に李迴秀の讃文を附せり。又弘忍が終焉に方り、玄賾に告げし語として、「吾涅槃後、汝與二神秀一當下以二佛日再暉心燈重照一」を揭げ、慧能を單に十大弟子の一人に數ふるのみなるは炳かに本記が北禪中の楞伽系統に屬するものなるを示せり。

又本記は弘忍が門下の上足十人を評せる語として

又曰、如二吾一生一教レ人無レ數、好者並亡、後傳二吾道一者、只可二十耳、我與二(一)神秀一論二楞伽經一玄理通快、必多利益、(二)資州智詵、(三)白松山劉主簿、兼有二文性一(四)莘州惠藏、(五)隨州玄約、憶不レ見レ之、(六)嵩山老安、深有二道行一(七)潞州法如、(八)韶州惠能、(九)揚州高麗僧智德、此並堪レ爲二人師一但一方人物、(十)越州義方、仍便講說、

と云ふ。本記は到處に楞伽中心の思想を發揮せり。彼の南宗の系統を承けし宗密は、弘忍の下、「師資道合」、深く師の心に契ひ、獨り法衣を附せられしものを嶺南の盧行者（慧能）のみと傳へ、他の神秀等は「證悟未徹」にして未だ心源を究了せざるものとなし、弘忍門下の十人を數へて、(1)慧能(八)、(2)神秀(一)、(3)法如(七)、(4)襄州通、(5)智詵(二)、(6)義方(十)、(7)慧藏(四)、(8)蘄州顯、(9)揚州覺、(10)老安(六)とせり。(二八)

本記の第七祖、神秀傳も亦玄賾の『楞伽人法志』に據つて、二帝欽承の事蹟（武周の大足元年、中宗の神龍元年）を擧げ、神龍二年、壽一百餘歲、屈曲直の三字を遺囑して(二九)天宮寺に示寂すと傳ふ。僧傳中の神秀傳は『宋高僧傳』以後の傳錄に見ゆるも、從來唐傳としては玄宗朝、中書令張説撰の碑文(三〇)のみなりしが、今本記は、神秀の同學、玄賾の『楞伽人法志』に據りて、開元時代の神秀傳を新加せり。但し傳に「不ㇾ出二文記一」とありて、『觀心論』の遺著ありしを傳へざるは、本記所傳の語錄と併せて更に攷ふべし。

『景德傳燈錄』には、弘忍（第三十二祖）の下に、慧能（第三十三祖）の外、旁出一百七人、第一世十三人として、神秀、慧安、道明、曇光、禪慥、法持、知侁、法照、義方、道俊、玄賾(賾)、僧達、劉主簿の名を列ね、神秀、慧安、道明の三人のみを傳し、曇光以下は「已上十人無二機緣一語句不ㇾ錄」となし、單に其の名を列ぬるのみ。本記の十人と『傳燈錄』の十三人（玄賾加入）中、的確に共通の名は神秀、慧能、智侁(詵)、義方、劉主簿のみなるは注意すべし。

胡適氏所藏、巴里、倫敦兩本影印に依り、朝鮮、金九經氏の校勘本、『楞伽師資記』（民國二十年九月北平待曙堂校刊）は、始めに太虛師並に胡適氏の序を載す。太虛師の序中、禪祖の語錄特に念佛三昧兼修等、本記の所說が往々從來の所傳と異るものあるを指摘し、「頗異二後代禪風一故此書之出、當ㇾ爲二禪宗一重大公案一焉」と云へり。胡適氏の序は詳細に支那禪宗史上に於ける本記の價値を闡明せるものにして、簡にして要を得たる一箇の研究論文たり。

要するに本記は種々の方面より觀て、古禪史上極めて重要にして且つ興味ある研究資料とす。

註(一) 倫敦本 S. 2054、書題中、巴里本に依つて師字を補ふ。尚巴里本は撰號中、谷を會に作り、又集字を缺く。

(二) 舊唐書一九〇、文苑上。

（三） 下、傳法寶紀參照。

（四） 民國二十年出版、楞伽師資記卷首、胡適氏の序に曰く、「我們可ニ以推想一、淨覺死在ニ開元天寶之間一、約在ニ西曆七四〇左右ニ」と。又本書の著作年代に關し、「我們可ニ以推想一、此記作ニ於開元時ニ」と云ふ。

（五） 大正藏五〇の五五二中。致三の四九右。

（六） 大正藏五一の二一九下注。

（七） 致四の二八右。

（八） 續藏經二五套（三）の二一三左。

（九） 同上二五（三）の二一四。禪籍志に宗師註經類五十八部を列せる中、楞伽疏四部を擧げたり。

（一〇） 忽滑谷快天博士著、禪學思想史上卷三六八參照。楞伽師資記に弘忍門下玄賾の楞伽人法志を引き、神秀が則天武后の問（師承と典語）に答へし語中にも、師は東山弘忍、典語は「依ニ文殊說般若經一行三昧ニ」と云へり。

（一一） 禪學思想史上卷三三一——三三四。鈴木大拙氏。Studies in the Lankavatara Sutra, 1930, pp 89—124 參照。

（一二） 倫敦本は餘廣を餘度に作り、高僧を高師となし、巴里本は所明を所傳明とせり。

（一三） 松本文三郎博士著、達磨一〇七以下。忽滑谷快天博士著、禪學思想史上卷二九九—三一五。境野黄洋博士著、支那佛教史講話上卷六〇〇、六〇一等參照。

（一四） 致三の四九右。

（一五） 同上參照。賊のためにその臂を斫らる。故に世に「無臂林」と云ふ。

（一六） 別篇「北魏正始元年筆寫現存最古の勝鬘經義記に就いて」（第二部一三、一四、三七、三八、五〇等）參照。

（一七） 境野博士は曇琳を魏の般若流支譯經の筆受たりし曇林よりの脫化ならんといひ、曇琳序は僞作にして二入四行說は續高僧傳の文に取捨を加へし後代の作爲と斷ぜり。但し二入四行說と曇林序とは開元の頃、神秀門下の所傳として、從ひその內容は後代の所謂祖師禪の宗風に合致せざるものあらんも、更に研究を要するものなるべし。林岱雲氏「菩提達磨傳之研究」（宗教研究新九の三號昭和七年五月）に此の曇琳に關し、諸經錄幷に諸傳によりて曇琳を慧可の同學と見、曇琳の達磨傳を以て現存諸傳中の最古のものと主張せり。

（一八） 致二の八七左、菩提流支傳附見。琳を宋元明三本は林に作る。

(一九) 致二の八九左、法泰傳の附見。
(二〇) 大日本佛教全書本、佛教書籍目錄一の二七六。
(二一) 第十四眞俗二諦差別門及び第二十九大道覺悟易難門(四行論の七右及び一七右)。
(二二) 第二論主意樂差別門(四行論二左)。
(二三) 禪學思想史上卷三五四、三五六。
(二四) 支那佛教史譚話上卷六〇九。
(二五) 致三の九二左。
(二六) 禪學思想史上卷三六七參照。
(二七) 續藏經二編一五套五に收めらるゝ最上乘論一卷は、日本正德六年(享保元年、一七一六)の翻刻にして、原本は隆慶四年(一五七〇)、朝鮮全羅道安心寺の開版たり。隆熙二年慶尙南道梵魚寺開刊の禪門撮要上卷にも弘忍大師說としてこの最上乘論一卷を載す。
(二八) 續藏經十四套(三)の二七七右。
(二九) 唐書卷一二五、列傳五〇にその傳を載す。開元十八年六十四歲歿。
(三〇) 編年通論十四。

燉煌觀經變相略記

矢吹慶輝（1879—1939）

《今西教授還曆記念論文集》1933

燉煌觀經變相略記

矢吹慶輝

一、はしがき

大正五年（一九一六年）十二月、歐洲より歸朝の途次、偶々露都ペトログラド（レーニングラド）に當時、帝國大學書記官たりしオルデンブルグ氏を訪ふ。氏は一九〇七—八年間に、コズロフ大佐等と共に、蒙古四川を踏査して、西夏の古都、黑城 Kara-khoto より夥しき蒐集をなせり。此の中、善導の法事讃を發見せりとの報告あり（支那よりの報道）。又その燉煌調査中にも數多の古珍又は貴重なる資料ありて、その一部は既に報告を了せり。當時、同氏の談話中、千九百十七年三月頃迄には稍ゝ整頓せる報告書を出版すべき計畫なるも、戰時中出版費用約平時に三倍し、果して豫定の計畫を遂行し得るか否かを危ぶむとありしが、三月革命は此談話の後、四ケ月にして勃發し、次いで十一月革命あり、其後又一部の報告ありしを耳にせるも、今、露國に於ける學壇の消息を詳にせず。

予は露都滯在の約一箇月を亞細亞博物館（古寫佛典三百餘點あり）、人類學博物館（壁畫彫像等極めて多し）、コンサルヴトアル（カラコトの全部を未整理の儘に保管せり、オルデンブルグ氏は特に予を紹介して不許縱覽の蒐集品を示さる。予は半日を費して幾千點の珍什を瞥見せり）中の蒐集品の調査に費し、更にオ氏の自邸にて寫眞の縦覽並に調査に約一週間を要せり。

オ氏の自邸には夥多の實測寫眞を藏せり。前後七箇月間に、千佛窟四百四十三窟中の佛龕、彫刻、壁畫類を總計二千葉の寫眞に收め、寫眞の重要部は、特に畫工をして原色をその儘に描寫せしめて研究に資せり。オ氏は特に予が爲に其自邸に於て、此二千葉の寫眞閲覽の便宜を與へらる。予は深く其好意を謝す。下に列擧せる觀經變相略記は上記二千枚中に就いて其圖相の一端を記せるなり。

大正九年（一九二〇年）以降、佛國ペリオ氏の Les Grottes de Touen-houang と題せる寫眞帖の公刊あり。中に燉煌石窟の佛殿、佛龕、壁畫類に關し、最も詳細且つ組織的に石窟遺品の寫眞を收載せり。而して本書特に第二卷中、壁畫の觀經變相を傳ふもの頗る多し。

その代表的たる一變相に就きては、嘗て大正元年（一九一二年）、スタイン氏の Ruins of Desert Cathay に出で、後大正十年（一九二一年）刊、Serindia 並に Thousand Buddhas 中にも觀經變相に關する報告を載す。大正五年夏、初めて大英博物館に燉煌出土未傳古逸佛典を捜査せし際、再度、同館東洋繪畫部に於いて、當時未だ公開せられざりし燉煌繪畫を觀たり。本篇に收錄せる觀經變相略記は當時の覺書の一部たり。

偶々昭和七年、エレー氏の A Catalogue of Paintings recovered from Tun-huang by Sir Aurel Stein (1931) を大英博物館より寄贈せらる。本書にはスタイン氏蒐集、燉煌繪畫の全部を網羅せり。此中、印度デールヒ博物館藏八點、大英博物館藏三點は正しく、觀經變相たり。

即ち石窟壁畫観經變相には

1 第　十　窟 D_2
2 第 三 十 窟 C
3 第三十一窟 B
4 第三十一窟 D
5 第三十三窟 B
6 第三十三窟 C
7 第三十四窟 B
8 第 四 十 窟
9 第四十四窟 B
10 第五十一窟
11 第五十三窟
12 第五十四窟
13 第五十九窟
14 第七十　窟 C

第六十六
第六十七
第 七 十
第七十一
第七十二
第七十三
第七十六
第八十四
第九十四
第九十八
第 百 四
第百二十三

15第七十五窟B　　第百九十七
16第百十四窟　　第三百三
17第百二十窟　　第二百四十九
18第百三十九窟C
あり。ABCは窟内四壁の順序を表はし、下位の番號はペリオ氏の『燉煌石窟』寫眞の番號とす。
次にスタイン氏蒐集、燉煌觀經變相（幀、幡、軸類）中、大英博物館藏に（以下ヱレー氏の『燉煌繪畫目錄』番號及び頁數）
19第三十五（五九頁）
20第三十七（七〇頁）
21第七〇（一〇七頁）
あり、印度デールヒ博物館藏中に
22第二二二（一九〇頁）
23第二九五（二一八頁）
24第三一八（二二五頁）
25第四二七（二五九頁）
26第五〇一（二九〇頁）

27 第五二二（二九八頁）
28 第五二八（三〇〇頁）
29 第五三七（三〇六頁）

を藏せり。但し壁畫並に幅物中、此處に洩れしものあり、此他に観經中の一部（例へは九品變相の如き）を圖せしものあれば、之を以てその全數と見做すべきには非ず。以て燉煌地方に於ける觀經變相盛行の一斑を知るべし。

『鳴沙餘韻解說』第二部、「燉煌淨土教研究資料に就いて」（常盤博士還曆記念論叢に收載）の第二章、「淨土美術（観經變相を中心として）中に、

支那に於ける淨土美術の由來
善導と淨土變相
燉煌に於ける淨土變相
當麻曼荼羅との關係
照明菩薩經說の隱顯

等の諸點を略說し、特に善導發心の動機は西方變相を觀たるに由ると傳へられ、又『法事讚』下の「送至三西方石窟寶函中二」は、恐らく燉煌石窟を指せしなるべきを推測し、本邦當麻變相は固より、或は燉煌觀經變相中に善導所圖以前の變相あるべきを暗索せしが、燉煌觀經變相の圖様に就いては本邦に未だその概略を傳ふるものあるを聞かず。頃者、

スタイン氏の Serindia 並にヱレー氏の近著によりて、スタイン將來品に就いては略ぼその解說を見るに至りしも、未だ石窟壁畫に及ばず。是に由りて玆に、嘗て大洲大戰中、英露兩國に在りて備忘のために手記せし觀經變相略記一篇を載す。時恰かも戰時匆忙の際、固より誤記なきを保し難く、又今現圖或は寫眞を机邊に具へて再檢の機會を得ざるも、新たにペリオ、ヱレー兩氏の報告に對照しつゝ、久しく篋底に藏せし大正五年の舊記を掲げ、敢へて今岡敎授が多年淨土敎學に盡粹せられし功績鑽仰の微意を表するに擬す。蓋、往年至純淨治童女供養として、當麻曼陀羅の印施を受けしを追懷せるに出づ。若し本記が他日採訪の士に多少の便宜となり、幸にその是正を得ば寔に望外の幸とする所なり。

二　石窟壁畫

左に便宜上、今日迄に本邦に紹介せられし、第百三十九窟の觀經變相によりて、石窟壁畫の一斑を述べ、次に各石窟の番號順に諸觀經變相の圖樣を述べん。

本變相はスタイン氏の Desert Cathey 第二卷二〇二號の挿圖と同一壁畫に當り、同書挿圖は上部の外、完全に左邊を存し、右邊は竪に其半ばを傳ふるのみ。然るにオルデンブルグ氏の寫眞（第百十九窟C）は、右邊判明ならず。幸にペリオ氏の『燉煌石窟』Pl. CCCIII（第百三十九窟A左壁）は、左右兩邊並に中央を完具せり。今判明せる左邊よりす。

左邊。【第一段】日觀。【第二段】【第三段】水想觀中の「見水澂淸」と「見氷映徹」とを二段に描けるか。【第四段】寶池上に一大球形を描けり。惟ふに瑠琉地の內外映徹を圖して一球を描けるか、恐らく「映瑠璃地如億千日」の、一日には非ざるべく、或は「又似星月懸處虚空」の一月を取れるか。【第五段】「下有金剛七寶金幢」か。【第六段】樹觀か。圖は夫人の側に此土の樹を描きて彼土のそれに對照せり。「一々華葉作異寶色云云」の光景か。當麻變は日想、水想、寶地、寶樹、寶池、寶樓の順序にて各一段を當つるも、本變相は第二段より第六段迄に水、地、樹觀を描けるもの丶如し。蓋し經文地觀の內容は略ぼ水觀中に盡さる。【第七段】樓觀か。【第八段】華座觀か。【第九段】池觀か。經文各觀の次第を逐はんか、當然當麻變の如くすべきも、經文第六觀、樓觀文中、「寶樹寶地寶池是爲總觀想」の文あり、必ずしも經文各觀の順序に依らざるべからざるには非ざるべし。【第九段】不明。【第十段】像觀か。【第十一段】眞身觀か。【第十二段】第九より第十二に至る間に像觀と眞身觀を寫せるもの丶如し。【第十三段】觀音觀か。【第十四段】勢至觀か。【第十五段】不明。左邊は以上十五段に盡く。

右邊。上第一段より以下觀經發說の厭苦欣淨緣を描きしものにして、第一段は化前緣に當り、直に神通示現に接續し、序分を六段とせり。本變相は他變相に比して、序分の分段極めて少きをその特色となす。

中央。最下部に於て蓮華化生五人を現はせり。池渠會中に九品往生人を示せり。當麻變にては下部兩邊に樹下會と迎接會とあり、又下部の舞樂段が迎接會と橋にて聯絡せるも、本變相にては迎接會を缺き、直に樹下會と舞樂段とを聯絡せり。本變相は中臺會三尊の外、左右六菩薩を配し、併せて十五尊にして、寶樓會、光變會、虛空會あるも、大體に於いて圖樣簡素なり。

以下石窟の順を追ひその壁面の觀經變相を數ふべし。

第十窟 D_2

左邊最下に記あり、曰く「燉煌巍峩佛像○修造功成○中始建信女令（?）安徒○○×××空」と。

右邊。 寫眞は僅かに右邊縦左半部を存するのみにて、如何なる順序なりしかを確知し得ざるも、殘存部中、上より下に、夫人、寶地（?）、蓮座、夫人、座像、座像、立像を見得るが故に、他の多くの變相より類推して、觀經正宗分たること秋毫疑ひを容れず。

左邊。 上より【第一段】不明、耆山會か。【第二段】王及び夫人（左の下）が、一方は空中雲上の僧（上）及び他の雲上の一僧（右）を禮す。【第三段】不明。【第四段】右方上部不明。右方下に二臣あり、左方に一宮殿あり、宮前に二女及び他の一人物を配す。【第五段】闍太子と侍者とありて（右）、鞠躬如として王を敬禮せる一臣（左）に對す。太子來問の圖か。【第六段】中央上部に雲形あり、右方上部不明。右方下に夫人あり他方に王（?）あり、弟子來慰の圖か。此二段は或は幽囚の前後を現はせるか。【第七段】右方上部不明。闍太子の按劔と夫人驚懼との間に、一臣中間に介在して闍太子を遮る。害母諫事に當る。

中央。 樹下會の上方に舞樂段あり、華座段例の如く、樹下會と舞樂段との間に上品上生以下各品各生の標記あり、更に左方樹下會の下に三個の銘文あり、寫眞の文字讀み易からざるを遺憾とす。

第三十窟 C

右邊。 前段ありしか否か不明。今唯だ現存の部より數ふ。上より【第一段】座像佛。【第二段】より【第六段】まで座像佛。第二段より第六段までに夫人を描くこと四回。【第七段】右方に雲に乗れる人物あり、左方に背光の佛あり。【第八段】夫人幽室に向はんとするが如し。第一より第八までの諸段は韋提進食と厭苦欣淨緣とを描出せるが如し。【第九段】【第十段】兩段の痕迹を存せるも圖相全く不明。

左邊。上より【第一段】日觀か。【第二段】【第三段】【第四段】不明なるも水地觀か。【第五段】樹觀か。【第六段】池觀か。【第七段】坐佛あり形像觀か。【第八段】樓觀。【第九段】座像佛あり眞身觀か。【第十段】座像菩薩あり觀音觀か。以下不明。

中央。例の如くにして略式なり。

下邊。現存六横欄あり、九品を圖せるが如し。本變相は先づ多くの他の變相と異なり、左右兩邊を正宗分に當てて、序文を缺き、且つ全部に亙りて圖樣極めて簡素なるをその特色となす。第三十四窟B參照。

第三十一窟 B

右邊。縱欄三區に分かれ各六段あり。中、最下段を除き、右方第一縱欄上部より數へて、【第一段】夫人室內より日觀。此變相は總べて能觀者夫人を室內に描けり。以下同じ。【第二段】地觀。【第三段】より【第五段】に地、樹、池觀を擧げ、中欄五段、左欄五段を合せて定善十三觀を圖せるが如し。ペリオ氏の『燉煌石室』卷二、Pl. LXVII（第三十二窟右壁面）參照。

左邊。縱欄四區に分かれ各々八段あり、今便宜上、右方上部より數へて、第一縱欄中、【第一段】王と夫人。【第二段】

不明。【第三段】上部右に王あり左に雲上の僧あり、下部右方に守門者、左方に馬上の太子あり。【第四段】右上に佛あり、左方下に一男四女を描けり。王及び夫人と侍女か。【第五段】左方光明中に遙に佛あり、右方上の空中に二僧あり、其下に夫人の五體投地。【第六段】左に佛、右に夫人。【第七段】佛及び二脇士。【第八段】同上。第二縱欄中、【第一段】守門者と王。【第二段】幽室と夫人、左方雲。【第三段】第一の第三段に類す。【第四段】夫人哀請。【第五段】佛及び二脇士と夫人。【第六段】略ぼ同上。但し夫人起立せり。【第七段】不明。【第八段】佛及び二脇士。第三縱欄上部より【第一段】【第二段】不明。【第三段】太子が夫人の髮を握り二臣諫爭す。【第四段】王は幽室に、室の門外に夫人と二侍女。【第五段】佛及び二侍士と王（？）の敬禮。【第六段】佛及び二脇士と夫人。【第七段】【第八段】不明。第四縱欄上部より、但し本欄初二段を缺く。他欄の第三段より始めて、【第一段】王と二臣。【第二段】夫人投地と佛及び二脇士。【第三段】佛及び二脇士と夫人。【第四段】【第五段】不明。便宜上、欄と段とを上記の如く數へしが、本變相各段の順序は經說に準じて別に配當すべし。要するに左邊現存三十段によりて、父王の幽閉、弟子の來問、夫人の哀請、二臣の諫爭、光臺現土等、觀經發說の因緣を圖せるものたること明かなり。

中央。大略普通の如し。

下邊。本變相の下邊は、左右兩邊の下部を侵さず、中央の直下を總て九橫段（九品）に分てり。破爛褪色判明せざるを憾みとす。下邊の下に本變相の供養者を描けり。今便宜上、左邊の下六段を圖示すること下の如し。

王 二臣	太子夫人の髪を握る 二臣	?	王 守門者 雲上の僧 馬上太子
王 二臣	王 門外夫人侍女	夫人哀請	佛 王及夫人侍女
佛及二脇士 夫人投地	佛及脇士 王(?)投地	佛及二脇士 夫人	空中二僧 光中の佛 夫人投地
佛及二脇士 夫人	佛及二脇士 夫人	佛及二脇士 夫人(?)	佛 夫人(?)
?	?	?	佛及脇士
?	?	佛及二脇士	佛及二脇士

第三十一窟 D

右邊。四竪欄あり、下邊供養者を除きて總べて八段。観經序分を右邊三十二面に分寫せり。今便宜上、横の各段を右より數へてその變相を敍せん。【第一段】(1)不明。(2)幽室内の王。(3)門前馬上の太子。(4)幽室の王と夫人。【第二段】(5)幽室内の王と夫人。(6)不明。(7)夫人の哀請か。(8)雲上の僧及び机前説法者と(左)王か或は夫人(右)。【第三段】(9)王前の二臣。(10)夫人と太子と二臣。(11)雲上の僧、太子(左)と王(右)。(12)雲上の僧と馬上の太子(左)及び守門者(右)。【第四段】(13)王前二臣。(14)室内に一人階下に二人。(15)不明。(16)佛の説法。【第五段】(17)上部に三尊下部不明。(18)三尊

（左）歡喜せる夫人。(19)佛（左）と夫人（右）。(20)雲上の二僧（右）と夫人（下）。【第六段】(21)三尊（右）と夫人（?）（左）。(22)三尊（右）と王（?）（右）。(23)三尊（左）と夫人（右）。(24)三尊（左）と王（右）。【第七段】(25)說法者（左）と王（右）。(26)王（左）と夫人（右）。(27)不明。(28)三尊（左）と右不明。【第八段】(29)(30)(31)(32)不明。但し經說の順序は(1)(5)(9)(13)(17)(21)(25)(29)の縱欄順に數ふべし

左邊。三竪欄あり、各欄六段、總べて十八面あり、普通の十三定善を十八面に描寫せり。第三十一窟Bに例して推知すべし。

中央。上部に一區劃を設けて諸佛像あり、中央部より壁龕（奥室）に通ずる入口あり、入口の上方及び左右に淨土の二報莊嚴を描けるものにて、兩樹下大會並に華座段等普通の變相の如し。

下邊。壁龕入口を除き右邊、左邊、中央の下部を通じて、右方に五面左方に四面の圖あるも判明ならず。ペリオ氏『燉煌石窟』卷二 Pl. LXVI（第三十一窟左壁面）の觀經變相あり、序分を三十二面とせるも上記と附合せず。その詳細は室內壁畫の全部に關する詳報を俟つ。

第三十三窟　B

右邊。上より【第一段】佛及び脇士。【第二段】左方室內に王、室外に夫人、右方判明せず。【第三段】不明。第三段終りより中央の一部を浸して一鬼神像を畫けり。筆體本圖に異り、寫眞にては着色を知り得ざるも、色彩も亦本圖と異るが如し。恐らく此鬼神像は本圖色褪せ落剝せる上に新に畫かれしものゝ如し。

左邊。上より【第一段】上部不明なるも丘陵を見るは日觀か。【第二段】【第三段】【第四段】下節 139C の第二段より第四段に類似す。【第五段】樹觀と地觀か、或は池觀の合作か。【第六段】不明。【第七段】【第八段】左右に列べり。【第九段】共に座像。【第十段】立像。【第十一段】不明。【第十二段】蓮華の圖あり。座觀（？）。【第十三段】【第十四段】座像。【第十五段】不明。各段を分つ界線なきを以て姑らく夫人の數によりて各段を分つ。

中央。舞樂段と樹下會と相連り、華座段に於て三尊の外、左右各十二菩薩あり、合せて二十七尊なり。

下邊。左右中央の三邊に亙りて、鬼神像の爲めに右邊の下部不明となれるを除き、殘存下邊八面ありて、一面毎に人物二人（供養者）づゝを描けり。

第三十三窟 C

右邊。上より【第一段】日觀。以下觀者夫人を描くこと十六回。日、水、地、樹、池、樓、座乃至雜の十三觀を十六場面となせり。ペリオ氏『燉煌石窟』卷二、Pl. LXX, LXXI（第三十三窟左右兩壁面）參照。

左邊。上より【第一段】耆山會（三尊）。【第二段】雲中の三尊（右）室內の王（左）敬禮の夫人（中央）。【第三段】殿前に夫人あり（中央）、二臣は其左に、王は其右に在り。第四段室內に一人を見るのみにて他は不明。【第五段】【第六段】【第七段】圖あるも判明せず。

中央。中央下部舞樂段の下に鳥類あり、左右の樹下會と列なり、中央上部、佛の左右二脇士の外、各十四人づつの眷屬あり。圖樣概して簡潔。左右中央の三欄の下、一横段あり、幽かに二十三（？）人の供養者の像を見る。本變相作成の發願者ならんも破爛褪色して判かならず。

第三十四窟 B

右邊。上より【第一段】日觀。各段の區線なきを以て、夫人によりて數ふるに、【第二段】より【第十段】華座觀に及び。以下判明せず。

左邊。上より【第一段】不明。【第二段】佛像。【第三段】佛像。【第四段】不明。【第五段】より【第八段】佛像あり。左邊全部夫人と佛像とを圖せり。九品を現はせるか。

中央。例の如し。但し樹下會の佛を立像とせり。

本變相の全體に就て言はんか、左右兩邊の圖樣は簡素なるも、中央の圖相頗る詳密なり。ペリオ氏『墩煌石窟』卷二、Pl. LXXII（第三十四窟右壁）に之と別種の一變相あり。右邊に序分（略）、左邊に正宗分（詳）を圖せり。但し寫眞には下部を略せり。

第四十四窟 B

右邊。上より【第一段】幽室中の王。【第二段】沙門來現（雲上の僧）。【第三段】害母。【第四段】不明。【第五段】佛（左）と夫人（右）。

左邊。上より日觀水觀地觀の外、佛像三あり、中一は二立像なり、現存中に於いて段十二を分つべきが如し。不明の箇所多きを以て略す。

中央。樹下會は立像。

ペリオ氏『燉煌石窟』卷二、Pl. LXXVI（第四十四窟左壁）は、左右兩邊に日觀以下の正宗分を圖せり。中央、中臺會の菩薩に立像坐像あり、相迎會（立像）の外、樹下會なし。

第五十二窟右壁

右邊。正宗分。

左邊。寫眞は一部のみ。

中央。池渠會中に九品。樹下、相迎會中一會（坐僧）のみ。ペリオ氏『燉煌石窟』Pl. LXXXIV 參照。

第五十三窟右壁

右邊。區界線なく日觀以下夫人を描出すること十六回、その都度、所觀の對象を圖せり。

左邊。耆山會、禁父、沙門來現等を六段に描けり。

中央。中臺會は右側、脇士を併せて十一菩薩。左側、脇士を合せて十菩薩。兩相迎會中、左方觀音前進の姿を現はせり。樹下會なし。圖樣比較的簡潔。ペリオ氏『燉煌石窟』Pl. XCIV. 參照。

第五十九窟右壁

右邊。十三觀。

左邊。序分

中邊。中臺會左右眷屬各十五。樹下會、相迎會中一會のみ。池渠會中に九品。

圖式大略第五十三窟右壁に類す。

第七十窟 C

右邊。上より【第一段】日觀以下觀察者夫人を描くこと十六回。中央以下、座像を寫すこと六回。

左邊。上より【第一段】耆山會　中央に文あるが如きも不明。【第二段】太子馬上に在り二人躬を曲げ、五從者其周圍に在り、此他に更に二臣あり笏を持つて立つ。其後方に王及夫人亦五從者に伴はる。惟ふに此圖は二臣諫爭を主題とせるものゝ如し。

中央。中臺會中、佛と二脇士の華座の間に池渠あり、佛に左右各二大菩薩（外に小菩薩）あり。觀音勢至二脇士の周圍に各七菩薩を配せり。本變相の下部に五種の圖あり。又銘文あるも卒に判讀し難し。

第百十四窟　右壁

下部破爛のため、姑らく寫眞のみに就いて

右邊。序分。十六段。

左邊。日觀以下十八段。

中央。下部左邊相迎會の如し。ペリオ氏『燉煌石窟』Pl. CXCVII 參照。

第百二十窟 C_3

下部破爛。

右邊。耆山會、沙門來現、害母諫爭等の圖あり。

左邊。日觀以下。

中央。下部に池渠。舞樂二會判然たるも寶樹の下判明せず。ペリオ氏『燉煌石窟』Pl. CCCIII（第一三九窟A）參照。

この他、尚觀經變相と覺しきもの二三あるも略す。

三　スタイン氏將來の變相

以下掛圖としての燉煌觀經變相の中、スタイン氏蒐集品に就き、現に大英博物館並に印度デールヒ博物館に分藏せらるるものの中、左に筆錄せしもののみを例擧すべし。

第一 ch. lii ○○47

大幅。處々破爛特に下部全く散佚。後代白紙にて裏打せり。

右邊。上より【第一段】王使（東方波斯の服裝）、茅屋（左）より出でし一仙人の髮を握りて劍を扼す。【第二段】馬上兎を逐ふ人。此二段當麻曼陀羅に缺く。惟ふに經文に韋提希、佛に對し「我宿何罪生此惡子」と云へり。是に由りて古來觀經を疏釋するもの未生怨の宿緣を尋ねて『涅槃經』第二十、第三十四等を引用せり。而して龍興は更に『照明菩薩經』を引けり。惟ふに頻王子を求めて一仙を害する因緣は、涅槃經中に明かなるも、仙人通力によりて白兎となり、王此白兎を殺さしむるは照明菩薩經の所說に基く。導師は諸傳說を合糅せるも典據を示さず、又白兎の說話を載せず。照明菩薩經は記主既に其經文を見ずと云ひ、今闕本に屬す。【第三段】地上合掌白衣の人（右）。背光を負へる雲中の人（左）に對す。當麻の現通勸惡段（提婆通力を現じて太子に惡逆を勸む）に當るか。或は頻王の禮敬か。【第四段】頻王と夫人（左）とが高座上の僧（右）を敬禮す。當麻の受戒聽法の一段に當る。【第五段】太子劍を按じて（右）韋夫人（左）を逐ふ。時に一臣ありて之を遮る。當麻の害母遭諫に當る。【第六段】夫人（右）大瓔珞を兩手に擎げ、幽閉の重室に向ふ。室內外王を見ざるは七重室內の意か。【第七段】馬上（左）の太子が鞠躬如たる臣に對す。當麻の闍王來問の一段に當る。【第八段】守門者二人を殘して以下全部破爛。

左邊。上より【第一段】夫人右より日想觀。【第二段】夫人左にありて水想觀、堅冰凝結の圖樣のみにて全く當麻曼陀羅に類す。但し當麻は、波浪、湛水、堅氷の三態を示す。【第三段】夫人右に在りて寶地上の赤團を觀ず。經文、「又似星月懸處虛空成光明臺」の一部を寫せしものか。若し然りとせは此地觀の圖樣頗る當麻と異る。當麻は「有金剛幢擎瑠璃地金繩間錯又虛空中成光明臺兩邊華幢樂器爲嚴」の銘文に明かなるが如く、圖樣稍、複雜せり。【第四段】夫人右より瑠琉色の寶地を觀ず。惟ふに日水兩觀には滅罪の文なきも、地觀は特に「若觀是地者除八十億劫生死之罪」の文あり。是に由りて特に地觀を二段に描き、作瑠琉想の經文によりて此の一段を設けしか。經文瑠琉地を說くや、地下、地上、空裏の三種莊嚴を擧ぐるを以て、地觀の圖式唯だ一種ならざるも可ならんか。【第五段】夫人右より寶池（？）を觀ず。當麻の寶池觀は八功德水を表する爲めに八區劃をなせるも、本變相には九區劃を作りしかと記憶す。【第六段】夫人左より幢旛等を觀ず。此圖、樹觀中の「涌生諸果如帝釋瓶有大光明化成幢旛無量寶蓋是寶蓋中映現三千大千世界一切佛事十方佛國亦於中現」の一節を寫出せるか。【第七段】夫人（右）より寶樹を觀ず。【第八段】夫人左より寶樓を觀ず。【第九段】夫人右より一僧形（？）を觀ず。蓮座なし。【第十段】夫人左より蓮座上の一佛（或は菩薩）を觀ず。【第十一段】夫人右より一佛を觀ず。以下破爛。第九以下の三段は華座觀形像觀眞身觀等に當るべきも、第十二段以下を參照するを得ざるが上に、圖樣は當麻のそれに異る。華座觀の經文中「法藏比丘願力所成」の文あり、僧形は法藏比丘を表はせりとすべきか。但し暗索のみ。エレー氏は目蓮（？）とせり。第十、十一は或は形像眞身の二觀に當るか。左邊各段に銘文を書くべき小欄を劃せるも銘文なし。

中邊。寶地段、寶樹段、寶池段、寶樓段、華座段、虛空段を描くこと圖式略〻當麻のそれに類し、又『法事贊』等に合せり。但し略式にして、寶池段に於て左右相迎會なく、並に寶樹段樹下會を左右に描けり。又中間の華座段に於いて、一佛二菩薩の外に、佛の左右二僧づつ合せて四人、二菩薩の左右に七菩薩づゝ併せて十四人、總て二十一尊なるは當麻の一佛二菩薩左右十七聖（僧形なし）、總て三十七尊なると異れり。

下部破爛褪色の中、供養者並に殘存文字あり、供養者の服裝は唐代に屬す。

敬畫西方淨…………像

皇帝……………………

合家無知災難

……年…月

亡父安國信一心供養

婆任氏一心供養

ヱレー氏『燉煌繪畫目錄』第五二八號（三〇〇頁）參照。

第二 〇〇51

上下部破爛、大幅。圖様略ぼ第一に同じ。

右邊。上より【第一段】夫人合掌起立して（左）蓮座上の佛（右）に對す。【第二段】夫人五體投地の狀をなして（右）寶樹下蓮座上の佛を禮す。【第三段】太子劍を按して立ち（右）、夫人袖を擴けて驚き逃ぐ（左）。二臣諫爭す。【第四段】夫人食器を持し（右）、遙に幽室中の王に向ふ（左）。【第五段】馬上の太子（右）が敬禮せる一臣（右）に對す。閻王來問に當る。右邊現存せるもの僅に以上の五段に過ぎずして、上下部を缺く。本變相にては右邊の各段を分つに各意匠を用ゐ、塀を以て段の區界を明にせるは當麻の圖様に類せり。

左邊。上より【第一段】日觀（?）。【第二段】夫人（右）水（?）（左）を觀ず。地上中央白色の一區あり氷想か。【第三段】夫人（右）寶樹と寶池とを觀ず。【第四段】夫人（左）寶樓（右）を觀ず。【第五段】夫人（右）寶地を觀ず。第一の第二段堅氷の圖樣に似たり。或は水想觀の一部か。又或は寶池觀か。水、地、池は一見して定め難きものあり。當麻は地、樹、池、樓の順序なるも本變相は之に準ずべきか否かを知らず。【第六段】夫人（左）華座（右）を觀ず。【第七段】夫人（左）佛の形像（座像）（右）を觀ず。【第八段】夫人（右）佛の眞身（座像）（左）を觀ず。【第九段】夫人（右）觀音（左）を觀ず。【第十段】夫人（左）勢至（右）を觀ず。當麻の形像觀は三尊にして、眞身觀は佛圓光中四化佛ありて、各二菩薩を脇士となすも、本變相には形像觀、眞身觀共に一佛のみにして、圓光中に化佛明かならず。

左邊の各段に分段の區劃なし。

中央。下部缺損せるも、地、樹、池、樓、華座、虛空の莊嚴略ぼ第一に同じ。相迎會か樹下會の一。中央下部の舞樂會に於て左右の二樂手僧形にして、舞者一人菩薩形をなし、當麻は菩薩形に於て樂手八人舞者二人、童子形に於て樂手六人舞者二人となす。西隅の樹下會に於て佛の外に菩薩二人のみ。又華座に於て、佛及二菩薩の外に二僧六菩薩ありて併せて十一尊のみなるは、當麻の三十七尊に比して頗る侍士の數を減ぜり。ヱレー氏『燉煌繪畫目錄』第二九五號（二一八頁）參照。

第三　００１８

右邊。上より【第一段】一仙人が茅屋の前にて（右）、馬より下りし赤衣の王使（左）に對す。【第二段】赤衣の宮人が馬上より（右）一兎（左）を射る。以上二段當麻に缺く。此說話照明菩薩經說に基くこと前述の如し。第一右邊の第一段第二段參照。【第三段】蓮座上の立佛（右）に對し、頻王（赤衣）と夫人（紺色）の敬禮。【第四段】第三段の王と夫人とが（右）蓮坐上放光の一佛（左）を敬禮し、就中夫人は五體投地の狀をなせり。惟ふに第三第四兩段は夫人幽囚以前大王と共に「向耆闍崛山遙禮世尊而作是言大目犍連是吾親友願興慈悲授我八戒」の特請あり。又既に夫人の幽閉後「向耆闍崛山爲佛作禮而作是言如來世尊在昔之時恒遣阿難來慰問我云云」の哀請ありて、佛が目連及び阿難を遣はし、更に佛も亦耆山より王宮に來りて「身紫金色坐百寶蓮華」の身を現ずといふ。第三段は何れかの遙禮を描けるもの丶如く、第四段は王宮會の一段を示せるか。但し第五段以下夫人幽囚の顚末を敍して、目連、阿難何れかの來問を描けるは當麻と同じく、厭苦と欣淨とを示し、遙禮と見佛と光臺現土とを描けるもの丶如し。【第五段】支那城壁風の牆內にて、太子怒りて劔を按し（左）夫人（中）の逃ぐるを追ひ、二臣（薄紅の衣を着く）諫爭の態度を取る。害母段。【第六段】太子堂上にあり赤衣の人（左）地下に揖禮を取る。諫爭段。【第七段】王は室中に（右）夫人は地上に（左）雲に乘ぜる一僧（目連）空に（中）在り、受戒聽法の一段。【第八段】太子堂上（左）にありて、母に幽閉を宣す。守衛二人。【第九段】二守衛が夫人を導く。以下破爛。本變相にありても他のそれに同じく、王使、王、太子皆冠を戴けり。

左邊。上より【第一段】日觀（左）と夫人（右）。【第二段】水觀（右）。以下夫人の位置を略して所觀境の位置のみを記すべし。夫人は常に所觀境の反對の側に在るものと知るべし。【第三段】氷想觀（左）。【第四段】水觀（右）の如し。【第五段】寶地觀（左）。第二以下の四段皆方形の一區を畫き、第三段に堅氷の相あり、第四段に白色の圓珠あり「又似星月」か。第五段に田字形の畫あり、寶地に當るか。【第六段】寶幢（左）の如きものを見る。地觀の一部か。

【第七段】蓮葉（左）上に往生人を描く。【第八段】寶樹觀（右）。【第九段】寶樓觀（右）。【第十段】左に蓮臺上の菩薩（觀音？）あり。【第十一段】佛の立像（右）。【第十二段】佛の坐像（右）。【第十三段】菩薩像（勢至？）、第十段以下當麻變の形像、眞身、觀音、勢至諸觀に當る。【第十三段】蓮上に往生人（右）あり。【第十四段】同上。是より往生人を觀ずるものの如きも、以下斷片にて知り難し。

中央。大略第一第二の圖相に類し、西側の樹下會に三尊あり、中臺會に於て二大士の周圍に各七菩薩あり、佛と二大士との間に二人あり、併せて十九尊たり。聖衆の員數は第一第二とも異り又當麻とも異る。本變相には左右兩邊各段に銘文を記すべき小欄を作れるも文字なし。

ヱレー氏『燉煌繪畫目錄』第五七三號（三〇六頁）參照。

第四　００２１６

破爛褪色、現存部大略左の如し

右邊。上より【第一段】日（右）觀。【第二段】水（左）觀。【第三段】樹（右）觀。【第四段】不明。【第五段】樓（左）觀。【第六段】座（右）觀【第七段】不明。【第八段】佛像（左）觀。【第九段】不明。【第十段】觀音（左）觀。【第十一段】勢至（右）觀。

左邊。上より【第一段】杖を手にして一仙人茅屋を出づ。【第二段】王使白兎を殺す。【第三段】目連富樓那二僧來問。【第三段】太子と守門者。第一段の銘文に曰く「此仙人是阿闍世王前世之身」と。

中央。全部缺損。頗る大幅にして、下欄に十惡者の行相を圖せり。

右邊。上より【第一段】山中に佛あり靈山會か。【第二段】室內に合掌し戴冠して樺色の衣を纏へる頻王（右）あり、室外地上に稽首せる夫人（中央）あり、佛は遙に（蓮臺上）雲中（左）にあり。夫人は赤衣を着く。【第三段】王冠を戴ける閣王が劔を振つて韋夫人を追ふ。【第四段】宮殿中卓を置いて閣王（右）が地下の一臣（左）に對す。耆婆の諫爭。【第五段】王は幽室中に（左）、夫人は樺色の衣を着けて（右）地上にあり、二僧雲に乘りて來問す（中央）。第五段の下恐らく銘文を書かんが爲めに設けし一區あるも文字なし。【第六段】左邊に馬上の閣王あり恐らく幽室往問か。以下破爛。

第五　Iii　0033

右邊。上より【第一段】日觀。【第二段】長方形の一區中に一圓を描く。瑠琉珠を畫けるか。【第三段】水觀。【第四段】氷觀。堅氷を表はす圖様なり。【第五段】樓觀。【第八段】樹觀。【第九段】立像佛あり形像觀か。【第十段】觀音觀。【第十一段】勢至觀。【第十二段】二人。【第十三段】蓮華化生の人。【第十四段】右に夫人あるも、左方判かならず。以下斷破。

中央。淨土の莊嚴を描けること略ぼ上述諸觀經變相に同じ。ヱレー氏『燉煌繪畫目錄』第五二二號（二九八頁）。

第六　1762（XLVii 004）

九品の往生人を畫き、一々上品上生等の標示あり。

以上五幅の觀經變相が古色蒼然として處々破爛せるものと相違し、着色體裁總て後代の作と推せらる。

此の他、ヱレー氏の『燉煌繪畫目錄』には、現今大英博物館藏として、

第三五第（五九頁）

第三七號（七〇頁）

第七〇號（一〇七頁）

印度デールヒ博物館藏として

第二二二號（一九〇頁）

第三一八號（二二五頁）

第五〇一號（二九〇頁）

あり、同書に就いてその圖様を知るべし。

以上は旅中の手記に基けるもの多く、今再査の資料と其機會とを得ず。切に探訪の士の詳定を俟つ。

敦煌浄土教研究資料に就いて

矢吹慶輝（1879—1939）

《佛教論叢．常盤博士還暦記念》

燉煌淨土教研究資料に就いて

矢吹慶輝

一　燉煌と竺法護及び淨影慧遠

淨土教卽ち西人の所謂、阿彌陀佛中心の佛教 Amidaism は、殆んど大乘佛教の存在せし各地に行はれたり。從つて其の史蹟は印度、西域、支那、西藏、朝鮮、日本等の諸部に分つて研究調査せらるべきものたるや論なし。且らく支那淨土教史に自ら南北二地の發達を見るべく、而して燉煌地方淨土教は、北地西邊の淨土教中、重要の地步を占め、同時に今恰かも磨滅の碑文に比すべき西域淨土教を窺知せしむべき關門たり。燉煌は實に西域南北二道の分岐點にありて、長く西域と支那中土との文化交換所たりき。今史論を別篇に讓り、玆に燉煌地方淨土教の直接研究資料を列記し、併せて燉煌佛教が如何に重要の地位に在るかの一端を述べんとす。

梁『高僧傳』中、燉煌關係の高僧として、譯經に竺法護あり、義解に竺法乘、(一)于道邃等あり、就中、西晉の竺法護は燉煌出身にして、(二)支菩薩或は燉煌菩薩と尊稱せられ、(三)支那初期佛教に於ける著名なる譯家なりき。(四)淨土教關係經典中、『歷代三寶記』六には『無量壽經』二卷(永嘉二年正月十一日譯)、『般舟三昧經』一卷の翻譯ありきと傳へ、(五)現藏經中には闕譯とせらるゝも、法護に彌陀淨土經の翻譯ありしは否むべからず。現に藏經本中、法護を誤りて他譯となすものあり。(六)詳細は別篇に讓るも、先づ燉煌菩薩に彌陀淨土經の翻譯ありしは注意すべし。

『續高僧傳』中に著名なる燉煌出身者に淨影寺慧遠あり。道宣は「釋慧遠、姓李氏、燉煌人也、後居二上黨之高都一焉」と傳ふ。慧遠は開皇十二年(五九二)、壽七十の入寂に至るまで、著述頗る多く、「所流章疏、五十餘卷二千三百餘紙、別紙九百四十五言」と傳へられ、『大乘義章』十四卷二百四十九科を始めとして、『地持』、『十地』、『華嚴』、『涅槃』、『維摩』、『勝鬘』、『壽觀』、『溫室』の經疏を著はせり。就中、その著、『觀無量壽經疏』は、『無量壽經疏』と合せて、本邦淨土教家の間に在りて、善導以前、諸師淨土教の一代表とせられ、常に天台、嘉祥と併稱せらる。慧遠の『觀無量壽經疏』の製作は固より支那中土に在りしが如きも、支那佛教史上に既傳の諸觀經疏中、(七)其の經疏のみが、古くより其の出身地たる燉煌地方に行はれ、(八)今現に石室出土寫本中に發見せらるゝは亦奇緣と謂はざるを得ず。本寫本は(九)續高僧傳が壽觀と略稱せしが如く、「無量壽觀經義記一卷」と題し、(一〇)題號並に卷數に古色を保存すると共に、現行義疏に比して異文異字頗る多く、對校本として將た又現流本の成書となる迄の中間本として實に興味ある寫本たり。寫本の特質に就きては別篇に讓るも、支那に於ける諸師淨土敎家中、其の重要なる一代表者が嘗て燉煌人なりしは、先づ燉煌淨土敎の由來を暗示するものと謂ふべし。

註(一) 法乘は燉煌出身ならざるも、竺法護の弟子として燉煌に入り、僧祐は、「大化西行乘之力也」と贊せり(結一の二〇左)。法護と道邃とは正しく燉煌出身なり。

(二) 西晉末(三一〇頃)寂、壽七十八。梁僧傳には晉惠帝(二九〇—三〇六)末の寂とせり。

(三) 「李廓錄及雜別錄幷云、支菩薩譯經六部一十六卷」(致六の四三左)。

(四) 梁高僧傳(致二の四左)。

(五) 致六の四左。

(六) 境野黃洋氏著、支那佛敎史之研究には、現存平等覺經の譯者は支識に非ずして法護なること(三八頁)、三卷本般舟三昧經も亦支識譯に非ずして法護譯とせり(三三頁)。尙拙篇「無量壽經の譯者に就いて」(宗敎界七の十一明治四十四年十一月)參看。

(七) 隋の靈祐、(致三の三)、智顗(致三の五八)、吉藏(致三の一八)、唐の法常(致三の三八)、道綽(致三の八二)、道誾、窺基(大慈恩寺三藏法師傳)、圓測(致四の八四)等。

(八) 今日迄に判明せしものの內、天台、嘉祥の觀經疏或は無量壽經疏は大英博物館藏本、巴里國民圖書館目錄、及び京師圖書館目錄中に判然せず。

(九) S. 524 鳴沙餘韻 16, 1 (三段)にその全文を載す。

(一〇) 長西錄には「觀無量壽義疏一卷三五丁」とあり、東域錄には疏一卷、文雄の敎籍錄には義記一卷、玄智の敎典志には義疏二卷と云ふ。義記と義疏と意義に於いて大差なきも義記を古型とす。

二　淨土美術(觀經變相を中心として)

支那に於ける阿彌陀佛若くは其の淨土の藝術としては、先づ佛教初傳の當時、天竺鷄頭摩寺五通菩薩作、彌陀像の傳來說(一)あるは且らく之を措き、其の史傳に明かなるもの、前にしては宋僧亮の丈六無量壽銅像(二)、梁法悅、智靖の丈八無量壽像(三)、高齊道長、隋明憲、曹仲達、道詮の彌陀佛並に五十菩薩圖(四)、梁沈約の安養淨土圖等(五)あるも、就中、唐善導の淨土變相は最も著名なり。善導は『彌陀經』を寫すこと十萬卷、淨土變相を畫くこと三百鋪と傳へらる。今、數多の善導傳中、貞觀十九年(六四五)、卽ち善導在世中の編作(六)にかゝる道宣の『續高僧傳』には、彌陀經を寫すこと數萬なりしことを擧げて淨土變相を畫ける記事なきも、自ら善導に私淑し、世人「後善導」と綽名せし唐少康が、文諗と共に、貞元二十一年(八〇五)、善導を距る僅に百餘年の作に成りし『瑞應傳』(七)の所錄なるを以て、淨土變相三百鋪圖(八)の記事は史料となすに足るべし。後、宋王古の元豐七年(一〇八四)作(九)、『新修傳』中の善導傳にも、寫經十萬、變相三百餘鋪とせり(一〇)。且つ『瑞應傳』には善導は『少出家、時見二西方變相一、嘆曰、何當託二質蓮臺一、棲二神淨土一』と傳ふ。乃ち淨土變相は抑も善導發心の動機たりしを知る。善導所圖の淨土變相は普通に觀經曼荼羅と稱せられ、『觀無量壽經』の全內容を巧に一鋪の圖畫に收めたり。

記傳金石を除き、姑らく『樂邦文類』卷二卷三によりて、唐代に於ける詩文の名家が殘せし淨土讚記類を見るに、先づ李白の「金銀泥畫淨土變相讚」(一一)は正しく淨土變相讚にして、白居易の繡西方淨土幀讚(一二)には、「繡二西方阿彌陀佛像及本國土眷屬一部一」とあるを以て、これ亦淨土變相に屬し、同じく白居易の「繡阿彌陀佛讚」(一三)は繡像に過ぎざるも、其の「畫西方淨土幀記」に出づる工人杜宗敬の淨土畫は『阿彌陀』、『無量壽』二經に據りて、中央三尊の外、「眷屬圍繞、樓臺妓樂、水樹華鳥、七寶嚴飾、五彩張施、爛々煌々」とあるを以て、淨土變相たること疑ひなし。此の他、韓愈の「吊武侍御畫佛文」柳宗元の「龍興寺修淨土院記」等、皆淨土美術の資料たらざるなし。是に由りて先づ唐代に踵を接して淨土變相の續出せるを知るべし。

宋代に及んで、また孤山智圓の「西方淨土讚」(一四)、東坡蘇軾の「畫阿彌陀讚」(一五)、寂音惠洪の李伯時畫「彌陀讚」(一六)、提刑楊傑の「淨慈七寶彌陀像記」、「建彌陀寶閣記」、大智元照の「開元寺三聖立像記」(一七)、「無量院造彌陀像記」(一八)等、阿彌陀並に淨土に關する讚記極めて多し。宋哲宗元符二年(一〇九九)、延慶寺內の淨土院成る。院は觀經十六觀を象り、「構屋六十餘間、中建二寶閣一、立二丈六彌陀之身一、夾以二觀音勢至一、環爲二十有六室一、室各兩間、外列二三聖之像一、內爲二禪觀之所一」と傳ふ(一九)。此の他、唐段式の寺塔記(二〇)に出づる趙景公寺三階院、西廊下の范長壽畫、「西方變及十六對事實」の如きも亦觀經變相たり(二一)。斯くして其の顯著なるもののみを摘記するも、優に唐宋時代にの出土品中にある阿彌陀並に其の淨土に關する古藝術的遺産なりとす。而して支那本土に於ける此の情勢に呼應するものは、正しく燉煌石窟及び其淨土美術特に淨土變相が各地に勃興せし大勢を語れり。

燉煌千佛洞(千佛巖)、四百四十三窟中、其の夥しき諸佛諸尊像を始めとして、其の壁畫及び出土畫中には、佛傳、釋迦淨土、藥師淨土等の變相あり、觀音、文殊 地藏等の諸尊像あり、就中、觀經變相及び觀音像最も多し。石窟壁畫及び出土畫中の或物は唐の年號を有せり。現今支那本土に在りても唐畫の眞蹟極めて罕なりと稱せらる。これ燉煌繪畫の珍重せらるゝ所以の一たり。大正五年末、西歐より歸朝の途次、偶々ペトログラード(現今のレーニングラード)に、前露西亞帝國大學書記官オルデンブルグ氏を訪ひ、同氏が前後七個月を費して、燉煌千佛洞の壁畫類を撮影せし二千餘葉の寫眞閲覽の機會を與へらる。予は同氏の好意により其の自邸に在りて上記二千餘葉の寫眞を閲覽し、苟くも觀經變相と覺しきものは悉く其の要項を手記せしが、總て十一點の觀經變相あるを知れり。時恰かも戰時中なりしを以て、一切文書の携帶を許されず。仍て右略記二通を製し、一通は郵送し、他の一通を携帶せしが、兩つながら幸に完きを得たり。

嘗て一九一二年に公にせられしスタイン氏の Desert Cathay[二一] 中に、偶々觀經變相の一壁畫が紹介せられしより[二二]、本邦の當麻曼荼羅支那善導所圖の同變相との關係に於いて當時本邦學界の注意を惹きしが、一九二一年スタイン氏(英國)の中央並に西端亞細亞學術探檢の報告書たる Serindia[二四] 及び千佛洞の畫集たる Thousand Buddhas[二五] 出で、一九二〇—二一年、ペリオ氏(佛國)の石窟に關する實寫、Les Grottes が公にせられてより、同じく觀經變相たる數多の壁畫に就き稍詳細の報告に接せり。然れどもスタイン氏並にペリオ氏の諸報告中、未だ觀經變相壁畫全部に關する總括的報告に接せざりき。蓋し觀經變相壁畫中には破損褪色甚しく、又從つて影印に付し易からざるものあるを以て、其の報告中に洩れしものあり。是に由つて試みにオルデンブルグ氏の燉煌石窟壁畫寫眞中よりの觀經變相を、右石窟の番號順に配列すること左の如し(ABC等は窟內四壁の順序を示す)。

(1) 第　十　窟D2
(2) 第　三　十　窟C
(3) 第 三 十 一 窟B　　第六十六葉

(4)	第三十一窟D	第六十七葉
(5)	第三十三窟B	第七十葉
(6)	第三十三窟C	第七十一葉
(7)	第三十四窟B	第七十二葉
(8)	第四十一窟	第七十三葉
(9)	第四十四窟B	第七十六葉
(10)	第五十一窟	第八十四葉
(11)	第五十三窟	第九十四葉
(12)	第五十四窟	第九十八葉
(13)	第五十九窟	第百四葉
(14)	第七十窟C	第百二十三葉
(15)	第七十五窟B	第百九十七葉
(16)	第百十四窟	第三百三葉
(17)	第百二十窟	第二百四十九葉
(18)	第百三十九窟C	

右の表中、オルデンブルグ氏所藏寫眞の分は、大正五年露都に於ける寫眞手抄によりしを以て、石窟の番號に異同若くは重複或は誤記ありしとせば更に訂正を要す。石窟番號の下にＡＢＣを附せるはオルデンブルグ氏の寫眞に依り、影印の葉數を掲げしはペリオ氏に據れり。從つて石窟壁畫中、觀經變相はこれに盡くるか否かを知らざるも、同一經典に基く變相が斯くの如く數々壁畫とせられしは、明かに燉煌淨土敎弘布の一班を語れるものとす。『燉煌錄』に曰く、「其山（鳴沙山）西壁南北二里、幷是鐫二鑿高大沙窟一、塑二畫佛像一、毎窟動計費税百萬」(二七)と。石窟内の觀經變相も亦其の一部たり。

一九三一年、ヱレー氏の『スタイン氏將來燉煌繪畫目錄』出づ。[二八] 本目錄はスタイン氏蒐集畫中、大英博物館所藏と印度デールヒ博物館所藏との兩者に就きて詳細なる解說を試みしものとす。卽ちスタイン氏蒐集燉煌畫幡幢等中、一部は大英博物館に一部はデールヒ博物館に藏せらるゝを以てなり。此の內、大英博物館所藏の

(19)(20)(21) 第三五 第三七 第七〇

は正しく觀經變相に屬し、デールヒ博物館所藏中

(22) 二九五 (ch. 0051)
(23) 三一八 (ch. 00104)
(24) 四二七 (ch. v. 001)
(25) 五〇一 (ch. liii. 003)
(26) 五二二 (ch. lv. 0033)
(27) 五二八 (ch. lv. 0047)
(28) 五三七 (ch. lvi. 0018)

も亦觀經變相たり。而して阿彌陀佛並に三尊像若くは淨土變相も亦少からず。例せば三〇四 (ch. 0067)、三三八 (ch. 00132)、四七五 (ch. xxviii. 005) の如きは彌陀三尊像にして、此の他、三七四 (ch. 00402)、四九九 (ch. xlvii. 001)、五四四 (ch. lviii. 0011)、の如きも亦淨土敎關係資料たり(以上デールヒ博物館所藏)。更に又燉煌出土畫中、最も多きは觀音像にして、これ等悉く燉煌地方に於いて、會て淨土敎が如何に深く其の根柢を固めしかの確證たらざるなし。

これ等數多の燉煌觀經變相中、本邦所傳の當麻曼荼羅に比して其の異色の一例を擧げんに、一圖 (iii. 0047) には、右邊、上よりの第一段に、王使(官人)茅屋より出でし一仙人の髮を握りて劍を扼するの圖を描き、第二段に馬上一兎を追ふの人を描けり。又他の一圖 (0018) には、右邊、上よりの第一段に、赤衣の王使が馬上より下りて茅屋前の一仙(右)に對する圖あり、第二段に官人馬上よ

り(右)一兎(左)を射るの圖あり。こは普通の観經變相に缺くる場面にして、本邦所傳の観經變相との對比上極めて興味ある圖相たり。

本邦所傳観經變相は大略、四區に分たれ、向つて左邊に耆山會、次に禁父、禁母、厭苦、欣淨、化前の五緣を現はし、禁父緣の初めは調達の現通勸惡に始まる。右邊には日、水、地、樹、池乃至雜想の十三定善を、下邊には散善九品を描き、中央は中臺會を中心として、上に虛空、光變、寶樓の三會を、下に池渠、舞場の二會を、左右各々に樹下、相迎の二會を現はせり。然るに燉煌變相を見るに、圖式一樣ならず具略互に異る。例へばペリオ氏の石窟壁畫影印中、姑らく描寫年代を別として、單に其の詳略の點のみを見るに、第三十一窟(左右二葉)、第七十窟(右一葉)、第百十四窟(右一葉)の如きは、其の詳密の部に屬し、第三十三窟(左右二葉)、第三十四窟(左一葉)、第四十一窟(一葉)、第五十一窟(右一葉)、第五十三窟(右一葉)、第四十四窟(左一葉)、第五十九窟(右一葉)、第百二十窟(右一葉)、第百三十九窟(左一葉)の如きは其の簡略の部に屬す。特に上述二幅の變相の如く、禁父緣の始めに一仙より兎身に、兎身より太子阿闍世に再轉生する往因を描けるものあるは、燉煌變相中の一特色とすべし。されど概言するに、左右兩邊中央下段の構圖の體裁、各段表現の方法等は略ぼ本邦所傳の當麻曼荼羅に符合せり。スタイン氏の Serindia 並に Thousand Buddhas ペリオ氏の Les Grottes エレー氏の Catalogue を對照の上、各種變相の特色に關する詳細の調査報告は他日に讓るも、此の夥しき燉煌観經變相の遺品に依つて、燉煌地方淨土教が、一時如何に隆盛なりしかの一斑を語る極めて有力なる證左たるの外、更に此の內、當麻曼荼羅の藍本に擬すべきものあるが如く少くとも其の姉妹本として観經變相の由來を語る恰好の資料たり。

日本に於ける初期淨土美術中、中宮寺の天壽國繡帳は、淨土變相か否かに就きて異說あるを以て姑らく之を除き、法隆寺金堂壁畫の彌陀佛、智光曼荼羅、當麻曼荼羅(法如尼作と傳ふ)等數多あるも、淨土變相として、幾度かの傳寫を經つゝ[二九]、比較的正確に其の圖樣を今日に傳ふるものは、當麻禪林寺所傳の淨土變相なり。此の當麻淨土變の緣起、中將法如[三〇]の史傳等に就きては的確に其の史實を捉へ難きも、『當麻曼荼羅緣起』、『古今著聞集』二等によるに、其の製作年代を天平寶字七年(七六三)となせり。然るに天平寶字四年(七〇六)六月、光明皇后の崩後、同年七月、同皇后のために「天下諸國、每レ國奉レ造二阿彌陀淨土畫像一、仍計二國內見僧尼一、寫二稱讚淨土經、各於二國分金光明寺一、禮拜供養一とあり。(三一) 天平寶字五年、山階寺東院建ち、繡補陀落山淨土變を西邊に、繡阿彌陀淨土變を東邊に置くとあり。此の頃、淨土變相の行はれしや疑ひなし。

然るに此の天平寶字七年に成りし當麻曼荼羅は、其の日想觀の圖中に、偶々善導の『觀經疏』所說たる三障象徵の黑黄白の三雲を畫けり。而して善導『觀經疏』は天安二年に智證の請來と傳ふ。(三二) 此の故に『法然上人行狀畫圖』六に、善導『觀經疏』の天安二年渡來を距る九十六年前に、既に當麻曼陀羅に描現せられし奇緣を叙し、其の暗合を不思議とせり。(三三)

『法然上人行狀畫圖』卷三十に、建久二年、(三四) 東大寺大佛殿に於いて、俊重房重源が入宋請來の淨土五祖圖並に觀經曼陀羅を供養せし(三五)ことを傳ふ。義山の『翼賛』、大順の『曼陀羅略讃』等に、此の時の觀經曼陀羅を以て直に善導所圖三百鋪の一となせり。爾來、西山證空、西譽聖聰、本誓寺大譽、袋中良定、華頂義山、天然寺大順、光明寺陳阿等に觀經曼陀羅の研究あり。就下、大順の『捜玄疏』は九四年間を費せる苦心の著述にして、從來不明とせられし內陣五百菩薩の名義を明かにせるが如き其の一例たり。

斯くして本邦に於ける淨土變相を語るもの、皆當麻曼荼羅を基礎とし、文化文政の頃、陳阿の筆錄に古來當麻曼荼羅を解說せしもの三十家百八十五卷ありしを傳へ、今や凡そ三十餘家二百餘卷に上れり。(三六)

斯く盛行を極めし日本所傳の觀經變相は、普通に善導所圖淨土變相の系統を承けしものとせらる。然らば燉煌所傳と本邦所傳とは如何なる關係に在るべきか。既に述べしが如く、彼の數多の燉煌觀經變相は、序正流通の三方の緣と中央淨土諸會との結構に於いて、本邦所傳と全く符節を合するが如し。若し仔細に詳略新古の關係を研究せんか、或はその中に當麻曼荼羅の紛本に擬すべきものなしと言ふべからず。更に燉煌變相の姉妹の一が夙に本邦に流轉せしやも測り難し。由來、觀經變相の圖樣が、善導以前に於いて顯著なる史傳を闕けるを以て、勢ひ支那に於ける觀經變相は善導作を基準とせるも、燉煌には藥師淨土變、釋迦淨土變等ありて、諸淨土變は大略其の圖相を一にせり。此の故に燉煌地方の諸淨土變を擧げて善導の稿圖に模倣せしものとせざる限り、觀經淨土變相のみを善導所圖に起因すとも見るべからず。況んや善導發心の動機もまた西方變相を觀たるに由ると傳へらるゝをや。善導所見の淨土變相とは果して如何なるものなりしか。既に上述の如く善導以外に又其の以前に、淨土變相ありしを以て、各地の觀經變相の由來に就きては更に研究を要す。而して今燉煌淨土變相はそれ等の研究に對する豊富且つ重要なる根本資料たり。善導の『法事讃』下卷末に三たび「送二經致何處一」の問ひを作して、或は摩尼寶殿中に、或は龍宮大藏中に送れとなし、次に「送至二西方石窟寶函中一」とあり、西方右窟寶函は或は燉煌石窟を指せしか。若し然りとせば燉煌と善導との關係も亦偶然ならざるが如し。

本邦所傳觀經變相中には、阿闍世王が、未生怨(阿闍世)(アジャータシャトル)、折指(婆羅留支)(バーラルチ)と名けられし往因を描きしものなきも、燉煌變相中には前述の如く、仙人が兎として轉生、及び阿闍世としての再轉生を描けり。阿闍世王の史傳に關しては南傳あり北傳あり、廣く大小乘經律に積載され、(三七)姑らく提婆達多の教唆、父王の弑逆のみに關し、經藏中にては、『未生怨經』を始めとして、『增一阿含』四十七、『雜阿含』三十八、『涅槃經』二十、及び三十四、『觀無量壽經』等あり、律藏中にては、『四分律』四、『十誦律』三十六、『鼻奈耶』二等あり、論藏中にては『大毘婆沙論』八十三、『阿鼻曇毘婆沙論』四十三等ありて、廣く諸經論に散見するも、的確に燉煌變相の此の阿闍世の兎身轉生を說明すべき資料なし。偶々、善導の『觀經疏』序分義中に、未生怨及び折指の因緣を叙せる一節あり。其の說、略ぼ變相に合するも其の典據明かならず。卽ち頻婆沙羅王が久しく子息を得んとして神に祈りしが其の效驗なし。偶々相師より山中修道の一仙人が、三年の後、命終りて正しく王子たるべきことを聞き、王は使者を遣はし仙人をして直に命終轉生せんことを請はしむ。仙人は三年の餘命を全うせんとして王命を肯んぜず。王は更に使者に勅して仙人を殺さしむ。仙人は死を受くるに當つて使者をして王に告げしめて曰く、王が心口を以て人を遣はして我を殺さしむ。我若し王子たらば還た心口を以て人をして王を殺さしめんと。後、王夫人(韋提希)が妊娠するや、復、相師に問ふ。相師は新生の子が王を害するの意あるを告ぐ。是に由りて夫人が其の分娩するに當り、高樓の上、天井中に在りて之を生み、人をして承接せしめざりしが、其の兒は樓より落ちて地に在り、しかも僅に小指を損せしのみ。此の因緣あるに由つて人々折指太子と云ふと。此の傳說に關し、良忠は『觀經序分義傳通記』第一に

是皆擧二昔日因緣一(序分義の文)等者、首尾參雜、謂始從二問相師一、至レ遣二使於仙所一、相二似照明菩薩經說一、仙被レ害時說二惡願一者、似二涅槃經第二十說一、夫人娠時、亦問二相師一以下諸文、亦似二涅槃經三十四說一(三八)

として、此の說話が諸種の傳說を合糅して「首尾參雜」せるものと見たり。『涅槃經』第二十には、頻婆娑羅王が毘富羅山に遊獵して鹿を求めしも得る所なく、唯だ五通具足の一仙を見る。王、惡心を起し、鹿を得ざるは此の仙人が鹿を驅逐して去らしめしに由るとなし、左右に勅して仙人を殺さしむ。仙人は其の臨終に當り誓言して曰く、「我實無レ辜、汝以二心口一横加二戮害一、我於二來世一、亦當下如レ是以二心口一而害上於汝」とあり、又第三十四には折指の因緣を擧ぐるも、未だ此の說話の全部を說明するに足らず。此の故に良忠は廣く諸師の觀經疏を參照し、「涅槃等經與二今疏文一(善導)互有二具略一」として、善導は三昧證定の聖僧なれば必ず依る所ありしを忖度

せり。然るに燉煌變相の轉生兎身の説明には、これ等諸經の外、更に『照明菩薩經』を要す。照明菩薩經は古來僞經とせられ現存せず、幸に良忠は『龍興記』によりて、其の説話の概要を傳ふ。曰く

又如二照明菩薩經云一、佛言往昔洴沙王后無ㇾ有二太子一、時請二相師一、問曰、夫人何時有ㇾ身、相師瞻曰、山中有二一座禪道人一、命終精神當下來二后腹一化爲中太子上、王聞二是語一即遣ㇾ人、斷二道人糧餉一、道人得ㇾ通即知二王意一、自念、我今爲ㇾ王示二現死一、作二白兎一在二王東園一、王將二國民一促二得白兎一、即勅二鍛師一作二鐵釘一、釘二兎四足及口鼻頭一、兎身即便病ㇾ釘而死、精神來ㇾ腹化作二太子一、十月滿而生二太子一、(中略)即作二惡念一共二諸群臣一即促二父王一、閉著二獄中一不ㇾ聽二餉食一、韋提希夫人、以ㇾ蜜塗ㇾ身著二生韋衣一、白二守獄者一令ㇾ見二密語一、獄吏聽ㇾ入、解二身上衣一以ㇾ手拔ㇾ刀削ㇾ蜜與ㇾ王、王得ㇾ蜜食、眼目精明、夫人白ㇾ王、雖ㇾ在二獄中一、稱二佛名字一禮ㇾ佛禮ㇾ僧、王用二后語一獄中禮ㇾ佛、阿闍世王、問二獄吏一言、獄囚何似、答言平安、但見ㇾ隨ㇾ時獄中禮ㇾ佛、阿闍世王即便大怒、臨ㇾ死之日獄中禮ㇾ佛、臨渴穿ㇾ井不ㇾ解二時急一、即喚二鍛師一來作二鐵釘一、釘二王額上及兩手掌並兩膝頭一、於ㇾ是父王不ㇾ得ㇾ禮ㇾ佛、病ㇾ釘而死、乃至有二別記一云、夫人無ㇾ子、王問二相師一、以二何因緣一方得ㇾ兒、相師占曰、山中有ㇾ仙死已入ㇾ腹、王殺二仙人一、死受二兎身一、后腹未ㇾ孕、王更問ㇾ師、汝言仙人死已、夫人何無ㇾ娠耶、太史更占、見二彼仙人受二一兎身一、王復往獵、欲ㇾ殺二此兎一、兎見二兵圍一遂投二丘井一、井底有ㇾ草、兎食二草根一、經二三七日一遂便餓死、兎死之後夫人有ㇾ娠、今日大王還被二幽禁一、經二三七日一被ㇾ餓而死(三九)

と、然るに茲に『照明菩薩經』の外、更に別記を引けり。今別記の何物たりしかを知らざるも、此の兩説話は正しく燉煌變相に描かれし阿闍世前生の因緣譚に一致せり。良忠は此の因緣譚に關し、「雖ㇾ有二此説一未ㇾ見二經論一、不ㇾ可ㇾ爲ㇾ定、更覓二明文一」とあるも、燉煌變相の闍王往因の根據は、『照明菩薩經』或は別記に據らざるべからず。

『照明菩薩經』に關し、『大唐內典錄』、疑僞經論錄に、『歷代三寶記』によりて『照明菩薩經』の名を擧げ、又別に『照明菩薩方便譬喩治病經』一卷の名あり。(四〇)『大周刋定錄』、僞經目錄に同じく此の二經目あり。(四一)且つ照明菩薩經の卷數を一卷とせり。即ち照明菩薩經は隋代の僞經なるを以て、此の兎身轉生の説話の傳來は、當然善導以前とせざるべからず。或は善導の觀經疏及び其の所圖の變相には、故らに此の説話を除きしやも知るべからず。又或は善導發心の動機たりし變相には此の説話を混ぜしやも計り難し。今燉煌變相の最古の造圖年代を詳にせざるも、其の描出されたる場面は、正に善導以前の所傳なりきと云ふは毫も憚りなし。

註(一) 法苑珠林一六(雨六の一二)。諸傳に異説あり。一佛五十菩薩像として後世弘く行はる。明憲の流布せしものも其の一種。

(二) 冥祥記(法苑珠林一五、兩六の一一)。

(三) 梁高僧傳(法苑珠林一五、兩六の一二右)。

(四) 西域傳記(法苑珠林一五、兩六の一二左)。

(五) 小野玄妙氏著、佛敎之美術及歷史、一一〇二。

(六) 常盤大定博士著、支那佛敎史蹟評解、「唐の善導大師に關する問題」(昭和四年一月宗敎研究新第六卷一)。諸氏の研究を集めし淨宗會編、善導大師研究(昭和二年六月)。岩井大英氏、善導傳の考察(昭和五年一月史學雜誌)。上杉文秀氏著、善導大師及往生禮讃之研究(昭和六年七月)等、古くは文雄敎籍錄、眞宗敎典志等に十餘種の傳記を列擧せり。

(七) 上杉文秀氏著、善導大師及往生禮讃之研究參看。

(八) 大正藏(五一の一〇四)の脚註に依るに、康治二年の寫本に三百を二百とせり。

(九) 玄智、眞宗敎典志(大日本佛敎全書、佛敎書籍目錄一の五二七)。

(一〇) 善導傳中の記事の出沒對照に就き、上述、常盤博士(宗敎研究新第六卷の一)及び上杉文秀氏の論著(善導大師之研究)に極めて便宜なる撮要あり、參看。

(一一) 憑翊郡秦夫人が亡夫湖州刺史韋公のために造りしもの。

(一二) 女弟子、楊氏が其の亡姉の追福のために造りしもの。

(一三) 女弟子、杜氏が盧夫人のために無量壽佛像一軀を繡せしもの。

(一四) 智圓の母、馬氏所造の淨土無量壽像。

(一五) 蘇軾の妻、王氏の遺言により、紹聖元年(一〇九四)、阿彌陀佛像畫成る。

(一六) 政和八年(一一一八)に成る。

(一七) 四明福源寺の戒深の發願に成り、主として觀無量壽經に依る。

(一八) 元祐九年(一〇九四)、八尺阿彌陀像を雕造す。

(一九) 陳瓘の延慶寺淨土院記(樂邦文類三)。

(二〇) 大正藏五一の一〇二三上。

（二一）三階教之研究一一二参看。

（二二）A. Stein, Ruins of Desert Cathay, 1912.

（二三）同上第二卷二二六頁（石窟第一三九號 C）。

（二四）A. Stein, Serindia, Detailed Report of Exploration in Central Asia and Westernmost China, 1921.

（二五）A. Stein, Thousand Buddhas, Ancient Buddhist Paintings, from the Cave-Temples of Tun-huang, 1921.

（二六）Pelliot, Les Grottes de Touen-houang, 1920–21.

（二七）大正藏五一の九九七下。

（二八）A. Waley, Catalogue of Paintings recoverd from Tun-huang by Sir Aurel Stein, 1931.

（二九）堕阿進、當麻曼陀羅講説（昭和四年六月、横井徹山氏重刊）に、天平寶字七年、法如の感得せるものを織錦の本圖と云ひ、其の後二百餘年を經て惠心僧都の寫得せしものを第一轉の曼荼羅と云ひ、又天平寶字七年の本圖出現より四百五十二年の後、順德天皇の建保二年、勅によつて良賀源慶兩人の寫出せるものを第二轉建保の曼荼羅と云ふ。其の後二百八十二年、本圖出現より七百三十四年を經、後土御門天皇明應四年より十一年を費して隆舜尊舜の寫出せるものを第三轉文龜の新曼荼羅と名け、更にそれより百九十二年、出現より九百十六年後、延寶六年に寶雲、良慶等が本圖と文龜と新圖とを校合して成れるものを第四轉の重新曼荼羅と云ふとなせり（五一六）。

（三〇）當麻曼陀羅緣起に光仁朝寶龜六年（七五五）歿と傳ふ。

（三一）續日本紀二二、天平寶字四年七月の條。

（三二）扶桑略記拔萃、元亨釋書二二。此のことを決疑抄序、傳通記一、糅抄一等に、智證大師將來の八帙抄に出づとあるも、現流の智證大師請來錄中になし。望月信亨博士著、淨土教之研究五二八參照。

（三三）「かの當麻寺の曼荼羅は、彌陀如來化尼となりて、大炊天皇の御宇天平寶字七年に、織りあらはし給へる靈像なり。序正三方の緣のさかひ、日觀三障の雲のありさま、人さらにわきまへがたかりしを、のちに文德天皇の御宇天安二年に、もろこしよりわたれる善導大師の御釋の觀經の疏の文を見てこそ、人不審をはひらき侍りしか。天平寶字七年より天安二年にいたるまで、九十六年なり。そのかみ吾朝にておられたる曼荼羅のはるかにわたれる觀經の疏の文に符合せるをば不思議とぞ申傳へて侍れ」。

（三四）一説建久元年、漢語燈錄。

(三五) 陳阿逑の當麻曼荼羅講說附錄に此の變相に關する文獻を載す(小野木盈山氏)參照。

(三六) 同上附錄に書目を列擧せり。

(三七) 小野玄妙氏、佛敎の美術及び歷史第三篇第二章「阿闍世大王の事蹟及び其の圖像」三八六以下。赤沼智善氏、印度佛敎固有名詞辭典、「阿闍世韋提希子」の項下に二十七條に分けて詳細に其の出據を示せり。

(三八) 淨土宗全書二の一七。

(三九) 淨土宗全書二の二三七、二三八。

(四〇) 結二の一一六左。「照明菩薩一加頭陀字」。

(四一) 結三の六四左、六五右。

三 淨土禮讚

古來彌陀並に淨土に關する讚偈或は禮讚少しとせず。龍樹の十二禮、曇鸞の『讚阿彌陀佛偈』、善導の『往生禮讚』、『法事讚』、『般舟讚』、法照の[一]『五會念佛略法事儀讚』、廣本『五會法事儀』等、普通に顯著なるもの丶外、晉王喬之等の詩詠を除くも、[二]隋に彥琮(往生偈)、唐に慈愍(『往生淨土集』、『般舟三昧讚』)、少康(二十四讚)[三]、白樂天(發願往生偈)あり、宋に元照(淨業禮讚儀、無量壽佛讚、十六觀頌安、觀修淨業頌)、淸照(化導念佛頌)、有嚴(觀佛三昧頌、十六觀頌)、道因(彌陀讚卽ち念佛心要頌)、擇瑛(勸修淨土詠)、延壽(神棲安養賦)、宗頤(西方淨土頌)、慈照(白蓮晨朝懺儀)、提刑揚(彌陀道場讚等)あり。就中、遵式には懺願儀、偈頌、詩序、願文の類頗る多し。明に梵琦あり袾宏あり大勍あり蔡承植あり廣貴あり、淸代又二三子を數ふ。[四]皆淨土に關する禮、讚、懺、詩あり、卽ち支那に於ける淨土製讚の業は北魏より遙に淸代に及び、就中、曇鸞、善導、法照、遵式を其の代表となす。

燉煌出土寫本中、曇鸞の『讚阿彌陀佛偈』[五]、善導の『往生禮讚』、慈愍の『西方讚』[六]、法照の『淨土五會讚』[七]、『西方極樂讚』等あり。これ等著名の諸禮讚中、且らく善導の『往生禮讚』(六時)內の日中禮讚のみに就きて見るも、普通に行はる丶禮讚本と同じからざる點あり。卽ち此の日中禮讚は、藏經中單行の『往生禮讚偈』と、『集諸經禮懺儀』上卷末、讚西方禮阿彌陀佛の下に引用せらる丶ものと、[八]及び下卷の善導往生禮讚偈とに收めらる丶ものとあり、それ等と燉煌寫本とは互に文字に出入異同あるを云ふ。鳴沙餘韻第百一の一に載せし同禮讃斷篇(此の他に『廣本五會法事儀』所收の一部あり)は、兩所に「沙門善導願往生禮讃偈」の題號を有せり。同斷篇首部、日中禮讃第八偈末文に始まり、第九偈華座觀以下、形像、眞身、觀音、勢至、普雜、上輩、中輩、下輩、結讃に至る偈讃中、第十八偈結讃(此の結讃には古來異議ありき)の初二行(或は三行)に於いて、燉煌本(同上百一の第一段第三十七行及び第三段第三行)並に諸本の日中禮讃文の間に互に異同あり、(九)又「南無至心歸命禮」の禮文に南無の二字を闕けり。又後夜禮讃(天親)の「無量寶交絡」(第一段第五十六行)以下の文、日中禮讃の「觀彼彌陀極樂界」(第二段第二十行)以下の文も合せて現流本と同じからず。又鳴沙餘韻第百一、第三段第三十七行以下の十二光禮懺文(諸佛作梵)も亦善導の中夜禮讃卽ち龍樹の十二禮に非ざるは勿論、曇鸞の讃阿彌陀佛偈(十二光佛讃)とも異り、善導の日沒禮讃の十二光佛讃にも非ず。(一〇)これ等に就きての詳細は一々本文の引用對照を要するが故に別篇に讓り、茲には曾て其の書目を傳へ、久しく散逸せし法照の『廣本五會法事儀』の燉煌本の內容要項を抄記すべし。但し上卷末見、中卷完、下卷に兩本あり、一は首闕、他は末闕、兩本にて完。

淨土五會念佛誦經觀行儀卷中　南岳沙門法照撰

佛說阿彌陀經

寶八讃　依阿彌陀經　　　　釋　淨　遐

第鳥讃佛得益門

觀經十六觀讃　依觀經各誦少多

阿彌陀讃　依阿彌陀經　　　　釋　淨　遐

維摩讃　依維摩經

涅槃讃　依涅槃經亦大會時三者處誦

般舟讃　依般舟三昧經若大會時及〇者處誦

道場讃　　　　　　　　　　　釋慈愍和上

無量壽佛讃　依無量壽經通一切處誦得

觀世音讚　依觀世音經通一切處誦得

大勢至菩薩讚　亦念了即誦依無量壽觀經

出家樂讚　依出家功德經通一切處誦

淨土樂讚　依稱讚淨土經亦通一切處誦

請觀世音菩薩讚　依瑜伽論

六根讚　依大般若經通一切處誦

琮法師導和上淨土禮讚

歸西方讚

西方禮讚文　善導和上

歸西方讚

第九化生利物門

第十廻向發願文

淨土五會念佛誦經觀行儀卷中（第二〇六六號）

×　×　×　×　×

淨土五會念佛誦經觀行儀卷下　南岳沙門法照撰

依無量壽觀經讚　廿八偈　釋法照述

依阿彌陀經讚　十六偈　釋法照述　和准前定

嘆散花供養讚　釋神英

淨土五會讚　通一切處誦　釋法照

極樂欣厭讚　釋靈振

極樂莊嚴讚　釋法照

厭此娑婆願生淨土讚　慈愍和上

歸向西方讚　念佛之時得見佛讚

高聲念佛讚　釋法照

極樂寶池讚　嘆彌陀觀音勢至讚

六道讚　西方十五願讚

極樂連珠讚

歸西方讚　沙門法照述　歸去來

四十八願讚

隨心嘆西方讚　沙門惟休述

西方雜讚

……（以下闕）（第二二五〇號）……

×　×　×　×　×

……（卷頭闕）……

隨心歎西方讚　沙門惟休述

西方新（前本作雜）讚

西方讚　善導和上

西方讚　慈愍三藏

西方極樂讚　釋法照述

淨土五會讚　沙門法照

西方極樂讚　沙門法照

淨土法身讚　此讚通一切處　　釋法照

淨土五字讚　通一切處誦

厭苦歸淨土讚　此讚大會時誦

上來依ニ諸聖教ニ略ニ述讚揚五會法事軌儀ニ爲ニ三卷ニ前之兩卷其有ニ明文ニ意遣ニ群疑ニ歸ニ心淨國ニ衆等若念ニ誦讚行ニ即依ニ前卷ニ廻向發願文即便應レ知、時大歷九年冬初十月於ニ北京龍興寺ニ再述ニ淨土念誦觀門ニ（中略）、有緣之者、願共歸レ西、根性有レ善各隨レ業云爾

淨土念佛誦經觀行儀卷下

時乾祐四年歲次辛亥蕤賓之月（陰歷五月）莫〇十三葉於ニ宮泉大聖光嚴寺講堂後彌勒院ニ寫故記（第二九六三號）

× × × × ×

乾祐四年（九五一）筆寫本の下卷末に、法照が大歷九年（七七四）、北京龍興寺に於いて、恐らく略本製作後、「再述淨土念誦觀門」即ち廣本法事儀を作りし記事は、詳傳を闕ける法照傳の重要なる補遺にして、又中卷末に

又佛法東流、晉時有ニ廬山遠大師ニ（中略）又梁時有ニ幷州玄中寺曇鸞法師ニ亦修ニ念佛三昧ニ至ニ陳隨ニ廬山珍禪師天台智者大師、長安諸大德叡法師、乃至今時唐朝一百年前、西京善導和上幷州文水縣玄中寺道綽和上慈愍三藏等、數百高僧、般舟方等、歲歲常行ニ十六妙觀ニ分時繫習、咸覩ニ西方靈相、極樂世界衆寶國土ニ難ニ以具陳ニ

の記載あり、善導（本寫本には時に道字を使用せり）傳にも一參考資料たり。本文の內容に就きては更に他篇に讓る。

鳴沙餘韻第八十に四部の淨土禮讚を載する內、第一[一]は首尾破爛の斷篇なるも、現存の部分は、（1）失題、（2）同會往極樂讚、（3）五臺山詩の三節を保存せり。（1）失題は七言偈、五言偈、七言偈の三段より成る。先づ初七言偈は、淨土の寶池、花藥、溫暖、彌陀、觀音、勢至、化佛、衣食に關する偈讚にして、五言偈及び後の七言偈（現存諸句）を併せて、略ぼ淨土三經の經說に基き、又兼て觀經變相と共に燉煌地方の淨土教を偲ばしむる資料たり。（2）の同會往極樂讚は「同會相將向極樂」の句を重唱し、初句「前會一人聞念佛」より、終句「心思七寶逐身廻」までに、總べて三十二句あり、四句或は八句每に「同會相將向極樂」を繰り返せるもの丶如し。（3）五臺山詩は文殊普賢の信仰を中心として、東西南北中央の五臺を讚するに在るも、又阿彌陀佛信仰を交ふ。此の內、前二節は悉く禮佛勸行に擬せし

淨土禮讚たり。讚文中、「西方念佛盡能過、十念具足證阿難、到彼花臺隨意往、却來五濁救諸苦の」如きは、經文「乃至十念」に對する善導の「十聲稱佛」の解釋と相俟つて燉煌淨土教理史の一鱗片たり。

鳴沙餘韻第八十の第二は、七言八句の往生禮讚にして、尙未完の稿本に屬するが如きも、(一二)龍樹の讚に始まり諸淨土禮讚に應用せられし「願共諸衆生、往生安樂國、至心歸命禮西方阿彌陀佛」を取りて各段に附し、禮讚唱和に擬せるものにて、三途の苦患と淨土の快樂と往生の行因とを其の骨子となせり。「阿誃耶識中受諸苦」の一句を始めとして、用語句意等に時代と地方との特色を反映するものあるは注意すべし。

第三、大乘淨土讚一本(一三)

は「念則知無念」、「念佛即無生」、「口談文字教、此界妄相禪」等の句意によりて、禪と念佛との一致を唱道せしものなるも、亦淨土禮讚の一とすべし。次に

第四、道安法師念佛讚文

も(一四)其の末文に「普勸二衆生修一萬行一、今逢二法教一莫レ生レ疑、決定至心聞二妙法一、當來極樂佛爲レ期」とあるが如く、諸行念佛往生の旨趣によりての讚淨土文たり。而して此の念佛讚文の撰者道安は、僧傳中の道安ならざるが如し。懷感の『群疑論』中、淨穢二土、一質異質無質の異見に關し、「安法師淨土論說」(一五)を引けり。古來之を彌天道安となすによりて、晉の道安も亦淨土教家となすの說あり。此の他、支那僧傳中の高僧に南北朝の道安あるも、恐らく此の道安は支那僧傳に無き燉煌地方の道安なるべし。

鳴沙餘韻百〇一第三段の十二光禮懺文が龍樹の十二禮と異ることは前に述べしが如し。同四段の失題斷篇(一六)も亦一種の往生禮讚なるも、恐らく燉煌地方に於ける製作なるが如し。又スタイン氏蒐集寫本中に普通の日沒禮讚の黃昏無常偈を終りとし、しかも善導のそれと別種の禮讚(一七)あり。此の他、淨土讚たること明かならざるも、佛子船讚の如く、「共汝西方歸淨土」を勸むる如きの讚類あり。今一々列擧の煩しさに堪へざるを以て略す。

此の他、巴里國民圖書館藏、京師圖書館藏及び各地に散在せる燉煌石室寫本中に尙淨土禮讚あるが如し。現に英國博物館所藏中に上揭以外の禮讚寫本を有せり。而してこれ等の中、燉煌地方特有の淨土禮讚も亦少からざるが如し。今既傳の諸禮讚との嚴密なる對

照を試みるの遑なし、詳細は他日に讓るべきも、是に由りて燉煌地方淨土教資料の如何に豐富なりしかの一端を測知するに足らん。

咸通十年（六六九）の記錄に成れる燉煌諸郷（莫高、神沙、龍勒、玉闕等）の寺院名中に、龍興、大雲、報恩、靈修、聖光、乾元、開元、永安、大闕、普光、金光明、靈圖、速[一八]の諸寺と共に淨土寺あり。其の何れかに於いて、上記觀經變相と併行して、夙にこれ等の淨土禮讃の行はれしを推測し得べし。但し今遽かに其の系統及び教義を審にすべからざるも、是に由りて略ぼ燉煌地方淨土教も亦支那佛教史上の一研究題目たるを示唆するものと謂ふべし。

註（一）法照には淨土五會念佛略法事儀讃一卷の外、五會法事儀三卷即ち廣本五會法事儀あり。廣本三卷は「未傳此土」（眞宗敎典志一、支那製述部）と注せらる、但し現にペリオ氏蒐集寫本中に在り。（八）參看。

（二）識靈運の淨土詠、王喬之の念佛三昧詩等あり。慧遠の念佛三昧詩序は廣弘明集三〇（露六の一二六左）に收載せらる。

（三）蓮門敎籍錄一（支那祖傍讃類の下）に出づ。但し現存せず。

（四）樂邦文類等の文集、諸淨土目錄等に據る。故佐々木月樵氏著、支那淨土敎史下末の附錄、支那歷代淨土敎籍略表參看。

（五）別篇、「燉煌出土讃阿彌陀佛偈並に略論安樂淨土義に就いて」參照。鳴沙餘韻 100 唐景雲二年筆寫（S. 2723）に斷篇の全文を載す。

（六）巴里國民圖書館藏第二九六三號。

（七）巴里國民圖書館藏、第二〇六六號（淨土五會念佛誦經觀行儀中）、第二九六三號（淨土念佛誦經觀儀卷下）、第二二五〇號（淨土五會念佛誦經觀行儀卷下）。其の他第三二一六號。

（八）鳴沙餘韻第 101（S. 2553）。此の他、京師圖書館藏本あり。

（九）松陰了諦氏、「燉煌出土善導禮讃偈に就いて」（龍谷大學論叢、昭和六年春季特輯號）に、掛編鳴沙餘韻の日中禮讃に就き詳細なる對校並に有益なる研究を公にせられたり。

（一〇）淨土經論章疏目錄、文雄敎籍錄に元照の禮十二光文を擧ぐるも未見。

（一一）S. 370。

（一二）斷篇初、「一往說法恒沙劫」の一段は七言六句にして、「第一念佛常不忘」の一段中の「若如此合佛意」の如きは六言句、「三途一入難廻出」の一段中の「阿誃耶識中受諸苦」の如きは八言句たり。

（一三）スタイン本によりしも、巴里國民圖書館藏、燉煌出土寫本目錄第二四八三號にも出づ。

（一四）スタイン本によりしも、巴里國民圖書館藏、同上第三一九〇號寫本も同題。

（一五）道綽の安樂集上第一門にも淨土論を引けり。

（一六）S. 2143.

（一七）S. 1807.

（一八）巴里國民圖書館藏、第二七三八號。

四　淨土教籍

前に燉煌出土淨土禮讃類の中、曇鸞、善導、法照等の禮讃寫本の殘存せるを述べしが、燉煌出土本中、曇鸞の『略論安樂淨土義』あり。懷感の『釋淨土群疑論』あり。更に淨影慧遠の『觀無量壽經義記』あり。淨土三部經の古寫本と共に淨土教籍も亦頗る多し。上記、曇鸞の『讃』及び『略論』の二書を燉煌寫本の尾題には、「讃阿彌陀佛幷論上卷、景雲二年三月十九日、弟子張萬及寫」とし、唐睿宗の景雲二年（七一一）の頃、略論安樂淨土義を單に「論」と略稱せしことあるを語れり。此の景雲寫本は、彼の幻々庵主が本書を日本僞撰とするの非を反證すると共に、[一]燉煌淨土教中、夥しき觀經變相を始めとして、曇鸞、善導、懷感の著述を見るは、日本淨土教史にも興味ある參考たるべし。

翻て惟ふに、燉煌淨土教には其の地特有の淨土經疏ありき。即ち現に古來未聞の『無量壽經疏』並に『觀無量壽經疏』を保存せり。『觀無量壽經疏』に就きては曾て其の體裁內容の一斑を報告せるが故に[二]茲には石窟出土未傳の『無量壽經疏』のみに就きて其の大要を摘記すべし。惜むらくは今其の完本を得ず。更に他日の補正を俟つ。

大英博物館所藏、燉煌出土寫本中古來所傳を缺ける無量壽經疏の殘卷及び斷篇は、兩度の調査によつて捜り得たるもの合せて三點あり。（一）殘卷は尾題に[三]

無量壽義記下卷　　比丘洪琇許　　一校竟

とあり。經文「其池岸上（中略）彌覆水上」より、經末迄の隨文解釋に成る。三斷篇中の一點は、[四]（二）經文「猶如牛王無能勝故」より「著於無上下洞達無邊際」迄の疏文を存し、他の一點は[五]、（三）經文「或有金樹銀葉華果」以下の疏文を存せり。而して以上三點は等しく同一疏の殘卷或は斷片にして、（二）は（一）の一部、（三）は（一）の前段に當る。他日若し仔細に各地に散在せし石室本を捜る人あらば、他の斷篇によりて更に本疏の全幅を見るの日あらんか。

本疏は淨影、嘉祥、玄一、憬興等の支那朝鮮に於ける現存無量壽經疏に比するに一も符合せず。全く古來世に知られざりし同經疏にして、茲に他疏と區別せんが爲に假りに燉煌無量壽經義記といふ。

燉煌無量壽經義記下卷は首部破爛せるを以て、上下兩卷の分界を知るを得ざるも、義記下卷の初めが、現流本の無量壽經上卷末に當れり。これ或は右經に於ける分卷の相違に基くものゝ如し。

左に本義記の特色を示さんが爲に、その二三の釋例を見ん。先づ經に寶地の功德を擧げて、

彼諸菩薩及聲聞衆、若入㆓寶池㆒、意欲㆑令㆓水沒㆑足、水耶沒㆑足、欲㆑令㆑至㆑膝卽至㆓于膝㆒、欲㆑令㆑至㆑腰水卽至㆑腰、欲㆑令㆑至㆑頸水卽至㆑頸、欲㆑令㆑灌㆑身自然灌㆑身、欲㆑令㆓還㆒復水輙還復、

とあるを、本義記は之を初地以上の菩薩の位地に配當して、「寄㆑事以表㆑意」となし、沒足を初地乃至三地、至膝を四地乃至六地、至腰を七地、至頸を八地乃至十地、灌身を法雲地、還復を息化歸本となせり。本義記は「無量壽國純大乘學、無㆓三乘差別㆒也」とするが故に、「菩薩聲聞人天の名は「因順餘方」の名目に過ぎずして、「名雖㆑有㆓三同行㆓一乘㆒」と見たり。

又觀經の九品と大經の三輩との關係に就いて、嘉祥吉藏は[六]、上輩を上中品に、中輩を中中及び中上に、下輩を下々品に配當せるに、燉煌義記は三輩九品は開合の相異に過ぎずとなし、

然此經文雖㆓略辯㆓三品㆒而義含㆑有㆑九、今就㆓觀無量壽經㆒廣明㆓三輩㆒分爲㆓九品㆒、佛自解釋分明歷然矣

と云ひ、上中下の三輩に各上中下三品を分ち、三輩總べて九品となせり。この點、慧遠[七]、憬興[八]の所說に近し。斯の如く燉煌義記は三輩九品を以て麁略開合の相異に歸するを以て、大經の三輩を解釋するに、一々觀經よりの引文を以てせり。惟ふに燉煌觀經變相は這種の經疏と相俟つてその由來を知るべし。又燉煌義記は慧遠[九]、憬興[一〇]と共に觀經に依りて念佛生因說を取るも、吉藏[一一]は大乘の通義に依りて菩提心生因說を採れり。然るに「東方諸佛國」等の廣頌を解釋するに、燉煌義記は三十偈の全部を四階となし、說相大に吉藏の義

疏に類す。卽ち燉煌義記は四階（第一階―七行、第二階―八行、第三階―八行、第四階―七行）に分かち、吉藏は四段（第一段―七偈、第二段―八行―第三段―五行、第四段―十行）となせるも、慧遠憬興等は前後合せて二大段となせり。(一二)又人天致敬の願成就文に出づる、因力緣力意力等の解釋に在りても、燉煌義記は吉藏の所論に近し。

經に淨土に生ずるものは三十二相を具して、「智慧成滿深入二諸法一、究二暢要妙一神通無礙、諸根明利、其鈍根者成二就二忍一、其利根者得二不可計無生法忍一」とあり、こは魏譯第廿一其三十二相願の願成就文なり。玆に鈍根の二忍成就と利根の得無生法忍と合せて三忍あり。經意は果して如何なる種類の忍法を指すかに就いて古來異論少からず。然るに同じく魏譯第四十八得三法忍の願文中、第一法忍第二法忍第三法忍として法忍の名を擧げざるも、その願成就文には明かに得三法忍を一音響忍二柔順忍三無生法忍となせり。是に由りて注釋家の多くは、經に鈍根の成就二忍とあるは、利根の得無生法忍に對する音響柔順の二忍と見だり。(一三)慧遠、憬興、(一四)玄一の如きこれなり。而して吉藏疏にはこの種の細釋なし。然るに法位は得三法忍を解するに、仁王經所說の五忍（一伏忍、二信忍、三順忍、四無生忍、五寂滅忍）によりて、その伏信順の初三忍となせり。更に又憬興の一說にては、伏忍中の上中下三忍によりて此の三忍を解せり。斯の如く諸說區々たる間に在りて、單り燉煌義記は、法位、憬興と同じく仁王五忍說に據れるも、その何れとも配屬を異にし、成就二忍を信忍と柔順忍とに配せり。

惟ふに仁王經所說の信忍とは、初地より三地の間に於いて、既に法性を見て正信を得たる位に名け、又順忍とは四地より六地の間に於いて、菩提の道に順じて無生の果に趣向する位に名く。抑も無量壽經の鈍根を解するにこの二忍を以てして果してその經意に適するか否かは自ら別問題たるも、燉煌義記は仁王經說により、「滿二三阿僧祇劫一願レ生二彼國一、經二二忍一登二六地位一也」とせり。卽ち燉煌義記はその位次を判ずること高きに過ぐ。憬興はこの經文に關し、當時行はれし四異說を擧げ、法位の所謂五忍中の初三忍說を引用せるも、その前後を除ける中間三忍の說をなすものあるを傳へず。從つて燉煌義記が是等の經疏の何れとも符合せざる未傳疏たるを語ると共に、上述諸經疏に伍して無量壽經疏としての一異說を代表するものと謂ふべし。

經文「橫截五惡趣惡趣自然閉」の前段に、「念道之自然、著於無上下、洞達無邊際」の文あり。此の「著於無上下」の文に就き、慧遠は「顯下著レ不レ簡二上下一得中往生上」(一五)と云ひ、憬興(一六)も略ぼ同樣の解釋を取り、吉藏は「著之意證二證果一、無レ有二形式上下好醜之異一」(一七)とせり。然

るに燉煌義記は、

著於無上下洞達無邊際者、經文倒應言無著於上下、明自然之體雖復應在人天六道、而不染著玄鑒、未來三世不可窮盡故、言洞達無邊際也、然解著於上下者、明彼土果報天之與人無有色欲界之隔、天亦來在下人亦上至天國土、同無障隔上下自在縱任故、言洞達無邊際也

として、著字を顯著の意に解せず執着の義に解せるをもつて、反つて經文を改訂せんとせり。又五惡段各段の結文、「端心正意云云」を以て十善に配せるが如きも自ら他疏と異れり。その他、各章各節に於いて他疏との比較上、燉煌義記の特質を示すものあるも今一々述べず。若し本義記の解釋を以て、日本淨土教各派の異解と對照しなば頗る興趣多かるべし。

燉煌義記は一生補處を「一生次補佛處」、或は「次補佛處」又は「一生補處」といひ、又如來の五智を疑ふものゝ邊地胎生の往生を指して、「後生西方、落派疑城中」といふ。然るにこの邊地胎生說に對し、燉煌義記に

彼國淳是化生、無有胎生、今言胎生者只猶在狐疑城中、不見佛不聞法名胎生也、又一解、舊經本解云、在狐疑城中、見佛聞法不明了、以不明了故、落不聞中故、言名胎生、其實是化生也(一八)

とあり。この一段は漢呉兩譯に闕く事を以て、若し「舊經本解云」の一句は、魏譯の現流本と異る舊經の存在を語るものとせば、無量壽經々文の研究に一示唆を殘せるものと謂ふべし。

燉煌義記は、その分科は大段子段を別つの禮裁、淨土を一乘とするの制定、特に經末「特留此經止住百歲」の文を釋して

像法特滅、龍王舐一切經字悉盡、唯留此無量壽經文字在也、經百年流通、後代受持讀誦也、自得隨意所願、度危難也

となすが如き、三階敎籍の體裁とその敎意を香はすものゝ如し。筆體は六朝の古筆に類せるを以て、三階敎興起以前の古疏に屬せしむべしとせば、當時未だ末法襲來の思想顯著ならず、廣く像法の時代とせられしを以て、本疏は像法得益の經典として、特にその流轉の效果を擧げしか。今本疏製作の年時を知るを得ざるも、本疏は現存無量壽經疏中に在りては、或は最古の位地を占むるに非るか。

註(一) 鳴沙餘韻第百。拙篇、「煌燉出土讚阿彌陀佛偈並に略論安樂淨土義に就いて」(宗敎界第十參卷第六號、大正六年六月)參照。

(二) 拙篇、「燉煌新出觀無量壽經古逸疏」(宗敎界第十五卷第二號)參看。燉煌變相との關係、特に數多の觀經疏家との關係に於いて興味ある古疏

たり。

（三） 91, II. A（大英博物館舊番號）。鳴沙餘韻、第十三、十四、十五にその全斷篇を載す。

（四） 83. XI. 18.

（五） S. 2422. 鳴沙餘韻第十六。

（六） 吉藏、無量壽義疏（淨土宗全書五の六八下）。

（七） 慧遠、無量壽經義疏上（淨土宗全書五の三六）。

（八） 憬興、無量壽經連義述文贊下（淨土宗公書五の一四五）。

（九） 淨土宗全書五の三七下。

（一〇） 同　上　一四六上。

（一一） 同　上　六八（結三輩人皆以菩提心爲正因）。

（一二） 同　上　六九。

（一三） 同　上四一上。

（一四） 同　上一五〇上。

（一五） 同　上四五上。

（一六） 同　上一五四下。

（一七） 同　上七〇下。

（一八） 鳴沙餘韻第十五下段第六行以下。

五　雜經疑僞

敦煌は支那西陲の邊土に屬し、其の石室は特殊の事情に由り、久しく中土に其の影を沒せし古文獻類を使存するもの少からず。彼の經錄に其の書目を存して今に傳はらざる疑僞經中、其の著しきもののみを取るも、優に四十餘部の敦煌石室本を見るが如きも亦其の一例たり。[一] 而してこれ等疑僞經中に在りても、亦淨土敎の信仰は特殊の地位を保てるを示せり。

『阿彌陀佛覺諸大衆觀身經』一名『山海慧經』の如きは、『開元錄』所載の僞經にして、『十往生阿彌陀佛國經』の異本たり。此の兩經は、阿彌陀佛の眷屬たる二十五菩薩の出據として、彌陀來迎の思想に興味ある文獻たり。[一] 此の他、隋代僞經たる『救疾經』、『太子讃經』、『救護身命濟人病苦厄經』。武周代の僞經たる『續命經』、『無量大慈經』、『三厨經』等に、陀彌陀佛若くは其の淨土の信仰を傳ふ。[三] これ等の僞經は支那中土に於いて製作せられしものなるも、曾て燉煌地方に行はれ、民間に於ける淨土信仰と併行して互に資助せしものの如し。

又彼の未入藏經たる『大乘無量壽宗要經』（アパリミタユールスートラ）は、釋迦、彌陀二佛に關係ある經典なるも、宋法天譯、『大乘無量壽智支定光明王如來陀羅尼經』の異本として、普通に阿彌陀佛を主說せる經典とせらる。[四] 且つ本經は專ら經典書寫の功德を稱讃せるに由りて、燉煌出土本中幾百の寫本を新出せしが如きも、亦以て燉煌地方淨土敎の密敎的一資料とすべし。

斯くの如く、散逸の僞經と未傳の正經とに夙に淨土敎流傳の痕迹を遺すと共に、現に支那淨土敎三流の一たる、廬山慧遠の僞傳に關する文獻を存せるが如きも、亦興味ある一參考資料とす。『廬山蓮宗寶鑑』四、「辯遠祖成道事」の項下に、『廬山成部記』を引用して、晉帝三たび遠公を召すも疾と稱して赴かず、妄りに身を賣りて崔相公のために奴となる等の七事を擧げ、『弘明集』、『高僧傳』等に依つて、それ等は全く無根揑造の記事に過ぎざるを糺すの一節あり。今燉煌出土寫本中、首部破爛末尾無題の一本あり、[五] 正しく此の僞傳に關係の文書たり。後記に「開寶伍年張長繼書記」とあるを以て、宋太祖開寶五年（九七二）の筆寫に成れるを知り、千歲の下、『廬山成道記』の僞傳を語るが如きも、亦以て淨土敎流行の一餘沫とすべし。

註（一）　別篇、「燉煌出土疑僞古佛典に就いて」參看。

（二）　十往生經に二十五菩薩の來迎を說けり。本經にては二十五菩薩を本經說法時の會座の大衆とせり。

（三）　拙篇、「支那佛敎史と現存僞經」の六（宗敎硏究特輯號、昭和六年十一月）參看。

（四）　別篇、「大衆無量壽宗要經に就いて」參看。

（五）　鳴沙餘韻 84 に假りに惠遠外傳と題せるものは其の一部たり。

摩尼教

矢吹慶輝（1879—1939）

《岩波講座東洋思潮》1935

摩尼教

矢吹慶輝

一 序說

摩尼敎は西紀第三世紀に波斯國內に起つた一新宗敎で、ゾロアスター敎の分派としては、マヅダ敎 Mazdakism と相列ぶ二分派の一だが、摩尼敎は最初で且つ最も重要な使命を果せる一異派であつたと同時に、實に當時の世界的宗敎であつた。佛敎や基督敎からは勿論、諸種の宗敎からもその要素を取り入れて、混合と同時に折衷の一大國際的宗敎を形成した。從つてその鄉土に在りては、ゾロアスター正統派からの峻烈なる迫害に會ひ、一度西方に傳播すると、基督敎正統派からもその故國に劣らぬ壓迫を受け、更に東方に傳はると、支那でも唐末會昌の禁壓や元帝國からの迫害を蒙つた。しかし摩尼敎が國民の血統や民族の習性中に窒息しないで、宗敎の信仰によりて亞細亞とヨーロッパとアフリカとの三大陸を聯結しようとしたその偉大な事蹟は、單り世界宗敎史上の古記錄たるに止らず、確かに東洋思潮中の一異彩であつた。基督敎、マホメット敎の東漸史と佛敎西漸の輓近の情勢とを考へつつ、夙に摩尼敎が最も廣い傳道旅行を試みた史蹟には、種々なる方面に參考資料を提供するものである。顧ふに一八三〇年から四十年代にかけての交通革命期以後、思想傳播にも急速度を加へたことを今眼前に見ながら、汽車も汽船も電話も郵便制度もなかつた時代に、歐亞大陸（ユーラシア）を跨にかけて、北アフリカに及んだ思想運動の一大活劇を想像すると、實に驚異に値ひするものがある。その二元哲學、宇宙人生に於ける明暗の鬪爭、その遁世的な信仰、その嚴肅な倫理が、どうしてあれだけ東西兩洋の人々を惹きつけ得たかに就いては、捜るべき多くの問題を有つてゐる。

翻つて惟ふにかうした一大思想運動も、永い間、その教籍なり關係文獻なりが、久しく地下に眠つてその正體が判然しなかつた。基督教の教父等の著述は、アウグスチヌスを始めとして悉く異端攻撃のための所傳であつたし、又マホメット教著述家の記傳は比較的正確だとされてはゐたが、大體後期の所傳であつた。然るに現世紀に入つて、偶然にも東トルキスタンの一故都、昔の高昌、今の吐魯番 Turfan で、永らく沙に埋もれた廢墟の中から數多の文獻やら遺蹟が發見され、燉煌石窟からも教籍が發見されて、世界の東洋學者の興味をそそり、ここで全く摩尼教研究に一新時期を劃するやうになつた。その古文獻中には摩尼教徒の教籍たるパーラヴィー(中古波斯語)、ソクド語、古トルコ語、スリア語、漢語の寫本があり、それ等は從來から知られてゐた他教徒の筆に成れるスリア語、ギリシヤ語、ラテン語、トルコ語の資料に比して、遥かに重要なものであつた。

一九〇二年から三年にかけて Grünwedel と Huth との兩氏、續いて一九〇四年に Le Coq 氏、一九〇五年から七年にかけて Le Coq と Grünwedel との兩氏が、踵を接して吐魯番探檢をなし、貴重なる摩尼教籍斷片を齎らした。このドイツからの探檢に續いて一九〇七年にイギリスの Aurel Stein 氏が長篇の摩尼教禮讚文を燉煌から大英博物館に將來した。相次いで一九〇八年にフランスの Pelliot 氏は同じく燉煌からの蒐集品中に同教籍斷片を發見すると共に、Chavannes 氏と協力で同教の殘巻に關する有益なる調査を公表した。顧みて一九〇四年二月十一日に Müller (F. W. K) 氏が摩尼教斷篇の調査報告を公にしたのが、實に輓近に於ける摩尼教研究の新曙光であつた。爾來、獨、佛、英、露、米の學者が互に先を爭つて、新發見資料の調査と研究とに沒頭するやうになつた。丁度今から六年前、一九三〇年の四月十八日にミュラー氏先づ逝き、同月二十一日ル・コク氏も亦その跡を襲はれ、斯界の開拓者が偶然一度に二人も長逝されたことは洵に悼ましいことであつた。

最近又エジプトからコプト語で書かれた豐富な摩尼敎古文獻が發見された。ベルリンの Karl Schmidt（カール・シュミット）氏が一九三〇年以來蒐集されたもので、その一部はロンドンの蒐集家にも分藏されてゐる。これ等の稀覯資料はシュミット氏の考證に依ると、第四世紀の後半期にギリシヤ語から翻譯されたもので、その中には敎祖摩尼の傳道書簡集や敎會史料や摩尼の主著の註釋や禮讃文や說敎集などがあり、何れも重要資料で、その調査のためには今後數年を要すとのことである。かうして摩尼敎の研究は未だに資料蒐集期にあるから、東西共に今後未傳の新材料が發見されることを期待してゐるのがその現狀である。本篇は固より摩尼敎の概說に過ぎないが、及ぶ限り新出の資料とその研究報告とを參酌して、摩尼敎の正體を探る積りである。

二　摩尼敎研究資料

摩尼敎の研究は、今日尚未だ資料蒐集時代に在りといふを適當とするが、現世紀に入りて摩尼敎籍本文、翻譯並に調査の公刊も少くない。今現存摩尼敎研究資料の主要なるものを年代順に大別すると、第一從來から知られた古資料と、第二近代の著作と、第三新發見の摩尼敎及び史蹟とに分たれ、第一が又（一）東方基督敎中の資料。（二）ゾロアスター（蘇魯支）敎中の資料。（三）西方に於ける資料。（四）マホメット敎中の資料に區別される。第一の四項は主として他敎徒の筆に成つたものだから、重要資料は摩尼敎徒の傳へた第三と、公平な學的研究の第二とであることは言ふまでもない。

第一の古資料中、（一）東方基督教中の資料とは、人種も言語も慣習も原始摩尼教徒に同じかつた、スリア、メソポタミヤ地方の基督教徒で、比較的摩尼教を熟知したものの筆に成つたものを指す。彼の第四世紀前半に出で、「蛇のやうに暗黒に住める悪魔摩尼の教義」として、極力、摩尼教をもつて危険なる異端としたスリア人、(1) Aphrates の遺篇 (Homilies) を始めとし、(2) 同代の Ephraim Syrus の遺簡 (Letters to Hypatios) があり、少し後れて第六世紀の Hormizdshēr の僧正、(3) Gabriel の遺篇などがある。それから稍後期に屬するスリア著述家では、(4) Theodore bar-Khōnī や (5) Barhebraeus があり、更にアルメニアの著述家中には (6) Kolb の Eznik と Eutychus との遺篇などがある。前者は五世紀の人で、後者は九三三年より九三九年までのアレキサンドリアの教長であつた。これ等の内で(4)は重要なものとされてゐる。それから（二）ゾロアスター教中の資料中、今日までに知られた範圍では、東方基督教徒の筆に成つたものに比較して直接材料は少いが、言語や思想上の間接資料としては缺くべからざるものである。次に、（三）西方に於ける資料としては、ギリシヤ、ラテンの著述中に多量の材料がある。しかし摩尼教は元來東方の宗教だから、希臘文化、基督教文化に浸潤せる西方人士が果して如何程迄正當に之を理解し得たかは疑問である。その中、(1) Eusebius の所傳 (Historia Ecclesiastica, VII. 31) や、それと略ぼ同時代の (2) Lycopolis の Alexander の摩尼教攻撃の短篇がある。時代は稍降るが、三七〇年頃に歿した(3)スリア、Bostra の僧正 Titus の破摩尼教論はこの方面からの重要資料である。本書は四巻より成り、現にスリア語本並にギリシヤ語本があり、英國博物館には四一二年の寫本があるから、古い資料である。ギリシヤ語本は一七二五年、一八五九年兩度の公刊があり、スリア語本のドイツ譯も出た。チトスは夙に希臘哲學特にストア派に親しみ、常に他國の教說を賤んだ。チトスは地理的には東方に屬すべきだが、その思想系統からは西方に屬する。凡そ西方文獻中でその資料の確否は暫く別として今日迄に、最も著名なものは、(4) Acta Alchelai である。本書は Manes とメソポタミヤに於ける Carchar の僧正 Archelaus との教義上の爭論を敍べたもので、この Carchar なる地名は恐らく筆者が Karkha と Kashkar とを混同したものだらうといはれ(A. A. Bevan 氏)、本書の眞作者につきても判然しないし、又その記事の大部分は擬搆から出たともいはれてゐる。しかし本書は極めて廣く引用されたものであつた。それから(5)古代羅馬教會に於ける代表的神學者であつた、Augustinus は三七三年から三八二年まで、前後九年間、摩尼教徒であつたから基督教に轉宗後の著述中でも屢〻摩尼教に觸れてゐる。但し彼の著述も豫期された程の材料を供給してゐない。又アウグスチヌス及び其師となりて、摩尼教を傳へた Faustus も正確に摩尼教を理解したか否かは疑問とされてゐる。終りに、(四)マホメット教中の資料は九世紀以前のものはないが、一般に西方材料よりも詳密で且つ正確なるものが多い。それはマホメット教の學者が、單に異教に對する反對の態度よりせず、歷史的敍述を主としたためである。惟ふに、バビロニヤ地方は當時マホメット教の中心地であつたと同時に、摩尼教の中心地であつた關係上、マホメット教の著述家等は有力なる研究資料を殘したものと推測される。そしてその主なるものは凡そ次の如くである。(1) an-Nadīm が九八七年—九八八年にものせし Fihrist(目錄の意味。但し著者については異說がある。)は、最も好き參考書の一とされてゐる。それから(2)アラビヤ語での al-Bīrūnī ペルシヤ語での Bērūnī(一〇四八年歿)は、古代諸國年代記其他に於て東方に關する數多の重要なる資料を遺したが、その中に摩尼教研究資料をも含んでゐる。次に(3) al-Shahrastānī

（一一五三年歿）の宗教並に哲學に關する著述の中で、摩尼教が取扱はれてゐる。尙本篇でフィーリスト Fihrist と略稱するは Flügel (Gustav) の一八六二年の譯を指す。以上（一）より（四）までに列擧せる研究資料は、概ね從來から泰西學者の知悉してゐた古材料であつた。

第二近代の著作には一七三四年にアムステルダムで出た Beausobre (Isaac de) の摩尼及び摩尼教の史的批評以下數多の著述があり、中には第一の古資料に對する精査研究もあるが、餘りに煩瑣になるから姑らく他に讓ることとする。(Jackson, A. V. W.—Researches in Manichaeism (1931) の卷首 (XXVI—XXXVI) 及び Chavannes, Éd. et Pelliot, P. —Un traité manichéen (1911) の卷首 (9—11) 參照)。

第三新發見資料として次に列擧せんとするものは悉く最近の發見にかかる材料で、中でも中央亞細亞に於ける新出の古資料中、既に公表せられたものを指す。此等の資料は諸種のペルシャ語、或はトルコ語、或は漢語、又はウキグル語等より成り、年代・著者、所傳の確否等に就いては尙研究の餘地があるが、その大部分が全く他の文獻とはその選を異にして、異教徒が摩尼教攻擊のためにしたものではなくして、實に摩尼教徒自身の筆に成つたものである。從つて同教の研究上重要資料である。今解說は他 (Jackson, op. cit. 卷首 (XXIV—XXVI) 等) に讓りて資料目錄だけを擧げる。

（１） Müller, F. W. K. Handschriften-reste in Estrangelo-schrift aus Turfan, Chinesisch-Turkistan [I], Berlin, 1904.

（２） —— Handschriften-reste in Estrangelo-schrift aus Turfan, II Teil (mit 2 Tafeln), Berlin, 1904.

(3) —— Ein Doppelblatt aus einem manichäischen Hymnenbuch (Maḥrnāmag), Berlin, 1913.

(4) Salemann, C. Ein Bruchstück manichaeischen Schrifttums im Asiatischen Museum, mit einem Facsimile, St. Petersburg (Leningrad), 1904.

(5) —— Manichaica I—IV, in *op. cit.* 1907—1912.

(6) —— Manichaeische Studien I. Die mittelpersischen Texte in revidierter Transcription, mit Glossar und grammatischen Bemerkungen. in *op. cit.* 1908.

(7) Le Coq, Alfred von. Köktürkisches aus Turfan, Berlin, 1909.

(8) —— Chuastuanift, ein Sündenbekenntnis der manichäischen Auditores, gefunden in Turfan (Chinesisch-Turkistan), Berlin, 1911.

(9) —— Dr. Stein's Turkish Khuastuanift from Tun-Huang, being a Confession-prayer of the Manichaean Auditores, London, 1911.

(10) —— Türkische Manichaica aus Chotscho, I, II, III, Berlin, 1912—1922.

(11) Chavannes, Éd. et Pelliot, P. Un traité manichéen retrouvé en Chine, Paris, 1913.

(12) Bang, W(illy). Manichaeische Laien-beichtspiegel, Louvain, 1923.

(13) Waldschmidt, E. und Lentz, W. Die Stellung Jesu im Manichäismus, Berlin, 1926.

以上の新出資料は學術雜誌や年報で公表されたから、中には單行もあるが、左にその出所を添記する。

(1) Sitzb. d. Kgl. Preuss. Akad. d. Wiss., Berlin, 1904, ix, p. 348—352 (Sitzung der phil.-hist. Kl. vom II Februar).

(2) Anhang z. d. Abh. d. Kgl. Preuss. Akad. d. Wiss., Berlin, 1904.

(3) Abh. Kgl. Preuss. Akad. Wiss., vom Jahre 1912, Berlin, 1913.

(4) Mémoires Acad. Impér. des Sc. de St. Pétersbourg, 8me sér., vol. 6, no. 6, p. 1—26. St. Petersburg (Leningrad), 1904.

(5) Bulletin de l'Ac. Imp. des Sc. de St. P. 1907, p. 175—184. 1912, p. 1—50.

(6) *op. cit.* 1907, p. 531—558. Zapiski Imper. Akad. Nauk,—Mémoires de l'Acad. Impér. des Sc. de St. Pétersbourg, ser. 8, vol. 8, no. 10, St. Petersburg, 1908.

(7) Sitzb. d. Kgl. Preuss. Akad. d. Wissenschaften, 41. 1047—1031, Berlin, 1909.

(8) Anhang zu den Abhandl. d. Kgl. Preuss. Akad. d. Wiss., vom Jahre 1910, Berlin, 1911.

(9) Journ. of the Roy. Asiat. Soc., April, 1911. 277—314, with a Plate.

(10) Abhandl. d. Preuss. Akad. d. Wiss., Berlin, 1912 (1911), 1919, 1922.

(11) Journal Asiatique, Xme sér., t. 18, p. 499—617, Nov. -Dec. 1911. ——(Deuxième Partie) XIme sér., t. 1, p. 99—199, Jan. -Feb. 1913. ——(Suite et fin) p. 261—394, March-Apr. 1913.

(12) Muséon, 36. 137—242, Louvain, 1923.

(13) Abhandl. d. Preuss. Akad. der Wissenschaften, Jahrgang 1926, Phil.-hist. Klasse, Nr. 4, mit 4 Tafeln, Berlin, 1926.

尚本篇では(11)を Un traité manichéen と略稱する。

(14) 摩尼光佛教法儀略

燉煌石室遺書三（蔣斧氏錄）に、寺宇儀第五、出家儀第六の二節が収められ、ペリオ氏によりて上記(11)中にその研究報告が出たが、その後、巻首が大英博物館から發見され、同じくペリオ氏に依つて近く調査が公表されたとのことである。本寫本中の用語に關しては石田幹之助氏の有益なる考證があり（東洋史論叢一五七—一七二）、拙著、鳴沙餘韻解説（三一四—三一六）にも略解題を載せてゐる。

(15) 摩尼教殘經

これは宣統三年（一九一一）三月、羅振玉氏によりて、波斯教殘經（燉煌莫高窟藏本今歸京師圖書館）として公にされ、當時、祆教か摩尼教か將た景教か、一體、何宗教の經典かが判然しなかつたので、暫らく波斯教殘經と名づけられた。然るに一九一一年、シャワンヌ、ペリオ兩氏の研究によりて摩尼經典たることが炳かにされたばかりでなく、細微を盡した有益なる考證を附して公刊せられたのが(11)の主要部であつた。これは次の下部讚と相俟つて重要資料である。

(16) 下部讚

上記(13)に極めて一少部分の調査報告がある外、その研究報告が未だ世に公にされてゐない摩尼教教籍で、本殘巻は自分が一九一六年夏、英國博物館内スタイン蒐集室に在りて古寫本調査の際、偶然に發見したもので、Stein（スタイン）

氏の Serindia (Vol. II, p. 922) 中にもそのことが記されてゐる。下部讃は摩尼僧、道明の譯した禮懺文で、その後記に、「梵本三千之條、所譯二十餘道」といへるは摩尼敎典の數量を概示せるもので、所譯二十餘道と云つてるのは、二十餘種の翻譯の意味らしいが、孰れにしても摩尼敎籍の多かつたことを語つてゐる。拙著、鳴沙餘韻解說（三〇七—三一四頁）にその略解題を載せてゐる。(14) 以下の三本は燉煌千佛洞の石室出土本で、共に漢語の摩尼敎籍である。

三　敎祖摩尼傳

佛敎や基督敎のやうに、世界的傳道の歷史を有つた大宗敎の開祖の史傳には兎角判然しない點が多いやうに、摩尼敎開祖の傳記についても不明の點が多い。それは確たる史傳が殘らなかつたのと、その年代が古いのと、又各地に傳播される間に種々なる傳說や訛聞が附加されたためであつた。從つてその名稱や經歷にも傳統や師承にも生年月日にも每に異說が附き纏つてゐる。

一般にマホメット敎著述家の記錄に比べて、西洋所傳が史實に遠いとされてゐるが、西洋所傳では Acta Archelai（三）の(4)の物語が最も能く知られてゐた。それに依ると大略次の通りである。

使徒の時代に Scythianus と稱する人があつたが、Scythia から來たサラセン人だといはれてゐた。彼はエヂプトに住んで、エヂプト人の學識に精通して後ち摩尼敎なる一宗敎を創設した。その後、彼はパレスタインに移住し、彼の歿後、その著述は彼が唯一の弟子であつた一人の Therebinthus 人の手に歸した。この弟子がバビロニアに往つて自ら佛陀 Budda (Buddha) と稱してその師の敎義を宣傳した。然るにこのテレビントス人も亦その師のスキチアヌスと同じく、唯一人の弟子を得たが、それは一老婦であつた。それから暫らくにして彼は屋根から墜落して死んだ。そこで摩尼敎籍は擧げて此老婦人の所有に歸することとなつた。然るにこの老婦人は偶々其死に當つて、その奴隷であつた Corbicius なる一青年に之を讓つた。そこでこの青年は其名を Mānes と改め、Scythianus の遺著を研究し、多くの自説を加へてその敎義を唱說し始めた。Manes に三人の弟子があり、Thomas, Addas, Hermas と云つた。此頃、波斯王の王子が病み、Manes は之が治療に着手したが、王子が死んだので、Manes は牢獄に投ぜられた。次いで巧に牢獄から脫れ出たが、遂に又王の手に落ち、王命によりて剝皮の刑に處せられ、その遺骸は市門に懸けられた。

以上の說話は史實として證すべき根據がない。マネスが處刑されたことは諸傳の一致するところだが、Scythianus や Terebinthus の存在に關しては毫も之を確むべき證左がない。但し Terebinthus が佛陀と自稱したといふ記事は、摩尼が佛陀を彼に前んじた豫言等の一人としたから恐らくその訛傳だらうと思はれる。

マホメット敎著述家の所傳は Fihrist (四) の(1) al-Bīrūnī (四) の(2)を始めとして、上述に比べると正確だとは一般の定評である。だがその數多の著述家の記述中には異說が多い。左にそれ等の資料を主として摩尼の略傳を擧げる (A. A. Bevan, 'Manichaeism', Encycl. Rel. and Eth., Vol. 8, pp. 396, 397 ……)。

F-t-q の子 Māni は紀元後二百十六年頃にバビロニアに生れた。彼の父は元と異敎徒で、波斯の首都 Ctesiphon 或は其附近に於て、他の人々と同樣に屢々偶像を祠れる寺に詣でた。然るに Māni の生るる少し前に、彼は以前の

宗教を棄てて、Mughtasila なる洗身を行事とせる一派に轉宗した。Mīnā は若くして夙に神の啓示に接し、又自
ら一新信仰を説く爲に選ばれたとの確信を獲た。彼は齢二十五に達する前、既に僅かの弟子を有つてゐたが、公然
傳道を始めたのは實に Ardashīr の子なる Shāpūr (Sapor I) が即位の年、紀元後二百四十二年の三月であつた。
彼は王の兄弟なる Pērōz の保護を受け、又 Pērōz を通じて Sapor 王にも接近し得た。Mānī は其旅行中に、中央
亞細亞、印度、支那に赴きしと傳へられてゐるが、未だ嘗て羅馬帝國内には入らなかつたやうである。彼は數多の著
述と傳道書簡とをアラマイック語で書いた。此他に少くとも一部は波斯語で書いた。これが恐らく al-Bīrūnī が
Shāpūr 王の爲に書かれたと稱する Shāpūraqān として知られた著述であつたらしい。之は東方所傳だが Ephraim
Syrus (一)の(2)に據れば Mānī は着色畫を入れて彼の著述を説明したと傳へてゐる。だから東方では數世紀間、
彼は畫師としての名聲を殘した。又彼は後代摩尼敎徒によりて使用された特殊のアルファベットをも發明したと傳
へられてゐる。Mānī は後に Bahrām 一世 (Warahrān) によりて死刑に處せられた。此王の治世は約紀元後二百
七十四年より二百七十七年に當る。但し al-Ya'qūbī 及び其他の典據に記されてゐるやうに、果して彼が生きなが
ら剝皮の刑に處せられたか否かは疑問である。そして彼の遺骸或は皮が藁を以て塡充され、王命によりて Gundē-
Shāpūr の門に懸けられたといふ。此市は古への Susa を僅か東に距れる重要なる都會であつた。それからして後
ち此門は常に摩尼門として知られることとなつた。Mānī の處刑はゾロアスター敎僧の敵意と同時に、當時の波斯
が頑强に新宗教を剿絕しようと企圖したためであつたが、全く效果がなかつた。

先づ摩尼といふ名は一體どの國語かに就いて、或はアラビヤ語だといひ、或はスリア語だといひ、また或はスリア

でもアラビヤ語と同じく發音されたやうだといひ一定してゐない。ゾロアスター教の著述には Mānīh となつてゐる。ギリシヤやラテンの著述家等は屢〻 Manichoeus や Manes の名を使つてゐる。要するに Mānī (Mani) の語の起源や意義については判然しないが、この語は實名であつて、佛陀や基督のやうに尊號ではなかつた。兎に角、ペルシヤ人であつたから Mānī として、本篇では漢音譯の摩尼を使用する。それから父名の F-t-q は Fihrist に出てゐる名だが母音が不明である。或は Πατέκιος ともいはれ、Bābak（ペルシヤ語の Pāpak）ともいはれ、これまた判然しない。正確な名は判らないが父は Hamādān の住民で、母は安息 Parthia の王族 (Arsacids) だつたとも云はれてゐる。父の信仰についても Mughtasila（ユダヤ的基督教に類似）だといふ説もあるが的確には判らない。そしてその生地は今の Baghdād の少し南方 Mardīnū といふ村で、時は紀元後二一五年か二一六年であつたらしい。摩尼が傳道を始めた年代に就いても al-Bīrūnī は五二七年（歴山曆）としてゐるが、推算によりて紀元後二四三年頃とされてゐる。それが丁度ソポル一世即位の時であつた。この王が摩尼教に改宗したといふ傳説もあるがそれも疑はしい。又摩尼を迫害した王は、Hormizd 一世だとも Bahrām 二世だとも云はれてゐるが、Bahrām 一世とするのがより確實である。摩尼の師について Fihrist には師匠のあつたことが書かれてゐないが、al-Bīrūnī はその師名を Fādarūn としてゐる。又 Berhebraeus は摩尼は嘗て基督教の長老だつたとしてゐるが、何れもこれを證明すべき史料がない。摩尼の遺著や傳道書簡については Fihrist (Flügel, P. 102 ff., 336 ff.) 中に神祕の書（十八章）を始め七書を擧げてゐる。そしてこの七書中、スリア語六書、ペルシヤ語一書としてゐる。神祕の書の第四章には「ユダヤ人が十字架にかけしメシヤなる貧しき寡婦の子」の記事がある。それは言ふまでもなく、基督教の開祖を指したものであつた。

ありし日の一大世界的宗教であつた摩尼教にとりて、その教祖の問題がいかに重要であつたかは、佛基兩教の歴史から見ても炳かである。摩尼は自ら神の啓示を受けたと信じたが、時には佛陀や基督のやうにそれ自らが神格とされたか、將たマホメットのやうに一豫言者で始終したか。摩尼教は各地に傳はる間に、毎にその地の宗教と混合し折衷したから、教祖に對する信仰も處に依つて異つてゐた。しかし彼が神の啓示を受けた人だとは共通の信仰少くとも原始の信仰であつた。かうして al-Bīrūnī が、Mānī 自身の語として Shāpūraqān から引用した一節に

> 智慧（教理）と行爲（實踐）とは絶えず常に神の使者によりて人類に傳へられた。或時には佛陀 Buddha と稱する使者によりて印度に齎らされ、又或時は Zarādusht (Zoroaster) によりて波斯に、又或時はイエスによりて西方に傳へられた。斯うして今までこの啓示が降つた。その最後期に於けるこの豫言は眞の神の使者たる吾れ Mānī によりてバビロニヤに降された。

と云つてるやうに、摩尼はこの世界には既に佛陀、ゾロアスター、イエス、そして最後には彼自身によりて、幾分づつ神の啓示が宣せられたものと見た。al-Bīrūnī は更に摩尼は彼の他の著述に於て、自らは基督によりて宣言された Paraclete（訓慰者或は保惠師の譯あるも一定せず）だと言つたとも傳へてゐる。このパラクレートだといふ考は基督教並にマホメット教著述家の材料からも知られる。基督教側では Eusebius を始め、摩尼は基督によりて宣言されたパラクレートとする思想を、摩尼が聖靈と同體なりとの意義と解した。又 Bostra の Titus や Augustinus や其他の基督教著述家が、摩尼は自ら「耶蘇の使徒」と稱したとも傳へてゐるが、それは偶々近時發見された摩尼教斷片によりて確證されることとなつた (F. W. K. Müller)。少くとも西方所傳では、摩尼が己れの教義を耶蘇のそれと

同一だとしたやうに傳へてゐる。摩尼がギリシヤ語の新約聖書を讀んだかどうかは不明であり、パラクレートの考はアラマイックを使つてゐた基督敎徒からの借用であつたかも知れない。中央亞細亞出土本中には現に「諸神の子なる摩尼」の語があり（F. W. K. Müller）、下部讚などでは「稱讚忙儞（摩尼）具智王」として、摩尼に神位を與へてゐるし、後にも述べるやうに、摩尼敎でのイエス（耶蘇）の使ひ方には色々あるが、歴史上のイエスを惡魔と呼んでをり、又基督敎著述家の間でも、摩尼敎では基督敎のイエスの身位に關する考を化現說だとするものがあり、一面では佛陀も基督も摩尼も同地位に在るものとしながら、摩尼は人としての豫言者の最大なものとすると同時に、歴史上の佛陀や基督やは眞の聖者でないとした。從つて摩尼敎徒が歴史上のイエスの肉體の性質に關して信じたことが何であつても、少くとも基督の十字架の救ひの事實を拒否したことは確かである。佛敎の佛陀に對しても同樣であつた。要するに摩尼を最後にして最大の豫言者となすに在つた。

四　摩尼敎敎會史

（一）東西傳道史

開祖摩尼が迫害のために殉敎の死を遂げた時、波斯國内に既に多數の信者が居つた。そしてその信者の中には帝國の貴族もゐた位だから、ゾロアスター敎派の僧侶から反對されたのも當然であつた。摩尼は迫害のために一時帝國外に逃れたが、この流離（さすらひ）の旅の間に自ら東方への傳道を企てた。中央亞細亞のどの邊まで來たかは判然せぬが、東トルキスターン地方に來たことは事實とされてゐる。彼が波斯に還つて來て死刑に處せられた後も、迫害が續いた。その結果、波斯並にバビロニアにゐた多數の摩尼敎徒は勢ひ中央亞細亞にその避難所を求めることとなつた。そこで摩尼敎は夙に中央亞細亞にその敎域を擴げることとなり、開敎以來三百數十年にして遙かに支那本土にまで達した。佛敎は約五百年、基督敎は約六百年で支那に公傳されたのに較べると、摩尼敎の公傳は同敎と同じく割合に早かつた。しかし東方の摩尼敎は、支那だけでも七世紀から十七世紀まで續いた痕迹があるから前後一千年、確かなところで少くとも七百年の敎史を遺したが、遂に絶滅に歸したのは、全く他の大宗敎と異つてゐた點である。

西紀九八八年に書かれた an-Nadīm の Fihrist には、摩尼敎の東方傳道が記されてゐる。それに依ると開祖摩尼の直次の相續者は敎長 Sīs として、全敎團を統轄し、本部はバビロニアに在つたが、第七世紀に Dunjāwarier の一派が、バビロニア本部との聯絡を斷つて、恣に獨立敎團を組織したと傳へてゐる。それから第八世紀の始め頃に第二の分離が起つて、從來通りに敎長に服位するものの一派は Mihriya と呼ばれ、他はその指導者 Miqlās の名を取つて Miklāsiya と稱したと傳へてゐる。

西方の資料からすると、摩尼敎徒は直接政治に干與しなかつたが、東方資料からすると、同敎徒は回鶻と密接な關係を保つて、屢〻支那と回鶻との外交事務にも參與した。波斯領內に於ける摩尼敎徒は今日までの資料に據ると、政治には直接干與しなかつたが、始終波斯敎僧の壓迫を受けてゐた。一體、正統ゾロアスター敎からすると、その一分派、特に異端たる摩尼敎に對して、到底寬容な態度を取るわけには往かなかつた。その後、第七世紀の中葉に、マホメット敎徒であつたアラビア人が波斯帝國を滅ぼした。この時東方の摩尼敎徒は、從來のやうな迫害から遁れて暫し少康の時代に遭遇したが、マホメット敎はユダヤ人基督敎徒及び Sabian を以て、神の惠みを受け得るものとしたことはコーラン經に記してゐる通りだが、摩尼敎徒はその中にないから、正當にそれと同じやうな法定上の寬容を要求する資格を有たなかつた。この中、サビアンは、マホメットの時代にアラビアにあつた一派の名で、マホメット敎徒も周圍からはサビアンと呼ばれた。後、數多の宗敎團體が保護の手段として自らサビアンと稱した。サマルカンドの摩尼敎徒の如きもサビアンと稱したとはアルビールーニの所傳である。蓋し摩尼敎の儀式が極めて簡素であつたのと、且つ偶像崇拜をやらなかつたなどで、初期のマホメット帝國は差したる迫害を加へなかつた。そればかりでなくカリーファの al-Walīd 二世（七四三—七四四）の如きは、摩尼敎の信者ではなかつたが、摩尼は嘗て神が此世に遣はした唯一の豫言者であるといつたと傳へられ、文學者などには摩尼敎に改宗したものも相當にあつたやうである。しかし第八世紀の後半には Abbāsid 王朝の下に組織的に摩尼敎撲滅の計畫が進められた。カリーファの al-Mahdī（七七五—七八五）は「Zanādiqa の監督者」なる宗敎吟味官を設けて摩尼敎迫害の政策を實施した。Zanādiqa は Zindīq の複數で、一般には異端若くは無神論者の意味だが、ここでは摩尼敎徒の意味であつた。アルマーディーの禁壓政策はその相續者によりて繼承され、基督敎徒とユダヤ敎徒とは一般に寬容されたに拘らず、摩尼敎徒のみは前後に幾千人の多數が殺戮されたと傳へられてゐる。併しかうした迫害にも拘らず、摩尼敎は依然として行はれ、潛行的にマホメット敎の中心地にすら散在した。第八世紀のアルマーディーの迫害後、約二百年に Fihrist は Baghdād だけでも約三百人の摩尼敎徒が居つたと記してゐるし、トルコ人種の Taghazghaz 地方では住民の多數が摩尼敎徒だつたし、カリーファ al-Muqta（九〇八—九三二）の治下に、サマルカンドのマホメット敎知事が多數の摩尼敎徒を殺さうとしたが、タガツガヅの王子が摩尼敎をも兼ね信じてゐたので、その干涉によりて事なきを得たとも傳へられてゐるから、少くともこの地方の摩尼教が迫害によりて根絶されなかつたことがわかる。かうして恐らく第十三世紀のモンゴルの大侵入迄、摩尼教は尚各地に散在してゐたと推測される。

摩尼教は佛教や基督教の大宗教と同じく、生れ故郷に於いてよりも、寧ろ他國、その中でも西南亞細亞で追はれた結果、Khurāsān（クラーサーン）や中央亞細亞から支那に亙りて可なりに榮えたことが偶然にも最近二十年間、中央亞細亞の學術探檢から明かにされるに至つた。兎に角、第三世紀から二三百年間に、宗教の信仰によりて廣く東洋と西洋とを繫いだことは世界宗教史上、同時に世界文化史上、確かに特異な事蹟であつた。

摩尼教が羅馬帝國領内に傳播された確實なる年代は判然しないが、第四世紀初めに既にその領土内に行はれたことは疑ひがない。アウグスチヌス（三五四―四三〇）の遺著からして、北アフリカで同教が盛んに行はれたことが證せられる。卽ち當時エヂプトから北アフリカ地中海沿岸に傳播した。東羅馬帝國のレオ一世（四〇〇？―四七四）の摩尼教禁壓以後、帝王の勅書、法王の教書によりて引續き壓迫が繰り返されたが、この點に關してカトリック著作家が摩尼教と呼んでゐるのが、當時混合宗教が各地で行はれたことから推測して、果してどの點まで正確かが判然しない。それは摩尼教は到る處でその地の宗教と折衷混化を常習としたから、摩尼教の正體に就いて正確なる認識を缺いた筆者の記述その儘を信じ得ないからである。しかし摩尼教が種々の形で羅馬帝國、ビザンチン帝國に入り、地中海に沿うて歐洲南部に弘まり、遙かにスペインや南方ゴール邊迄行はれたと傳へられてゐる。但し西方に傳はつた摩尼教は基督教の他の異端と混化して、次第に摩尼教の痕跡を失つた。

摩尼教が傳播した地方卽ちアルメニアや小亞細亞に弘まつた Paulicians（パウリシアン）派は、使徒パウロの遺簡を重んじたので、斯く名づけられたが、その二元的人生觀は摩尼教に類似してゐた。この派が第十世紀に Bulgaria に入りて Bogomil 派を興起せしめた。このボゴミル派は摩尼教の一派で、ミラン附近の Cathari を含めて北イタリーを通じて西方に擴まり、南フランスの Albigenses とも關係があつた。このボゴミル派やアルビゲンスは異つた衣服を着た摩尼教であつた。ブルガリアの摩尼教に就いてはシャレンコッフの著述 (V. N. Sharenkoff, A Study of Manichaeism in Bulgaria with Special Reference to the Bogomils, New York, 1927)、羅馬帝國の摩尼教に就いてはストープの著述 (Em. de Stoop, Diffusion du Manichéisme dans l'Empire Romain, Ghent, 1909.) に詳しい。ロシヤに於ける Molokonye 派も亦摩尼教の變態だとも傳へられてゐる。兎に角、東洋風の神祕思想、明暗二元によりての世界觀人生觀、民族の血に結びつかなかつた人類平等の思想、道德上の嚴肅主義及びその儀式の簡素等は、當時の西方人士にとりても多かれ少かれ興味を惹いたことは確かであつた。

（二）　支那に於ける摩尼教

支那に於ける摩尼教傳道史料に就いては、（一）新舊唐書以下五代史、宋史等の一般史籍、（二）史籍以外の文集や碑銘や雜著類、（三）佛典中の摩尼教資料、（四）支那塞外民族たる于闐、高昌、回紇（回は廻、紇は鶻とも書く）、甘州地方の史蹟記傳、（五）佛、獨、露、英、米、瑞（典）等の諸學者の調査報告等に互りて、その資料を整理する必要があり、ここでも中央亞細亞の史蹟やそれから出土した文獻がこの方面の研究に幾多の貢獻をなしてゐるが、今日まで公にされたもの及び自分が蒐集したものとで、支那に於ける摩尼教關係記傳は少くとも六十數項になつてゐる。支那では摩尼教のことを、摩尼、明門、明教、二宗經、二尊教などと呼んで前後七百年、その餘影までを入れると約千年の傳道史を織り成してゐる。その詳細は別篇に讓りてここではその鳥瞰圖だけを掲げることにする。

唐武宗の會昌五年（八四五）八月、勅して天下の佛寺四千六百所を毀ち、僧尼二十六萬五百人を還俗せしめた（舊唐書一八、僧史略二、佛祖統記四二）。古來支那での、佛教排擊中、この會昌の法難は最も顯著なものであつたが、しかしそれは單り佛教ばかりではなく、當時の支那に於ける外來諸宗教に對する一齊迫害であつたから、摩尼教徒も除外されなかつた。卽ち同年同月、勅して摩尼（摩尼教）穆護（Muk-yu で司祭の意味）火祆（支那の蘇魯支卽ちゾロアスター教）等二千餘人を還俗せしめ、これより前、會昌三年（八四三）二月、勅して天下の摩尼寺を廢し、莊宅錢物等を功德使に沒收せしめたからであつた（舊唐書一八、僧史略三、佛祖統記四二）。元來この宗教迫害は、武宗が道士趙歸眞等の進言に惑ひ、道教以外の外來宗教を一掃しようとしたもので、武宗は會昌六年三月に暴かに崩じ、同年五月には趙歸眞等が誅せられ、間もなく宣宗の佛教復興となつたが、この時、佛教を除いては摩尼教が最も手痛い迫害に會つたやうである。一體、摩尼教は何時頃支那の中土に傳來してこれ程の教勢を張るやうになつたか。

宋代に僧志磐が十一年の間努力によりて、南宋度宗の咸淳五年（一二六九）に佛祖統記五十四卷を公にしたが、その第三十九卷と第五十四卷とに摩尼教の初傳を武周朝の延載元年（六九四）だとした。卽ち「武后の時、延載元年、波斯國人、拂多誕（西海大秦國人）二宗經僞經を持つて來朝す。厥の後、大歷間、荊揚洪越等の州ごとに各摩尼寺を建つ」とあるのが有力なる記傳とされた。文中、二宗經は摩尼教で、拂多誕はパーラヴィー（中古波斯語）の Fura-šta-dān で、摩尼教僧階の一として、摩尼教義に通達せるものの意味である。

抑も波斯國人、或は大秦國人の摩尼僧、拂多誕が、支那の中土に來た則天武后の世は、一種の變調を帶びた思想動搖の時代であつた。蓋し武周の革命は婦が夫の家を奪つたもので、一巾幗の身を以て、大唐の宗室を簒奪した、支那の史家のいはゆる「非常の變」の時局であつた。その詳細は拙著『三階敎之研究』の附篇（「大雲經と武周革命」、六八五—七六一頁）に讓るが、かうした思想動搖の時代に新たに摩尼敎が傳來したことは、先づ時機を得たものと謂つても可い。然るにこの時、佛典の一たる大雲經を僞りて武后が帝位に卽く豫言だとしたので、武周朝では諸州に大雲經寺を設けしめた。この大雲經寺が偶々日本の國分寺創設にも影響を與へることとなつた（宗敎研究、新第四卷の二、三、四號。拙篇「大雲經寺と國分寺」參照）。然るに宋の敏求（一〇一九—一〇七八）の著はした『長安志』に依ると、この大雲經寺は、隋の文帝の代、當時文帝が敬重せし高僧の曇延の居つた寺で、蠟燭が自然に火を發した奇瑞が原で、その寺を光明寺と呼んだが、それから武后の世になつて大雲經僞造に關係した僧宣政の居つた寺であつたので、先づこの光明寺を大雲經寺と改稱し、遂に天下をして州毎に大雲經寺を一寺づつ置かしめたと傳へてゐる。そこで一部にはこの光明自然發焰の事蹟から、これは恐らく光明敎卽ち摩尼敎であり、又大雲經寺は摩尼寺であつたらうとして、摩尼敎の支那傳來を北周、隋（五五八—六一八）兩朝の間にあつたやうに推定する人もあつたが、もつと的確な證據がなくては、これだけで摩尼敎の傳來を推定することはできない。又ペリオ氏の燉煌蒐集寫本中に老子化胡經全十卷中の第一第十の首尾兩卷が出て來たが、その卷第一に摩尼も老子から出たものとしてゐる。元來、化胡經は晉の王浮の作となつてゐるので、化胡經中に摩尼敎の記事があるのは摩尼敎が晉代に夙に支那に傳來した證左だと見た人もあるが、化胡經の內容は一定してゐたものでなく、燉煌本は唐代のものだから、これだけで晉代の傳來を證するわけには往かぬ。これに就いては關係文獻が多いから、暫らく別篇に讓ることにする。

抑も支那に來た外來宗教は暫らく佛教を別として、その公傳の年時の順序に列べると、先づ祆教即ち蘇魯支教 Zoro-astruism は唐の太宗の貞觀五年（西六三一）に波斯國の穆護（Muk-yu の音譯、祆教僧の稱號）可祿によりて傳へられ、同年、長安の崇化坊に祆寺を建てて波斯寺と云ひ、祆正、祆祝などの僧官を設けた。次いで景教即ちネストル派 Nestorianism の基督教は、唐太宗の貞觀九年に大秦國の阿羅本（A-lo-pən 即ち Olopan の音譯で、シリア語の Rabban ならんと云ふ）によりて傳へられ、その十二年には京の義寧坊に大秦寺が建ち、高宗朝に諸州に景寺を置き、阿羅本を鎭國大法主とした。それから武周朝の延載元年、摩尼教が傳へられた。同教即ちイスラム（マホメット教）が何時頃から支那に傳はつたかは判然しないが、上記三教の後である。これ等諸宗教の傳來については岩波世界思潮講座（「東洋思潮」、二二一—五五頁）中の拙篇に讓る。

そこで祆教と景教と摩尼教とは唐の太宗朝から武周朝までに傳へられたことが確かだが、支那では久しく祆教と摩尼教とが混同された。現に佛祖統記でも、「初め波斯國の蘇魯支、末尼火祆教を立つ」として末尼即ち摩尼教と祆教とを混淆してゐる。近頃吐魯蕃で發見された摩尼教殘經中にゾロアスターを Zrušč と發音してゐるから、蘇魯支はゾロアスター Zoroaster たることに疑ひがない。そしてゾロアスター教を祆教或は火祆教としてゐるから、それは摩尼教とは區別せらるべきであつたが、佛祖統記ばかりでなく、支那の史籍雜著にこの兩教を混同してゐるものが多い。そして蘇魯支の名が支那の文獻に肖めて出てゐるのは、西紀第十二世紀上半に刊行された『西溪叢語』だともいはれてゐる。祆教が既に唐の貞觀代に支那に入つたとすれば、或は摩尼教も此頃に夙に傳來したのではなかつたらうかとも想像される。この點は摩尼教の起原について異說のある中で、支那では摩尼教が祆教と始終混同され、この兩教は大體、波斯國の宗教と見られてゐたといふことは、同教の波斯起原に一資料を加ふるものである。

隋朝に漸く南北の統一ができてから、盛唐までに外來宗教が一時に支那本部に傳來されたので、初めはその來歷や正體が判然せず、佛教と景教とも混同されたし、祆教と摩尼教とも一緒にされた。特に摩尼教は初めから祆教と佛教と基督教とを混合し折衷した宗教であつたので、後には支那宗教としての道教や佛教とも習合した。從つて支那に與つた固有の宗教、支那に傳はつた外來宗教の中で、摩尼教ぐらゐ他教と習合するに都合の可かつた宗教は全く他に類例がなかつたと謂つてよい。

唐太宗貞觀三年(六二九)八月に長安を發して印度に向ひ、同十九年一月に長安に還つた玄奘の『西域記』十一、波剌斯國の條下に、「天祠甚だ多し。提那跋外道の徒の所宗と爲すなり」と云つてゐる。この波剌斯國は波斯で、その地の提那跋こそは摩尼教を指したものであつた。それは燉煌出土本たる摩尼教殘卷中に、「若有$_{二}$清淨電那勿等$_{一}$、如是住$_{二}$持無上正法$_{一}$」とある電那勿の異音譯で、パーラヴィーの Denavar(デーナーヴル) に當り、マホメット教徒の摩尼教傳 (Fihrist) に摩尼教の一派とした Denyâvarîya(デニャーヴァリーヤ) を指す。この派のものはメソポタミヤに設けられた教長を認めず、Khurāsān(クラーサーン) を中心とせる一派であつたとも傳へられてゐる。Müller(ミュラー) 氏は吐魯蕃出土品の調査報告中に、吐魯蕃地方の摩尼教徒はこの派に屬したものだとした。それ等に關する今日迄の諸學者の考證や、電那勿の名稱が人名から出たか、將た地名から起つたかの起源說とともに、詳細はシャワンヌ、ペリオ兩氏の報告に讓る (Un traité manichéen, pp. 58, 59.)。

冊府元龜卷九七一に、開元七年(西七一九)、「六月大食國(アラビヤ)、吐火羅國 (Tokharestan)、康國 (Sogdiana)、南天竺國、使を遣して朝貢す。其の吐火羅國、支汗那 Jaghāniyān の王、帝賖 Teš(支那可汗の副王)、表を上り天文を解するの人、大慕闍を獻ず。其の人、智慧幽深にして問うて知らざるなし。伏して乞ふ。天恩により慕闍を喚取して、親しく臣等の事意及び諸の敎法を問うて、其の人、此の如きの藝能あることを知りたまへ。望むらくば、其の供奉あらしめ並に法堂を置かしめられ、本敎に依つて供養せしめられんことを請ふ」と記されてゐる。慕闍は Mu̇z'a. ソクド語の Mwčk'. パーラヴィーの Mōže の音譯で、敎師を意味し、摩尼敎僧階の一である。これは支汗那の副王帝賒が玄宗に上表して天文並に敎法を知悉せる摩尼敎僧を獻じ、同時に一法堂卽ち摩尼敎の敎堂を置いて同敎の布敎を請うたものであつた。この開元七年の摩尼敎傳來のことは、支那の地理書たる『太平寰宇記』（九七六―九八三年刊）卷一八六にも、「葉護支汗那帝賒が上表して、天文人大慕闍を獻じて、試驗を加へんことを請ふ」の文があるので、吐火羅國から摩尼敎僧が渡來した事實を重證してゐる。葉護 Yabgu は突厥 Turc の官稱で、當時吐火羅王はその葉護であつたからである。

摩尼敎は創開當時に旣に他宗敎を折衷したので、各地に擴布された際、いつもその地の宗敎と混化した。支那に來た同敎もその初めは佛敎の一派を粧つて入來した形迹があつた。それはこの開元七年後十數年を距てた同二十年（七三二）七月に摩尼敎禁制の勅が出たが、その中に「末摩尼の法は本と是れ邪見、妄りに佛敎と稱して黎元を誑惑す。宜しく嚴に禁斷を加ふべし」とあるに依つて炳かである。但しこの勅文にも、「西胡」等に取りては旣に是れ「鄕法」たれば、それ等のものが信ずる分には罪科に處せずとあるから、他に對する宣傳の自由が禁ぜられたのみだといふことがわかる。末摩尼と云うてゐるのは Mār Mānī 卽ち「摩尼主」の意味であり、支那文獻には宋史七一及び夷堅志などにもさう云つてゐる。開元七年に一慕闍卽ち摩尼敎師を貢獻したのは「解天文人」としてであつた。それは當時曆書に錯誤があつたので、豫定された時に日蝕が出なかつたりして不便が多かつたため正確な天文暦日の要求が强かつた。そこで麟德元年（六六四）に出た李淳風の麟德暦、開元六年（七一八）に成つた瞿曇悉達譯の九執暦、同十五年（七二七）に成つた一行の大衍暦などが續出した。この九執大衍二暦は印度の九曜說 Navagraha（日月五行星と龍首 Rahu 龍尾 Ketu との二星）に依つたもので、その孰れが正暦かに就いて爭つてゐた時、偶々開元七年（七一九）に「天文を解するの人、大慕闍」が支那に來たのは意義あることであつた。宿曜經所說の印度暦日三種、卽ち迦葉暦 Kaśyapa と瞿曇暦 Gautama と拘摩暦 Kumāra や二十八宿、十二宮、七（九）曜の關係を說いた宿曜暦法及び占法に就いては今詳說を略するが、支那では佛典によりて古くから傳へられてゐた。

宿曜經七曜直日暦品第八に「夫れ七曜とは謂ゆる日月五星にして、下、人間に直る。一日一易、七日周にして始めに復す。（中略）但だ當に問ふべし。胡及び波斯幷に五天竺人總べて知る。尼乾子、末摩尼は常に密日を以て齋を持す。亦此日に事ふるを大日となす。此等の事、持して忘れず」と記してゐる。末摩尼は摩尼敎を指したことは明かで、現に宿曜經には七曜の各各に胡名と波斯名と梵名とを列ねてゐるが、胡名と波斯名とは摩尼敎に深い關係がある。便宜上左に表示する。

宿曜經七曜表

胡名（康居名）	波斯名	梵名	漢名

密 Mihr	Mīr	曜森勿 Yek-sumbad	阿儞底耶 Āditya	(日)太陽
莫 Māh	Māq	婁禍森勿 Douh 〃	蘇摩 Soma	(月)太陰
雲漢 Vāhrām	Wnqān	勢森勿 Seh 〃	鴦哦羅迦 Aṅgāraka	(火)熒惑
咥 Tīr	Ṭīr	掣森勿 Chehar 〃	部陀 Budha	(水)辰星
(温勿司) 鶻勿斯 Hurmuzd	Wrmzṭ	本森勿 Penj 〃	勿哩訶娑跛底 B.haspati	(木)歲星
(那頡) 那歇 Nāhid	Nāqit	數森勿 Shesh 〃	戍羯羅 Śukra	(金)太白
(鷄緩) 枳浣 Kēvān	Kēwān	翕森勿 Haft 〃	賒乃以室折羅 Śanaiścara	(土)鎮星

詳しくは高楠順次郎博士の宿曜說を參照せよ（同文館哲學大辭典卷二の一二六七―一二七三頁。この他⒁ Un traité manichéen, p. 195 以下參看）。宿曜經第八品に依ると、七曜で日を定めることは胡國、波斯、五天竺に通じてゐたことが記されてゐる。ここに胡と云つてゐるのは唐代の速利國 Sūlī でソクディァナ Sogdiana 即ち康居であつた。又胡音はペーラヴィー（中古波斯語）で、それに對して波斯音と云うてゐるのは新波斯語で、胡名は印度と同じく星の名を曜日に使つてゐる。密（蜜とも書く）はペーラヴィーの Mihr 康居語の Mīr の音譯で日曜に當る。この點、波斯の曜即ち一、婁禍即ち二等で呼んでゐるのと異つてゐる。この一週日の分け方はヘブライ系統に屬するものである

が、猶太教では土曜日が安息日とされてゐるのに、これは基督教に同じく日曜を安息日となし、特に摩尼教徒が密Mihr を大日として持齋日と定めたと云つてゐる。古代の文化民族は多く星宿說を有つてゐたが、今日二十八宿說を有つてゐたことが判然してゐるのは支那と印度と波斯とアラビアとコプト（埃及）だとされてゐて、それ等各地の星宿說が同一根源から出た異流か否かに就いては的確には知られないが、若しカルディア文化の中心たるメソポタミヤ地方であつたとの想像說が事實だとせば、摩尼教傳道と七曜說とが密接に關係してゐたやうに思はれる。少くとも康居傳と波斯傳と印度傳とを列べて、尼乾子と摩尼教とを特筆してゐる點からすると、七曜說と摩尼教との倂行を推測せしむるものがある。

康居の星宿說は廣く支那に影響したことは、燉煌出土古寫本中の具注曆が、日曜日の下に硃印で密字を書き、その餘の六曜日が常に康居譯名を注してゐること。支那東南部特に福建地方では今でも週初の第一日（日曜）の下に密字を置くこと。かうした居語を用ゐてゐること。宋史曆志に康居名を以てせること。吐魯番で發見された突厥曆が亦康事實の下に、日曜日は摩尼教と景教とに特別の關係があつたが、景教は支那で永く續かなかつたに比して、摩尼教は宋元明に通じて行はれた形迹があつたから、摩尼教徒の手によりて康居の曆法が廣く支那に弘布されたものらしい。

宿曜經は唐乾元二年（七五九）に不空が譯出したものに、門人の揚景風が廣德二年（七六四）に補註を加へたもので、この廣德二年に前んずること三年、寶應元年（七六二）に唐の東京卽ち洛陽の地に摩尼教徒が居つたことを證明する有力なる碑文が建てられてゐた。その碑名は「九姓廻鶻愛登里囉汨沒蜜施合毗伽可汗聖文神武碑幷序」といひ、西紀八〇八年から八二一年間に九姓廻鶻の王、愛登里囉汨沒蜜施合毗伽保義可汗の立てたもので、碑文は漢語と突厥語と康居語とより成つてゐる。惜いことにこの碑が破損して數箇の斷片になつてるのと、文字に磨滅があるのとで判然せぬ箇處もあるが、殘存の碑文中に摩尼敎關係の文句が少くない。先づ摩尼敎を信奉した可汗は西紀七五九年から七八〇年間の治世で、その名を登里囉汨沒密施頡咄登蜜施合俱錄毗伽可汗としてゐる。こは舊唐書で登里頡咄登蜜施合俱錄と略稱されてる王であつた。Müller (F. W. K.) 氏の突厥文殘經の研究によりて、この可汗の名が突厥では、「Uluq ilig 大王 tängridä qut bulmyš (天賦の威嚴により) ärdämin il tutmyš (功を以て帝國を御し) alp 神武 qut (莊嚴) Külüg (光榮) bilgä (賢智) uiqur qaqan 廻鶻可汗 Zahag 'i mani 摩尼化身」たることが判明し、從つて碑文の可汗名は tängridä qut bulmyš il tutmyš alp külüg bilgä qaghan だらうとされた (Un traité manichéen, p. 201 以下參照)。この可汗が摩尼の化身とされたことは注意すべき點で、當時、回鶻人が如何に摩尼敎を尊崇したかの一端を示すと同時に、回鶻が屢〻支那に摩尼敎を傳へた理由もわかる。碑文第八行に「師(師)將睿息等四僧入レ國、闡ニ揚二祀一、洞ニ徹三際一。況法師妙達ニ明門一、精通七步才高海岳、辯若ニ懸何一、故能開ニ正敎於廻鶻一」とある。明門は摩尼敎を指したもので、同じく第十行に、「〇受ニ明敎一、薫血異俗化爲ニ茹飯之鄉一、宰殺邦家變爲ニ勸善之國一。故〇〇之在人、上行下效、法王聞ニ受正敎一深讚虔〇〇〇〇〇德領諸僧尼入國闡揚。〇後〇慕闍徒衆、東西循環往來敎化」と云ふ。明敎も亦摩尼敎の異名で、同敎は肉食を戒めたので、薫血宰殺の風俗を變へたことを擧げたものである。第九行に「今悔ニ前非一、願事ニ正敎一、奉レ旨宣示、此法微妙、難レ可ニ受持一、再三懇〇、往者無識、謂レ鬼爲レ佛、今已誤レ眞不レ可ニ復事一(中略)應有レ刻ニ畫魔形一、悉令ニ焚爇一」とあるは、正敎は摩尼敎を意味し、可汗が同敎に改宗せるを語つて居り、又改宗以前は佛敎信者であつたことがわかる。寶應二年(七六二)は五月三日に玄宗が崩じ、五月十六日に肅宗が崩じて、一國二喪の混亂の際で、判人史朝義が廻鶻可汗を召したのもこの時であつた。此碑によると、廻鶻が洛陽に入つて、摩尼僧と接近し遂にその教を奉じ四人の僧を連れて歸國したことになつてゐる。それから摩尼教が廻鶻にも根據を有つこととなつた。

摩尼教が廻鶻に傳はつてから、當時の廻鶻が支那本土に對しての政治的勢力の關係上、摩尼教はその傳道に幾多の便宜を得た。支那本土で摩尼寺の創建が何時であつたかは判然しないが、大曆三年（七六八）に廻鶻人で同教を奉ずるもののために、大雲光明寺を建てることを許し、且つ勅額を賜はつたのも廻鶻のためであつたし、摩尼寺の建立は初め長安洛陽の東西兩京にのみ限られてゐたのに、大曆三年から四年目の同六年には南方揚子江流域たる荊、揚、洪、越地方にも大雲光明寺の建立の許可を請うてゐる（唐會要一九、僧史略三、佛祖統記四一）。かうして外來宗教たる摩尼教は今や建寺宣教を公認されたが、貞元十五年（七九九）四月には摩尼師をして旱魃に雨を祈らしめてゐる。かうした情勢の下に、大曆（七六六―七七九）頃に書かれた禪籍、曆代法寶記（燉煌出土本、鳴沙餘韻解說五〇四―五二一參照）の中にすら、摩尼教の記事がある。

元和元年（八〇六）、廻鶻の使節が入朝した時も摩尼僧を連れて來た。新唐書卷二一七、廻鶻傳に

元和初（八〇六）再朝獻、始以二摩尼一至。其法日晏食、飲レ水茹レ葷屏二湩酪一。可汗常與共レ國者也。摩尼至二京師一、歲往二來西市一、商賈頗與囊橐爲レ姦。武宗詔、回鶻營功德使在二二京者悉冠二帶之一。有司收二摩尼書若象（像）一燒二於道一、産貲入二之官一。

と傳へてゐる。廻鶻では摩尼僧が國政に參與し、通商にも關係してゐたことが知られる。新唐書は嘉祐五年（一〇六

〇）に刊行され、それから七年後に刊行された資治通鑑にはその法日に晏乃ち食す。葷を食つて湩酪を食せず」といひ、胡三省の通鑑の註に李肇の國史を引いて、「その法日晩れて乃ち食す。水を飲み葷を茹つて乳酪を食せず。」と云つてゐる。新たに發見された燉煌出土本、摩尼敎殘經（北平圖書館藏）に「日に一たび食を受けて、以て難と爲さず」とあり、之は吐魯蕃發見の摩尼經斷片や、al-Bīrūnī 中にも發見され、アウグスチヌスの遺著中にも、アフリカの摩尼敎徒は牛乳を飲むことを禁じたことを記してゐるから、この食事の規定は大體事實に符合するものと見て可い（Un traité manichéen, p. 232 以下參照）。然るに國史補には「蕃人常に摩尼僧と議政す。京城之が爲めに寺を立つ（中略）。其大摩尼は數年一度本國に來往す。小者は年ごとに轉ず」と云つてゐる。大摩尼とは Makhistaka 及び慕闍を指し、小摩尼とは普通の僧を指したもので、文苑英華卷八六五に、「江嶺西、胡嚢と市商するは其源、回鶻に生ず」とあるが、回鶻の隊商と共に摩尼僧が來往した狀況が推察される。

元和二年（八〇七）正月庚子、廻鶻が河南府、太原府に摩尼寺を建てた（舊唐書一四）。河南府は唐の東京即ち洛陽で、可汗が前に同敎に歸入した所であり、太原は回鶻が蒙古から支那の各地に出る要路であつたから、この兩地に摩尼寺を建てたのは大いに理由のあつたことである。又この時に建てられた寺が三所であつたとも傳へられてゐる（册府元龜九九九）。當時、廻鶻可汗の勢威が旺んであつたので、唐帝に對しても對等で文書を往復した。卽ち詔や表と言はず往復文書を書といつた。その中の唐から遣つた一書で、偶々、白樂天（七七二―八四六）によりて書かれた文稿が殘つてゐる。これに依ると東都と太原とに摩尼寺が建てられたと殆んど同時頃のもので、偶々可汗は將軍達覽を使はし、馬六千五百匹を以て絹二十五萬匹に易へんとしたが、その時の唐朝からの國書であつた。中に「摩尼師」、

「彼國師僧」等として、廻鶻摩尼の待遇の事を記してゐる。「今賜二少物一具如二別錄一內外宰相及判官摩尼師等并各有二賜物一」とあるから、廻鶻の來る每に摩尼師が附隨して來たことがわかる。かうした情勢の下に、廻鶻が唐室に婚を求むることとなつた。元和八年（八一三）四月、九姓廻鶻可汗碑の可汗の時代に當りて、可汗が伊難珠 Inanču を遣はして婚を請うた。唐朝では費用（約五百萬貫）が多くかかるので、直ぐ返辭をやらなかつたのみか、反つて虜に備へたが、この時、廻鶻摩尼八人が廻鶻信奉使となつた（舊唐書一九五）。結局、穆宗の長慶元年（八二一）五月、唐朝では憲宗の女、太和長公主を降して新たに保義可汗に代つた崇德可汗に妻はすこととなつた。回鶻から宰相都督公主摩尼等が公主を迎へるために入朝した（唐會要に據る。舊唐書には元和八年としてゐる）。この時、吐蕃がこの事を聞いて途中で邪魔をしようとしたが、回鶻が之を防いで無事に公主を迎ふることが出來た。かうして何か重大な國事があるといつも摩尼僧が登場してゐる。

舒元輿が長慶四年（八二四）に撰した永興縣（湖北、陽新縣）重巖寺碑序（全唐文七二二）に依ると、天下の三夷寺のことがあつて、摩尼教が他の大秦（景教）と祆教との三夷寺の筆頭に列べられてゐる。

抑も南方の海路交通が圓滑に行はれたのは第七世紀以後で、それ以前は中央亞細亞を通じて陸路の交通に賴つたから、摩尼教は夙くからこの交通要路を利用し、中頃は回鶻を中心として支那本土に傳道を試みた。その上、中土の帝王は多くは傳統的に儒教を重んじたが、西北部特に塞外民族は人種も風尚も同じでなかつたので、儒教に賴る傳統がなかつた上、それに優る宗教があればそれに歸依する風があつた。かうして摩尼教は一時、回鶻の國教となつたので、それだけ支那本土への傳道上、便宜も多かつたが、同時に唐朝から猜忌の眼で見られたことも確かであつた。その結界、回鶻の勢力が衰へると遽かに迫害に會ふこととなつた。今その詳述を略するが、本章首の會昌の迫害は實に回鶻の權勢が微弱になつた反應であつた。ここでは會昌二年に烏介可汗へ遣つた武宗の復書を掲げる。

摩尼敎は天寶以前に中國の禁斷たり。累朝より回鶻の敬信に緣りて始めて興行を許し、江淮數鎮に皆闡敎せしむ。近く各本道の申奏を得たり。緣て自ら回鶻の破亡、法を奉ずるもの玆に因つて懈怠。蕃僧の彼に在るもの稍依る無きに似たりと聞く。吳楚水鄕、人性囂薄、信心旣に去り、翕習至難。且つ佛は是大師、尙、緣に隨つて敎を行ふ。蒼生の興めに緣盡きなば終に力爲せず。朕、深く異國の遠僧を念ひ、其の安堵を欲す。且つ兩都及び太原信嚮處に於いて敎を行はしむ。其の江淮諸寺は權りに停め、回鶻本土の安寧を待つて、卽ち卻つて舊の如くならしめん（舊唐書一九五）。

この時、揚子江流域の荊、洪、揚、越等の摩尼寺（七七一年所立）は皆封閉し敎師は北方に遷し、長安（七六八年所立）、洛陽、太原（八〇七年所立）の摩尼寺を存せしめたのは、婉曲に保護を言明しながら、軈て來らんとする會昌三年及び同五年の禁斷の前觸れであつた。一體、回鶻帝國がその版圖を擴大したのは、西紀七四五年から八四〇年間で、鄂爾渾河岸に據りて、東西は伊犁河と黃河との間に互り、南は天山に至り吐蕃國境と接したが、八四〇年から八四三年の間に、內訌のために次第に衰へ、その殘部は中央亞細亞の各地に割據することとなり、その殘部の回鶻族中、甘州の回鶻と高昌（吐魯番）回鶻があつた。そして回鶻人の在る所、摩尼敎が行はれたので、從つてこの二地も亦摩尼敎の文獻なり遺蹟なりを殘してゐる。

甘州回鶻に比して高昌回鶻は、回鶻帝國の嫡流として重要な地歩を占めてゐたから、その地の摩尼敎も亦從つてその敎史中に主要な地位を占めてゐた。それは輓近ドイツからの學術探檢の成果に依つて證せられてゐる。元來この地方には佛敎、景敎、摩尼敎が並び行はれてゐたが、西紀九八一年に高昌に使した王延德が、「復た摩尼寺あり、波斯僧各その法を持す。佛經に謂ゆる外道なる者なり」と記してゐるから、第十世紀に摩尼敎が高昌に行はれてゐたことが炳かである（Un traité manichéen, p. 270 に依る）。この他、建隆二年（九六一）に于闐 Khotan にも摩尼敎徒がゐた文獻がある。

以上の記事からすると、西紀第十世紀の頃、甘州、高昌、于闐（卽ち和闐）等の地方に摩尼敎が行はれてゐたことが確かである。しかし此頃マホメット敎が中央亞細亞に侵入して來たから、到る處で他敎を驅逐して、取つて代ることとなり、十三世紀には西域地方の摩尼敎は遂に地を拂つて消滅した。

會昌三年（八四三）の禁壓後は、支那本土の摩尼敎は回鶻の外護を受けるわけに往かなくなつたので、佛道二敎の孰れかに依附しなくては獨立し得なくなつた。そこで摩尼敎は一種の祕密結社となつて僅かにその餘端を保つこととなつた。梁貞明六年（九二〇）、陳州の摩尼（末尼）が上上乘といふ一派を始め、母乙が首領となつて群衆を聚め、遙かに南の淮夷の地方と諜し合せて騷擾を起したので、首領以下八十餘人が皆斬に處せられた（舊五代史十、新五代史三、僧史略三、佛祖統記四二、五四）などもその一例である。

第十世紀後半期の著作たる徐鉉の稽神錄卷三に、清源（今の福建）の地に魔法をなすものがあつて、その敎を明敎と名けたと云つてるが、九姓回鶻可汗碑等に摩尼敎のことを明敎と云つてるから、此頃、今の福建地方に摩尼敎徒が殘存してゐたことが知られる。又宋の眞宗（九九八—一〇二二）の頃、道藏に新加せるものの中に、明使摩尼經があつたし、夷堅志に據ると道藏の中に、二宗經、三際經があつたと云つてるから、支那の東南部地方では摩尼教が餘程後期まで殘存してゐたことが證明される。

明朝に勅禁された祕密結社中に、白蓮社、白雲宗と共に明尊教があつたし、明律（一三七四年公刊）中にも左道亂正の術として明尊教が擧げられてゐるし、この明律を襲用した清律（一六四六年公刊）にも明尊の語があるから、摩尼教禁斷の律令は遙かに西紀第十七世紀に及んでゐる。限られた紙數の中では一々列擧し難いから、今は唯だその概略に止める。

五　摩尼教教義

摩尼光佛教法儀略、下部讃、摩尼教殘經（以上三部大正大藏經卷五十四所收）等、漢語で傳はつてゐる同教教籍では、同教の根本義を要約して二宗三際と云つてるが、二宗とは明暗二宗をいふ。摩尼教はゾロアスター教と同じく、明と暗との二原理の對立を設定し、明は精神と正善とを、暗は物質と過惡とを表示するものとした。次に三際とは無始無終の世界に初際（原初）と中際（中間）と後際（終末）との三階段を說くをいふ。初際とは現狀の世界が現はれる前、明は上に、暗は下に、明暗が確然と分離された期間をいひ、中際とは現實の世界、明暗が互に混同しつつ善惡鬪爭の行はれる世界をいひ、第三期の後際とは軈て來らんとする世の終りで、明の勝利、暗の退却によりて、明暗兩界が復び永遠に分離する時期をいふ。摩尼教ではこの後際が將に來らんとしつつあるものとして一種の終末觀を說いた。そしてこの根本義は大體、各地の摩尼教の通說であつた。

摩尼教研究資料は先づ言語上各地の地方言で傳へられたので、その術語が同一でなかつたし、且つ各地で他宗教を混入したので、大體は摩尼教の特色ある教義を保存してゐたが、細かな點ではその教説が必ずしも同轍ではなかつた。以下摩尼教の教義と實行とを略説するに當り、研究資料中でこれ迄最も信用された Fihrist（フイーリスト）を中心として、それに最近の研究報告を加味し、特に漢語の摩尼教籍をも參酌しつつ、その世界觀、人生觀、解脱觀を概觀することにする。

明暗兩界は永劫よりの對立的存在で、太初より明界と暗界とは互ひに上下に位して唯だ横に境を接しながら、未だ混合せずして、明界は限りなく上方に、暗界は限りなく下方に擴がりて、各各別別の存在であつた。明界には光明樂土の王 Der König d. Paradiese d. Lichts と呼ばるる神を中心に數多の諸尊眷屬がゐた。光明樂土の王は父なる神として種々なる尊號を有ち、「永劫の時」たる Zarvān（ザルヴーン）で、諸本に或は「偉大の父」といひ、或は「光明の父」と稱せらる。下部讃には「明尊」と呼び、他の重要諸尊に皆佛字を附した場合でも、この明界の最尊だけには佛字を附せずに明尊としてゐる。以下本篇ではこの明界王を「明尊」と呼ぶことにする。明尊は神位と光明と力用と智慧との四德の具現者で、明界にはこの明尊と共に永劫なる光りの虚空と光りの大地とを具備し、その他に、五明子（宇宙構成の五元素）、十二使等無量の明衆を眷屬とした。卽ちこの明空（空氣）Luftkreise (Lichtäther) と明地 Lichterde とは各五つの身分から成るものとして、例へば明地には淨氣、淨風、明力、淨水、淨火（摩尼教残經には之を善母の五部分とし、Fihrist には Lufthauch, Wind, Licht, Wasser, Feuer としてゐる）を擧げ、明空の五眷屬には溫和、知慧、理解、祕密、識見（Sanftmut, Wissen, Verstand, Geheimnis, Einsicht）や怜愍、誠信、具足、忍辱、智惠

（殘經に據る。Fihrist には Liebe, Glauben, Treue, Edelsinn, Weisheit）を數へて、それ等は皆明尊の表現だとした。

暗界も亦明界に對應して暗の原理を表示する暗界の王があり、大魔、原魔或はサタンと呼ばれ、漢語では魔王、貪魔、怨貪魔王とも云はれてゐる。それは波斯宗教の Ahriman（アーリマン）に相當するものであり、パーラヴィーの摩尼教籍では現にさう呼んでゐる。そしてこの暗界王たる魔王の下にも亦惡の五元素たる濃霧、大火、熱風、毒、暗（Nebel, Brand, Glühwind, Gift, Finsternis）の五眷屬（Théodre bar Khôni には暗界の五眷屬を烟、火、風、水、暗としてゐる）以下、無數の暗衆眷屬がゐて、亂雜に下界に充滿してゐた。その混亂と無秩序とが先づ明界の寂靜を破り、暗の力が兩界の境域を侵して明界に進入した。そこで恐るべき鬪爭が始まつた。ここ迄で世界の三期の第一期（初際）が終つた。フィーリストなどでは之を神話的に詳說して、明暗兩界は互ひに接觸してゐて兩界を分つべき障壁がなかつたので、龍肢、鳥翼、魚尾、獸足のサタンは、先づ起つて暗界の領域に於いて破壞の荒業に着手し、萬物を貪食し盡して破滅と無とを擴大し、因つて以て全世界を惡化しようとして明界に侵入した。しかし明界に入りて先づ其の輝く閃光を見ると、彼は忽ち戰慄して一旦彼と同性なる暗素の中に逃げ還つたが、更に第二の攻擊を敢へてしたとしてゐる。

そこで明尊は暗力の侵入を退けんがために使者を召喚した。摩尼教の禁戒では不婬が重要事であつたから、明界の說明には性的出生の意味を伴ふ語を使はなかつたので召喚と云つてゐる。この使者は原人 Urmensch と稱せらるる永存の人で、此時、原人は光明の母と共に召喚されたともしてゐる。摩尼敎ではこの原人をアダムとはせず、神に代る明界の眷屬として、暗界の勢力を驅逐すべき主役として選ばれたものとした。原人は淨氣、妙風、明力、明水、明火の明界五元素によりて、武裝して戰場に向つたが、最初の戰ひに於いて暗の力が勝れてゐたために、身に着けた明界の武器は反つて暗の軍衆に併呑されて、無殘にも魔軍の餌食とされた。永い間の鬪ひの後、遂にサタンが原人に勝ち、この時、原人の甲冑を形成せる諸明素が諸暗素と混合した。卽ち清淨氣は烟と、妙火は焰と、明力は暗黑とといふやうに、明暗兩素が抱合した。

そこで明尊は第二回の召喚に三明使を選んだ。第一使（光りの友）は直接に原人の救濟をなし、第二使（大工作者）は原人の救濟には缺はらないが、次に來る明界樂土の計畫をなし、第三使は活靈（アクタ・アルケライの Spiritus Vivens. アウグスチヌスの Spiritus Potens）と呼ばれるもので、第一使が暗軍に捕はれの身となつてゐる原人を解放するに當りて、光明の母（la Mère de Vivants 或は la Mère de Vie）と共に原人を元との明界に奪還する役目を負ふものであつた。摩尼教の開闢說に依ると、現實の世界たるこの大宇宙は、原人が最初の鬪爭で失つた光素を取り戻さんがために、明尊が召喚した諸眷屬によりて造り出されたものとした。この際、第三使たる活靈は正しく創造者で、ここでも活靈が召喚した五子に助けられて、生命の母と共にこの宇宙を構成したとする。先づ暗界の代官（アルコン）等は忽ち捕はれて殺された。そこで十天は蒼天に擴がれる彼等の皮から、八地はその屍から、日月は彼等から取り戻された純淨の光素から、星辰は尙殘つてゐた諸の光るものから作られた。今吾等の住めるこの現實世界はかうして出來た明暗混雜の塊りである。しかし一面では天上の明力によりて生成されたものだから、總べての有機體たる動植物のみでなく、無生物たる鑛物の中にすら、尙能く明界光素の一部を享有してゐるものとした。かうして明暗複合の一大機關の生成は、要するに明素を暗界から解脫せしむるための明尊の計畫だとするに在つた。この故に若しこの地上に存する明素が、一たび暗黑から解脫すると、それは柱狀をなして昇天し、先づ月に入り次で日に入り最後に最高所に達するものとしたので、之を讃美すべき「榮光の柱」と呼んだ。Fibrist に據ると、この過程は最終の解脱（分離）、即ち千四百六十八年間繼續する劫火の最後まで絶えず行はれるものとした。そして明暗の複合から不淨と闇黑とを燒き光盡して、畢に明は暗黑に對して永劫の勝利を贏ち得るものとした。この明界復歸の過程には、上記の十天、八地の外、十二門、三十通路、世界を繞る一大塹濠、塹濠の後ろに暗素の何物をも侵入せぬための巨塀、永久に暗黑と罪惡とを閉ざす墓等の説話がある。左に摩尼敎殘經の一節を抄出して、支那に來た摩尼敎がかうした敎義をいかに言ひ表はしたかの一端を示すことにする。

汝等當知、即此世界未立以前、淨風善母二光明使、入於暗坑無明境界、拔擢驍健常勝□□□大智甲五分明身。策持昇進、令出五坑。其五類魔黏五明身、如蠅著蜜、如鳥被黐、如魚呑鈎。以是義故、淨風明使、以五類魔及五明身二力和合造成世界。十天八地如是世界即是明身醫療藥堂、亦是暗魔禁繫牢獄。其彼淨風及善母等、以巧方便安立十天、次置業輪、及日月宮、并下八地、三衣、三輪、乃至三災、鐵圍四院、未勞俱孚山及諸小山大海江河。作如是等建立世界、禁五類魔皆於十三光明大力以爲囚縛。

五明身は明界の五元素で、五類魔はその反對の暗界の五元素であり、明暗混雜の現實世界は一面は明界の醫藥處で他面は暗界の牢獄たることを説いたものである。今これ等の用語の解説を略するが（Un traité manichéen, p. 20 以下參照）。無明、業輪、三輪、三災、鐵圍の如きは佛敎術語の轉用であつた。

人類の發生以前に第三の召喚があり、この時は男女兩性の使者が送られて、その男性的種子は雨のやうに地上に降りて植物となり、姙產の女性のそれは動物となつた。そこで人類の起原及び歷史に關して、フィーリスト等の傳ふる摩尼教義は、明かにその一部は舊約聖書から取つて、それを自家の教義に轉用したものであつた。卽ち人類の始祖はアダムで、次いで Hawwā（ヘッワー）卽ちエブが生れたが、兩人共に惡魔の子とされた。人類の發生は魔界の勢力から來たこと。殘經にも魔王が「二形の雄雌等を作る」と云つてるやうに、男女兩性の始まりは魔界に左右されたものとした。併し人は大宇宙を象つた小宇宙で、その中でもアダムには光素が優勢であるが、エブは殆んど全く暗素から作られたものだとして、人類の墮落と肉交の罪惡とを說明せんとした。惡魔は彼等を生んでから嚴かに之を禁錮して、暗界にも光素の一部を所有しようとしたが、明尊は更に惡魔のこの目的を粉碎せんがために、アダムに明界に關する正しき智慧を與へ、婬欲を戒しめハッワーから遠ざからしめんがため、第四召喚の使者として Īsā（下部讃に夷數といふ）卽ちイエス Jesus を送つた。ここでイエスは明界中の一人と見倣され、基督教のイエスとは全然違つた眞の救ひ主とされた。イエスは罪と死との中からアダムを目覺めしめ、今や明暗混合の現實の世界の中で、光りと同一體たる自己の本質を示した。西方所傳の摩尼教では歷史上のイエスは化現に過ぎずとして、「凡べての樹に懸るイエス」Jesus Patibilis 卽ちこの「光りのイエス」こそ眞のイエスだとして、摩尼はその「光りのイエス」からの最後の靈の使者（Paraclete）だとした。殘經では每に摩尼のことを「明使」と云ひ、下部讃には「忙儞（摩尼のこと）具知王」と云つてゐる。從つて摩尼教ではイエスの語を、(1)「光りのイエス」と(2)教祖の摩尼と(3)歷史上のイエスとに通じて使つてゐるが、歷史上のイエスは惡魔の化身とも云つた。

かうして初際から後際までの三際の間に現出する諸尊は、悉く摩尼教の崇拜對象だが、これ等明界諸尊に關して、下部讃の收食單偈に十二尊の名を列擧してゐる。

一者無上光明王　二者智惠善母佛　三者常勝先意佛　四者歡喜五明佛
五者勤修樂明佛　六者眞實造相佛　七者信心淨風佛　八者忍辱日光佛
九者直意盧舍那　十者知恩夷數佛　十一者齊心電光佛　十二者惠明莊嚴佛
身是三世法中王　開二揚一切祕密事一　二宗三際性相義　悉能顯現無二疑滯一

この中、第一の明尊だけを王として佛としてゐないのが先づ注意される。一往、智惠善母佛（惠字は慧の通用、今原典に依る）は前記の明地に、常勝先意佛は原人（Ormuzd に當る）に、歡喜五明佛は五明使に、知恩夷數佛は「光りのイエス」或は摩尼に、信心淨風と惠明莊嚴とは明界の淨風より出で人に具はる靈性（聖靈に當り景教の淨風に類す）に、といふやうに配當されるが、的確に對應を定めることは、縷說を必要とするから、今は諸方で傳へた摩尼教諸尊を、支那でも十二に數へてゐたことだけを示すに止める。

要するに摩尼教の宇宙論からすると、この見られる現實の世界は、光明を暗界から解脫せしむるための存在とするから、その宗教の實際的方面も亦この過程を說くに外ならなかつた。卽ち人には明界の要素が具はつてゐるから、その要素をあらゆる暗界の束縛より解脫せしむるに在つた。同時に人には本來その解脫の能力を具へたものとして、救濟の宗教と共に解脫の宗教を主張した。光明卽ち正善が始めより暗黑、卽ち邪惡の存在を許さなかつたならば、宇宙人生の闘爭が不必要であつた筈だが、この點は一元論でも難點とされてるもので、二元論たる摩尼教では始めから、その論議に重點を置かなかつた。ライコポリスのアレキサンダーの傳ふる所では、摩尼教での神は初めに惡魔を罰しようとしたが、神の側には惡の何物もなかつたので、惡魔の敵に加ふることができなかつたのだとした。

摩尼教では自然と精神との兩現象を峻別せず、自然界の過程を以て總べて精神的鬪爭の一部と見做した。だからボストラのチタスの如きは雨は惡魔の汗だと傳へた。從つて又摩尼教では嚴密に靈と肉とを區別しなかつた。靈魂は必ずしも善ばかりでなかつたやうに、肉體も亦必ずしも惡のみとしなかつた。フィーリストに據ると、摩尼教徒は正しき人の死後、彼の肉身中に存する力、卽ち水と火と微風とは日と月と輝ける神とに抽出されて、全く暗黑なる彼の肉體の殘部のみが地獄に投ぜらるるものだとした。約言せば摩尼教は個人或は人類の解脫だけでなく、全宇宙の永遠の淨化を說くに在つた。

暗黑から光明への解脫が、摩尼教の唯一理想であつたから、苟くも同教徒たらんものは、各各その分に應じて何等か明界への貢獻をしなければならなかつた。從つて教團內には一般の聽者或は鬪士卽ち俗信者と選ばれた者卽ち僧侶との二級に分かれ、後者は西方所傳では Elect (Electi) と呼ばれ、マホメット教所傳では al-Siddiqūn と稱せられ、嚴密な意味では多少の相異もあるが、後者を亞剌比亞語では誠實者とし、摩尼教徒が使用せるスリア語での Zaddīqē (正しき者) と同じ語源から出たものであつた (Kessler, Mani, 1899.)。ササニア朝の波斯人、後ち又マホメット教徒は、特に摩尼の弟子を Zandīq 或は Zindīq (異端の義) と呼んだのも亦同じ語源から來たものとされた。

摩尼教の僧階には種々の區別があり、整然たる僧制並に教主制度を有つてゐた。卽ち (一) 聽者 (俗信者)、(二) 僧尼、(三) 長老、(四) 監督、(五) 教長の順序で、摩尼光佛教法儀略では、五級儀として漢音譯と漢譯とを列ねて、第一十二慕闍 (譯云承法教道者)、第二七十二薩波塞 (譯云傳法者、亦號拂多誕)、第三三百六十默奚悉德 (譯云法堂主）、第四阿羅緩（譯云一切純善人）、第五耨沙喭（譯云一切淨信聽者）としてゐる。今言語上の考證は他に讓るが（近くは東洋史論叢中の石田幹之助氏の「燉煌發見摩尼光佛教法儀略に見えたる二三の言語に就いて」を見よ）、摩尼教教義は多く五分法を用ゐたから、その教團の位階も亦五級とされ、東方所傳が略ぼ一致してゐることが知られる。回鶻可汗碑に法王の語があり、漢語資料に法主がある。兎に角、その最高位は摩尼の代表者とされた。一般に僧尼は教義に熟達し第十三位卽ち法王とがあつたとしてゐる。アウグスチヌスは、摩尼教團の上層には七十二監督と十二教長と教規戒行を嚴守するものとされ、いはゆる三印と稱する禁戒を守るの義務を負うた。三印とは（一）食事及び言語に關する制戒、（二）行爲に關する制戒、（三）思想及び慾望に關する制戒で、フィーリストにもアウグスチヌスの遺著にもこの三印が記されてゐる。しかも同じ禁戒でも殺生と邪婬とが特に重要なものとされた。婬事を嫌つたことは前から述べた中に既に明かであるが、不殺を重んじた一例として、波斯の官吏が摩尼教徒たる疑ひあるものには故らに蟻を踏ましめたとの傳說すらある。それは惡魔の行事從つて光明の解脫を妨ぐるものと信ぜられたからであつた。摩尼教の十誡とは、（一）禮拜不行、（二）妄語、（三）貪欲、（四）殺生、（五）姦婬、（六）偸盜、（七）託言魔術、（八）疑念、（九）睡眠懈怠、（一〇）四或は七の祈禱の戒である。この十戒は僧俗の區別なく一般に課せられた戒規であつたが、この第一條は偶像崇拜を禁じたものとされた。摩尼教では魔術を嚴に禁じたが、この十戒にもそれが現はれてゐる。僧には肉食と殺生とを禁じたが、聽者の一般には肉食を許したやうであり、又一夫一婦の婚姻が許された。そこで俗人の重なる功德は僧への供養で、その功德によりて生れ代りて僧となりて眞の修行をするといふに在つた。從つて摩尼教でも輪廻を說いた。アウグスチヌスも、聽者及び惡人の靈魂が植物或は動物中に入るものと信ぜられてゐたと記してゐるから、確かに靈魂輪廻の思想もあつたが、これもギリシヤ風のものであつたか、印度風のものであつたかが明確でない。それから僧卽ち選ばれたものに對しては、肉食と飲酒と結婚とを禁じた外、果實或は野菜を摘取することをすら禁じた。從つて僧の食物は聽者によりて供給せられなければならなかつた。僧には婚姻と俗務とを禁じた外、又財產の所有を許さなかつた。唯だ一日一食、一ケ年一衣以外には何物をも所有することを許さなかつた(al-Birūni)。殘經には摩尼教の善知識卽ち淸淨電那勿は、大王、智惠、常勝、歡喜、勤修、眞實、信心、眞意、功德、齊心、內外倶明の十二種功德を具すべきを說いてゐるが、その各各に五記驗を擧げてるから、倂せて六十種の德目となる。摩尼教の僧制は餘程佛教に類似ししかも佛教よりも嚴格なものであつた。そこで僧尼の制戒は佛教から來たと見てゐる學者もある。支那に傳來されて食事規定が痛く注意を惹いたことは前章に述べた通りである。

更に摩尼教徒の一特徵ともいふべきは、東洋諸宗教の例に同じく斷食の戒規とその嚴守とであつた。普通の信徒は日曜日を、僧は月曜日を休日と同時に斷食日とし、その他、新月滿月每に二日、又年每にも斷食の制度が設けられた。その內、教祖の殉教の死を記念する祭り Bēma は特に重要なものであつた。要するに摩尼教では神と光りと力と智との信奉を主なる信條とし、神は明界最高の明尊、光りは日と月、力は五光明使、智は聖教(摩尼教)として、懺悔と祈禱と禮拜と淨き生活とを勵むに在つた。罪の穢れを洗ひ淨むるためには、流るる水でその身を淨め、明界に向つて身を地に投じて祈つた。彼等は日每に數度祈禱をしたが、左にフィーリストによりてその一例を引用する。

1. 我等の引導者たる救濟者(摩尼)(ペラクレート)、光明の使者を祝福す。守護者なる彼の天使を祝福し、彼の輝ける群勢を讚嘆す。

2. 爾を稱讚す。おお輝けるもの、我等の引導者なる摩尼よ。輝くものの根、生命の枝よ。爾、全べては藥 Layā なる大樹よ。

3. 我れ淨心と實語とを以て大神（明尊）、光りの父とその元體 Element とに稽首し稱讚す。爾、及び凡べて爾の威光、爾によりて存在せる榮光の世界を稱讚し祝福す。彼は爾の群勢、爾の聖き者等、爾の語、爾の威光、爾に善く見ゆるものを讚むるものを稱讚す。何となれば爾は凡べて眞理と生命と神聖となる神なるが故に。

4. 我は大神より出でし凡べての神神、凡べての輝ける天使等、凡べての光明、凡べての群勢を稽首し讚嘆す。

5. 我は智慧によりて暗黑中に侵入し、之を驅逐し之に勝つ、大群衆と輝ける神神とに稽首し讚嘆す。

6. 我は威光の父、偉大なる者、光りある者に稽首し讚嘆す。

これ等の祈願中には表はれてゐないが、他の摩尼教文獻からすると、摩尼教も赦罪を重要視してゐた。しかし贖罪の犧牲の觀念に就いては、基督教のそれと相違してゐたやうである。此點に關して摩尼自身の教義を確定すべき資料が判然しない。要するに摩尼教では、人類の全體を選ばれし者（僧）と聽者（俗）と惡人との三級に分けてゐる內、選ばれし者は死後直に「榮光の柱」によりて日月界に昇り、次いで樂土に送られ、又聽者も淨化と彷徨との長き過程の後、軈ては選ばれし者と同處に俱會することが許されるが、獨り惡人に至つては、望なき痛苦の下に、世の終りの劫火まで、世界を泣き廻りて、畢に永遠の暗界に投ぜられるものとした。

摩尼光佛教法儀略、出家儀第六中に、二宗三際の教義の撮要に當る一節があるからそれを擧げてこの略說を終ることにする。

初辯二宗。

求出家者、須知明暗各宗性情懸隔、若不辯識何以修爲。

次明三際。

初際者、未有天地、但殊明暗。明性智慧、暗性愚癡。諸所動靜無不相背。

中際者、暗既侵明恣情馳逐。明來入暗委質推移。大患猒離於形體、火宅願求於出離。勞身救性、聖教固然、卽妄爲眞孰敢聞命。事須辯析求解脫緣。

後際者、教化事畢、眞妄歸根、明旣歸於大明。暗亦歸於積暗、二宗各復兩者交歸。

一初際　二中際　三後際

本篇は最後に、東洋思潮としての摩尼教が、明暗二界の階級鬭爭を中心思想として、祆教、佛教、基督教といかに混合したか、取り分け支那に傳はつた摩尼教が、道佛二教といかに接近し習合したか、その思想的婚姻關係を記るす積りであつたが、さなきだに豫定された頁數を超過したので、それ等は他日の別著に讓り、一と先づここで擱筆することとした。

佛教と摩尼教（兩教交渉の一端）

矢吹慶輝（1879—1939）

《大正大學學報創立十周年記念號》1935

佛教と摩尼教（兩教交渉の一端）

矢吹慶輝

一

上下茫々二千五百歳、佛教が恒河のほとりに呱々の聲を擧げてから、北漸東漸、又南漸、微かながら西漸の教史もある。その間、部派佛教から大乘諸學派及び諸宗派興亡の史蹟を回顧すると、實に感慨に堪へざるものがある。今を以て往を斷ずるが如く、來を以て今を評するの時が屹度來るに相違ない。亡ぶべきに亡びざりし宗教或は宗派のあつたことは知らないが、亡ぶべきに亡びた宗教と亡ぶべからざるに亡びた宗教とは先づ學佛者の忘るべからざる一大關心事であらねばならぬ。巖らず摩尼教はその孰れであつたか。

世界的大宗教も因緣熟せざれば亡びる時もある。その最も顯著な事例は摩尼教である。嘗ては歐亞大陸を兩手に擧いで、アフリカの北岸に及び、西はフランス、イタリー、東は長安から福建、南はアフリカ（地中海沿岸）にまでその教線を張つて、西紀第三世紀から約七百年間、宗教信仰によりて文字通り東西を連結しやうとした一大國際的宗教も、今や全くその餘影をすら止めなくなつたことは宗教史上の一異例である。

摩尼教は何故に亡びたか、それには參考とすべき幾多の事例が擧げられる。そしてそれには教義と教史と

（佛典中に蘇魯支と傳へ支那では一般に祆教或は火祆教と稱せられたもの）と佛教と基督教とを混ぜ會はせ定の教義體系を具備し、到る處で集團的生活を形成した。この三教の内で摩尼教は始めからゾロアスター教ク教と新プラトーン派と摩尼教とであつた。この三教は夙に偏狹なる國民的特質を蟬脫して、普遍的なる一の間に流行した同じく世界的宗教であつたものに三教が數へられる。その興起の前後からすると、カトリッしつつあつた頃、暫く印度、西域以東の國際的宗教であつた佛教を除いて、東は波斯から西はイタリーまで

佛紀では將に八百年に垂んとする西紀第三世紀末に方り、印度西域の高僧が踵を接して支那に佛教を傳道る。摩尼教の教祖、教史、教義に就いては、岩波東洋思想講座、拙篇「摩尼教」（近刊）に讓る。

學者もある。かうして關係方面が廣汎だから、ここでは暫く他の一面、教史上の一隅だけを述べることにす尊）と云つてるやうに、用語上にも混線があつた。特にその教團の組織と戒規とは佛教から來たと見てゐる盧舍那と云ひ、第十尊を知恩夷數佛（Jesus 耶蘇の別音、但し基督教のイエスでなく摩尼教での重要なる一明使、ゾロアスター教のSrosh）と輪廻とは摩尼教でも重要思想であつたし、摩尼教十二尊中の第九尊を直意布施、持齋、地獄、夜叉、三行、甘露、吉祥、金剛等、一一列舉の煩さに堪へない。地藏尊（摩尼教の地藏教術語を濫用した。即ち法身、諸佛、佛性、法性、涅槃、正覺、解脫、眞如心、他力、無明、煩惱、繫縛、義上ではその二元論は固より佛教に附會すべくもなかつたが、しかし支那に傳へられた摩尼教は、盛んに佛の東方傳道の間に、如何に佛教に攀緣したかの一端だけを述べる。それにも教義と教史との兩面があり、教を詳にする必要があるが、今はその纏説の遑がないから、本篇ではこの世界的宗教たりし摩尼教が、特にそ

た一種の折衷宗教であつた。カトリック教や新プラトーン派のやうにギリシヤ思想を缺いた代りに、東方宗教の色彩が濃厚であつた。開祖に摩尼を有てる點では、新プラトーン派とは異つて、佛教、基督教、ゾロアスター教に似たものであつた。しかし摩尼教教祖の摩尼は後のマホメット教に同じく神から遣はされた一豫言者に過ぎなかつたから、この點では佛陀や基督とは聊かその趣きを異にしてゐた。卽ち摩尼は神から遣はされた使者或は豫言者で、それ自身が最高の存在或はそれに等しき救ひ主ではなかつた。

二

摩尼教が支那に公傳された年代に就いては、志磐の佛祖統紀（西一二六九年刊）、卷三十九に延載元年（西六九四）、「波斯人（同卷五十四には西海大秦國人といふ）、拂多誕、（摩尼教僧階の一、教法を知れるものの義）が、二宗經（摩尼教）の僞教を持して來朝す」とあるのが初傳とされてゐる。しかし武周延載の傳來を五百七十餘年後の宋代の記錄に辿るのは遲きに失するから、必ずや志磐の此傳記はその以前の典據があつたに相異がない。これより前、隋の光明寺（高僧盤延の居つた寺）は恐らく光明教たる摩尼寺であつたらうと推定したり、又燉煌出土の化胡經中に摩尼及び摩尼教のことがあるから、化胡經は晉の王浮の作として、同教の傳來を晉代にきめる人もある。今縷說を略するが、兩說俱に臆測に過ぎないから、確な所は延載の傳來としなければならない。隋の光明寺は摩尼寺とするの外、景教寺と見る人もあるが、これも想像に過ぎない。

そこで延載以前の支那文獻では西域記の摩尼教傳がある。玄奘三藏は唐の貞觀三年（西六二九）に長安を發して、同十九年に歸つたが、その旅行記傳たる西域記は、親踐一百十國、傳聞二十八國、合せて一百三十八國中、西域記並に慈恩傳に載つてゐる波剌斯國の記述は、慈恩傳に「聞說之共地云々」とあるから、傳聞であつて親しくその地を踐んでの旅行記ではなかつた。波剌斯は波斯で、西域記には此國に「天祠甚多、提那跋外道之徒、爲レ所レ宗也」と云つてゐる。ここに電那跋とあるのは、燉煌出土本、摩尼教殘經（大正藏經所收波斯教殘經に同じ）に電那勿とあるのに同じで、パーラヴィー（中古波斯語）のDenāvār に當り、マホメット教徒の傳へた摩尼教傳、フィーリスト Fihrist に摩尼教の一派として擧げた Denyāvariya のことで、これは明かに摩尼教を指したものであつた。電那跋の一派は、當時摩尼教の中心であつたメソポタミヤの摩尼教本部の命に背いて獨立せるもので、波斯の本國は姑く別として、中央亞細亞から支那に弘まつた摩尼教はこの派のものと推定される。晩近ドイツからの學術探檢の調査報告中（F. W. K. Müller）にも、吐魯番（高昌）地方の摩尼はこの派に所屬して居たとしてゐる。玄奘が傳聞とは云ひ摩尼教のことを耳にされたことは興味あることであり、玄奘は高昌王の紹介で、當時姻戚關係にあつた活國 Ghur の葉護（突厥の一官稱 Yabgu）可汗に會つたことが慈恩傳に出てゐるが、高昌は後、摩尼教の一中心地となつた。

開元七年（西七一九）、吐火羅國 Tokharestan 支汗那 Jaghāniyān 王葉護 Yabgu の帝賒 Teš が、唐朝に上表して、「解天文人大慕闍」を獻じたことが、冊府元龜卷九七一や太平寰宇記卷一八六に誌されてゐる。大慕闍はパーラヴィーの Mōže に當る摩尼教高級の僧階名で教師の義であつた。ここで天文を解する摩尼教の高僧を獻じたのは、當時支那で正確な曆日の要求があつたからである。丁度この頃、李淳風の麟德暦と瞿曇悉達の九執暦と一行の大衍暦（後の二は印度の宿曜說に依つたもの）との孰れが正曆かが問題であつた際に、波斯と康居 Sogdiana との曆法を傳へるためであつた。現に角、宿曜經の七曜直日曆品第八に日月と五星とによる七曜の由來を述べてる中に、「胡及び波斯並に五天竺人總べて知る。尼乾子、末摩尼は常に密日を以て齋を持す。亦此日に事ふるを大日となす」と記してある。胡は唐の速利國 Sulli 即ち康居で、末摩尼は摩尼主 mārmani で摩尼教のことである。密はパーラヴィーの Mihr 康居音の mir で日曜のことである。燉煌出土の具注曆には日曜日の下に硃印で密或は蜜字を書いてゐるし、今でも福建地方では週初の第一日の下に密字を置くことになつてるから、日曜嚴守は景教にも行はれてゐたが、康居曆を傳へて支那でそれが永く使はれたのは摩尼教徒の傳來からであつた。かうして摩尼教は佛教と接觸せざるを得ない情勢となつたが、景教僧が最初佛僧と混同されたやうに、摩尼僧も自ら佛僧の一派として傳道した形迹が判然してゐる。それは開元二十年（西七三二）の摩尼教禁制の詔の中に、「末摩尼法、本是邪見、妄稱二佛教一、誑二惑黎元一」とあるによつて炳かである（通典卷四十、佛祖統記卷五十四）。唐大曆（七六六—七七九）の頃に出た燉煌出土本の曆代法寶記には摩尼が迫害に會つた記事があるのも珍しい。西紀八〇八年から八二一年の間に立てられた九姓廻鶻可汗碑（喀喇巴耳伽遜 Karabalgasoun 碑）の第九行に、「今悔二前非一、願事二正教一（中略）往者無レ識、謂レ鬼爲レ佛、（中略）應有レ刻二畫魔形一、悉令二焚爇一」と云つてるが、正教は摩尼教を指し、魔鬼とあるのが佛像を意味するから、廻鶻可汗が洛陽で摩尼教に歸依してから、同教を國教として盛んに破佛をやつたことが窺知される。これ以後、摩尼僧は廻鶻の國政に參與し、支那との外交事務に執はることとなつた。長慶四年（西八二四）に舒元輿が撰した重巖寺碑序に、「天下三夷寺」を合計しても一小邑の佛寺の數にすら及ばないと云つてゐるが、三夷卽ち摩尼と大秦（景教）と祆教との三教の中で、摩尼寺を筆頭に擧げてゐる。唐武宗會昌五年（西八四五）の外教迫害は佛教が最も痛手を蒙つたが、その次位が摩尼教であつた。摩尼僧は祆僧と合せて二千餘人が還俗を强要された。佛教は宣宗によりて直ぐ復興されたが、摩尼教はこれ以後公許されなかつた。梁貞明六年（西九二〇）に陳州の摩尼が暴動を起した時に、上上乘と稱したのも佛教に類似の名であつたし、宋徽宗大觀（一一〇七—一一一〇）の十地菜（白雲菜）、嘉泰二年（一二〇二）の喫菜事魔は摩尼教を混ぜる道教徒の隱謀であつたが、統紀が夷堅志によりて記せる明教會では當時、佛經中に「白佛言世尊」の語句があるので、白佛を白衣の佛と附會し、金剛經によりて第五佛を立てたとしてゐるが、皆、道教と摩尼教と佛教との混訛を語つてゐるものである。

白蓮菜と白雲菜と摩尼教との關係に就いては更に記すべきものがあり、支那での摩尼教は、摩尼、明門、明教、二宗經、二尊教ともいはれ、延載の公傳以來、遙かに明代（第十四世紀）に及び、後祕密結社となつた前後七百年、西紀第十七世紀の淸律の記事まで取ると前後千年の教史となるから、詳細は別篇に讓るが、佛教との混淆は爭はれない。支那に於ける佛摩兩教の關係史傳からすると、當然西域に於ける兩教の關係が想像される。そして高昌は勿論、甘州から于闐にかけて、一時摩尼教が行はれ、西藏にもその痕迹があるから、當然佛教との交涉があつた筈だが、今は第十三世紀以後摩尼教は遂に此等の地方にその餘影を沒したことだけを附記して一と先づ筆を擱くことにする。

化胡經中の摩尼教

矢吹慶輝（1879—1939）

《大正大學學報》30、31合輯，1940

化胡經中の摩尼教

矢吹慶輝

燉煌出土化胡經中に摩尼教の記傳がある。元來、化胡經は晉の王浮（或は王符）の作と傳へられてるから摩尼教は晉代に既に支那本土に行はれてゐたとすべきだが、化胡經の内容は時代によりて增加があり次第に變つて來たから、現存の化胡經だけでは決定されぬ事情がある。

先づ化胡經中の摩尼教に關する資料を精査し、支那に於ける摩尼教傳來の年代を確め、兼ねて同教が一時道家の經典中に附會さるゝまでの教勢を張るやうになつた事實を探ることにする。

燉煌石室遺書三中の老子西昇化胡經序說第一（尾題に老子化胡經卷第一とあり）末に左の一節がある。

襄王之時共歲乙酉我還ニ中國一教ニ化天人一乃授ニ孔丘仁義等法一。爾後王誕六十年間、分國從都王者無德。我即上ニ登崑崙一飛ニ昇紫微一布ニ氣三界一含ニ養一切一。後經ニ四百五十餘年一我乘ニ自然光明道氣一從ニ眞寂境一飛入西那玉界蘇隣國中一。降ニ誕王室一示爲ニ太子一。捨レ家入レ道號ニ末摩尼一。轉ニ大法輪一說ニ經誡律定慧等法乃至三際及二宗門一。教ニ化天人一令レ知ニ本際一。上至ニ明界一下及ニ幽塗一。所有衆生皆由レ此度。摩尼之後年垂ニ五九一、金氣將レ興我法當盛ニ西方一。聖象衣彩自然來入ニ中洲一是効也。當ニ此之時一黃白氣合、三教混齊、同歸ニ於我一。仁祠精舍接レ棟連レ甍。翻ニ演後聖大明尊法一。中洲道士廣說ニ因緣一。爲ニ世舟航一大弘ニ法事一。動植含氣普皆救度。是名ニ總攝一切法門一。

茲に西那玉界蘇隣國は何れの地點を指すか判然しないがスリアらしい。同經中、曾て太上老君が于闐國毗摩城に在りて八十餘國王を召集したといふ記事があるが、その中には蘇隣國名が見當らない。蘇隣をスリアとするとこの化胡經では摩尼教の起源をスリアとしたことがわかる。

末摩尼は Marmani で、二宗門の教義は武后の延載元年、波斯人拂多誕が二宗經を進むと傳ふる明暗の二元教をいふ。三際は宇宙の生成に關す三期の教説をいふ。摩尼光佛教法儀略、出家儀第六中に的確にその意義を述べてゐる。

初辯二二宗一

求二出家一者須レ知二明暗各宗性情懸隔一若不二辯識一何以修爲

次明二三際一

一初際　二中際　三後際

初際者未レ有二天地一但殊二明暗一、明性智慧暗性愚癡、諸所動靜無レ不二相背一

中際者暗既侵レ明恣情馳逐、明來入レ暗委質推移、大患猒二離於形體火宅一願二求於出離一、勞レ身救レ性聖教固然、卽妄爲レ眞孰敢聞レ命、事須二辯析一、求二解脫緣一

後際者教化事畢眞妄歸レ根、明既歸二於大明一暗亦歸二於積暗一二宗各復二兩者一交歸

と、卽ち二宗三際の術語は全く摩尼教の根本教義である。「乘二自然光明道氣一從二眞寂境二」の文は、摩尼教に四寂法身の術語あり（下部讚第一〇行、第五七行）その理想界よりの化現を指せるもの〻やうである。要するに上記化胡經の一節は摩尼教も亦道教の一面にして、摩尼は實に老君に外ならざるを主張せんとしたも

のである。

化胡經は普通に晉王浮が老子に僞託したものと傳へられてゐるが、この化胡經中に摩尼教を敍べてゐるのは後者の支那初傳に關する新材料である。

燉煌出土老子西昇化胡經序說第一全部は、太上老君化胡神變の記事であつて、先づ殷王湯甲庚之歲、生れて既に老成鬚髮皆皓白とし、照王癸丑の歲、西邁、函谷關を過ぎて尹喜に道德經、西昇經等を授け、西流沙を經て干闐國毗摩城に至り、この地で八十餘國王並に后妃眷屬を集めて敎誡を垂れ、後ち桓王甲子の歲（西紀前八世紀末）中天竺國に入り悉達と號し太子位を捨てゝ佛陀となり、次いで襄王乙酉の歲（西紀前六五一—六一九）中國に還りて孔子に仁義の法を授け、爾後六十年閒崑崙に登り、更に四百五十餘年を經て、自然光明道氣に乘じて蘇隣國に示化し、末摩尼（Marmani 卽ち大摩尼）となるといふのが現存第一卷の要領である。かうした化胡說には種々の異說すらあるが、今唯だその一例のみに止める。

老子の初生第一化を殷湯の昔に置き、第二化悉達を周桓王（西紀前第八世紀末）の時とし、第三化孔子を襄王（西紀前六五一—六一九）の代となし、第四化摩尼を是より後、卽ち崑崙の六十年と爾後の四百五十餘年とを合せたる五百十餘年の後としてゐる。他は且らく措き摩尼出世の年代のみに就いて之を觀ると、當時、摩尼教徒の所傳を依據としたかどうかは判然しないが、化胡經によつて摩尼の出世を推算するに西紀前第二世紀に當る。羅振玉氏は本經の記事に據り周襄王後の四百五十年、卽ち漢高后の二年乙卯（西紀前一八六）を推算し、「然則摩尼之創始在西漢之初」と斷定してゐる。但し本經に於ける儒道佛開祖の出世年代が史實に合しないのだから、化胡經文は到底年代確定の資料とすることは出來ない。今迄の東西諸傳を精査した結果では摩尼は斷じて紀元前の出世とすることが出來ない。從て「摩尼之後、年垂二五九一、金氣將レ興。我法當盛二西方一。聖象衣彩自然來入二中洲一是効也」の文も直に採りて以て摩尼教支那初傳の年代とすることが出來ない。しかし化胡經は一部の摩尼教の所傳に據つたのかも知れない。

元來化胡一經の主眼は道勝佛劣を主張せんが爲に、道先佛後を强辯するにあるから、化胡は道經に屬しながら、頗る佛經に攀緣し、其の摩尼教を敍するに方りても亦轉大法輪說經戒律定慧等の語を用ゐてゐる。即ち儒佛摩尼三教中には特に佛教を以て道教の末流たらしめんとするに在つた。然るに、「當二此之時一、黃白氣合、三教混齊、同歸二於我一」として、儒佛摩尼の三教を齊しく道教に歸せしめ（普通に三教混齊といふのは儒佛道の三教を道教に統攝するの義だが、斯の文は儒佛摩尼三教を道教によりて混齊するの意味らしい）「仁祠精舍接レ棟連レ甍」の盛況を致し、斯うして道教が「總攝一切法門」（佛語）だとするのは、明かに摩尼教を以て老君化胡の餘流となすに在つた。其の上、大明尊法（下部讚第一六三行の明尊）の語は摩尼教の口吻を眞似たものである。

要するに化胡文は摩尼教中國流傳後の作たることが炳かだから、化胡經中の摩尼教傳を以て、直ちに晋代王浮の揷入とは見られない。化胡經の成立及びその種類については拙篇「道家の僞經に就いて」（宗教界一四ノ九大正七年九月號）の第二、僞經の代表『化胡經』中に詳しく述べてゐるが、今その要點を約說すると左のやうである。

一、老子化胡成佛說（道先佛後）は佛教渡來以來胚胎してゐる思想であつて（後漢書襄楷傳桓帝（一四七—一六七）時楷上書曰或言老子入二夷狄一爲二浮屠一）晋惠帝の代（二九〇—三〇六）祭酒王浮が西域傳に托して新に化胡經を作る（兪燮癸巳類稿に晋宋間の作となすも晋世雜錄並に裴子野高僧傳によつて王浮と作となす。露八の四四に引文がある。斐子野高僧傳に就いては拙篇「支那傳家古傳記類雜目」（佛書研究五〇號 大正八年二月）を參照され度い）

二、出塞經、開天經、西昇經等は同じく化胡の類經であつて、北魏正光元年（五二〇）姜斌が開經を引いて老子西入化胡說をなした。曰く化胡消冰經、曰く化胡經、曰く消冰經、曰く老子化胡歌（以上北周甄鸞の笑道論に）曰く化胡成佛經、曰く老君化胡成佛經（唐宋の頃）曰く正化內外經（武周錄經三の六五）曰く明威化胡等經（辯正論）曰く明威化胡經（辯疑錄）等、類經は單に二三に止らず、同一經の經題も亦必ずしも定準がなかつたやうである。現に燉煌出土化胡經も亦、首題に老子西昇化胡經といひ、尾題に老子化胡經とある。卽ち化胡の類經が極めて多くて、後には一個の叢書の形を執つた。

三、化胡の思想は後漢に濫觴し、晉代に成書となり、爾後北周に榮え、唐初甄鸞法琳の難詰に會ひ、前には唐高宗の禁斷を受けたが、餘焰尙未だ盡きないで、遂に至元の一炬始めて迹を中土に絕つに至つた（至元十八年冬道德經のみを留めて他を僞撰とした（元史世宗本紀）。道家が梵刹を占めたもの四百八十二所、至元二十年より二十四年の間に道士の僧となつたもの七八百人、（辯疑錄序）此間前後約一千年に垂んとする是によりて化胡經の內容も時に增減があつたことが解る。甄鸞笑道論上に（露五の四六）文始傳、消冰經、化胡消冰經の所說を擧げ、一に尹喜が儒童となり二に老子が罽賓を化し、三に老子の妻、憤陀王が釋迦となり、四に老子が維衞にありて作佛し、五に白淨王子悉達となつて作佛するといふ。又志盤は化胡成佛に關し九繆を列擧し、「前列九繆有能立難者、吾當截舌以謝」（致九の七八）というてゐる。化胡成佛說の內容が必しも一定してゐない確證である。

四、今廣く諸記傳を探るに、梁僧祐の弘明集辯惑篇、唐道宣の廣弘明集辯惑篇、北周甄鸞の笑道論（三卷十六經）唐法琳の辯正論（八卷十二篇）・破邪論二卷、唐復禮の十門辯惑論三卷、唐玄嶷の甄正論三卷、元祥邁の辯疑錄五卷、就中唐道宣の古今佛道論衡四卷等に古來佛道二敎抗爭の史傳を集成せるもの丶中、諸書に引用せらる丶化胡經文並にその內容を比較するに必ずしも符合せず、異文が極めて多く化胡經の內容が時々變遷のあつたことを語つてる。北魏正光元年姜斌が道先佛後を主張するに方つて化胡經に據らずして却つて開天經を引用した。以て類經互用の迹を知ることが出來る。

且らく燉煌出土本中、老君十六變詞があるも、その諸變中に摩尼がない。元の辯疑錄には老子八十一化を傳へて、單に十六變のみではない。

八十一化中の第十化は殷湯甲庚の歲玄妙玉女の口中に入り、次いで天上天下唯道獨尊（我を道と改む）の叫びを以て降誕するとなす（第十一化參照）のは燉煌出土本に一致する記事ではあるが、又文字の出入が極めて多い。第三十四化（三番作佛僞）尹喜をして佛たらしめるの項、並に老君自ら周莊王の時、摩耶に托して右脇より生じ、成道して末牟尼と號し、次いで匡王の四年、賈奕天に昇りて善惠仙人となるの項（第三十化參照）特に第四十二化末摩尼となるの項下の引文を擧げるに、

老子入₌摩竭國₋現₌希有相₋、以レ化₌其王₋立₌浮圖敎₋、名₌淸淨佛₋號₌末摩尼₋、至₌舍衞國₋自化作レ佛云々

とある。次下に于闐に於いて、八十餘國王並に妃后を集會するの記事があるも、二宗三際蘇隣國の名は見當らない。

（老子第三十四化、三番作佛）老君將再整釋教、以周莊王九年乃於梵天命煩陀王君弟子、乘月精託陰天竺摩耶夫人胎、至十年四月八日右脇降生、後入雪山修行六年、道成類佛陀衆、號末牟尼、至匡王四年解化、太上命昇賈奕天爲善惠仙人（致十一の四九）

（第四十二化）老子入摩竭國現希有相、以化其王立浮圖敎、名清淨佛號末摩尼、至舍衞國自化作佛、從天而降侍衞現身長百千萬丈云々

斯うして晉經、唐經、宋經、元經悉く同文の經典でなかつたことを示してゐる。惟ふに二宗三際の教義を說いた蘇隣國の末摩尼に轉化せるの記事は唐宋時代の揷入のやうである。一に末牟尼となし、他に末摩尼となせるが如きは、牟尼と摩尼との轉換不定であつたことを語り、右すれば佛となり、左すれば摩尼となる。音の相似たるところから任意に構想を恣にしたことが知れる。佛家の著述中に化胡說を駁したものが可成り多いが、六朝唐初に於いては未だ二宗三際を說いた摩尼に關する記事を揭げたものはない。古來Buddhaの音譯は漢に浮屠といひ後に佛陀といふた。然るに佛圖は化胡經より出たとなすものがある。（辯正論四、魚豢云老子入西戎敎爲佛圖者此言出自化胡經不足取也、露八の四二）天竺を乾竺となした如きも亦同例である。燉煌本を肯として道經文を見ると故らに名稱を附會せるものが頗る多い。（詳細は辯正論出道僞謬篇參照）

要するに化胡經中の摩尼に關する傳說は必ずしも晉代の記述とはなし難い、羅振玉氏が化胡經文より推し

て「其教之東漸則確在司馬之世矣」とせるのは更に確證を要する。特に摩尼出世の年代に比して傳來の早きに過ぎるものゝあるのは更に考へねばならない。

佛祖統記四十八、宋嘉泰二年（一二〇二）白雲菜の一派を叙する下（統記卷首參照）夷堅志によりて喫菜事魔卽ち摩尼教を混ぜる道教を叙し、その中に

> 采化胡經乘自然光明道氣（從眞寂境）飛入西那玉界蘇隣國中降誕王宮（室示）爲太子出（捨）家（入道）號稱末摩尼、以自表證其經名二宗三際、二宗者明與暗也、三際者過去未來現在也、大中祥符興道藏、富人林世長賂主者使編入藏安於亳州明道宮復假稱白樂天詩云（中略）以此八句表於經首

といつてゐる。引文中の、、、は燉煌本と符合せるを示し、括弧内は同燉煌本によりての異字を示すものである。

現存化胡經文と夷堅志所引の文と僅に二三字の相違を示すに過ぎない。文は化胡經文により二宗三際の經名を證し大中祥符（一〇〇八—一〇一六）に之を道藏中に入藏せしめたといふにある。之を以て直に摩尼に關する化胡經文を以て大中祥符頃の挿入と確定することは出來得ないが、又直に採つて晉代の原文とするのは當らない。惟ふに夷堅志所引の文が僅に一節に過ぎないが燉煌本と略一致を示すは燉煌本が唐宋間の流傳本の一つであることを示し、少くとも燉煌出化胡經摩尼關係文は唐代摩尼教傳來以前の製出と考うるを得ない。恐らく摩尼教が中土に流行せし以後の挿入であらう。摩尼或は牟尼より轉じ、二宗三際の文字を加ふるに至つたものか。統記の記事によつて考へると、大中祥符に至る間に化胡經の原文に摩尼教教義を挿入したものゝやうである。且らく記して再考に備へておくものである。

要するに以上によりて化胡經中の摩尼敎傳は晋代王浮の原作中になかつたこと、恐らく初唐以後摩尼敎傳來以後の挿入であつたこと、及び當時摩尼敎は化胡經中に附會說を見る迄の敎勢を張つてゐたことを知る事が出來る。

（本篇は、矢吹敎授が大正十一年の頃、學位論文「三階敎之研究」の副論文として、東京帝國大學に提出せられた「摩尼敎研究」中の一篇である。爾來、敎授は學士院の研究補助等の關係もあり、該稿に推敲を重ね、常に書齋座右に一括保存せられて、修訂改補を加へられつゝあつた。這般遺稿の出版の儀も協議され居り他日全篇の刊行を見るに至るであらうが、いま、敎授在りし日の追憶のよすがにと此の遺稿を發表するを得たのは、全く博士宅の御好意と、進んで本篇浄書を果された安藤順應氏の御努力に依るもので、感謝に耐へぬ次第である。）